2016 年中国人民银行规章及重要规范性文件解读

刘国强　主编

中国金融出版社

责任编辑：童祎薇
责任校对：李俊英
责任印制：丁淮宾

图书在版编目（CIP）数据

2016 年中国人民银行规章及重要规范性文件解读（2016nian Zhongguo
Renmin Yinhang Guizhang ji Zhongyao Guifanxing Wenjian Jiedu）/刘国强主
编 . —北京：中国金融出版社，2018. 1
ISBN 978 - 7 - 5049 - 9360 - 1

I . ①2… Ⅱ . ①刘… Ⅲ . ①中国人民银行—规章制度—汇编—中国—2016
②中国人民银行—银行法—汇编—中国—2016 Ⅳ . ①F832. 31②D922. 281. 9

中国版本图书馆 CIP 数据核字（2017）第 309613 号

出版
发行 **中国金融出版社**

社址 北京市丰台区益泽路 2 号
市场开发部 （010）63266347，63805472，63439533（传真）
网 上 书 店 http://www.chinafph.com
（010）63286832，63365686（传真）
读者服务部 （010）66070833，62568380
邮编 100071
经销 新华书店
印刷 北京市松源印刷有限公司
尺寸 169 毫米×239 毫米
印张 25
字数 433 千
版次 2018 年 1 月第 1 版
印次 2018 年 1 月第 1 次印刷
定价 58.00 元
ISBN 978 - 7 - 5049 - 9360 - 1
如出现印装错误本社负责调换 联系电话 （010）63263947

本书编写组

主　编：刘国强

编写组：万存知　刘向民　纪志宏　李　伟　李　波
　　　　余文建　邵伏军　罗玉冰　周逢明　温信祥
　　　　谢　众　霍颖励

马贱阳　王玉玲　王秀丽　田文雄　朱　红
刘宏华　刘晓洪　李会锋　李　斌（货政司）
李　斌（征信局）　邹　澜　张　晔　张雪春
张　雁　苟文均　熊　俊　樊爽文　潘宏胜

马　强　王俊山　王　娜　尹　航　邓晓卓
石建东　冯新娅　吕　威　吕婷婷　刘振华
汤沁莹　孙　丹　孙崇昌　杜海均　李兴锋
李　婧　杨　青　张双长　张　宏　陈　雪
陈婷婷　周　玥　周鹏博　庞业军　郑志丹
郑　浩　郝雅红　查　宏　耿　涛　翁　泉
龚静燕　彭立峰　程世刚　温军伟　温　莹
管　化　谭静蕙

目　　录

第四章　金融市场方面的规范性文件解读

第五章　支付体系方面的规范性文件解读

第六章　经理国库方面的规范性文件解读

第七章　反洗钱方面的规范性文件解读

第八章　金融消费权益保护方面的规范性文件解读

附　　录

一、规章

二、货币政策方面的规范性文件

三、人民币跨境使用方面的规范性文件

四、金融市场方面的规范性文件

五、支付体系方面的规范性文件

六、金融业信息化方面的规范性文件

七、货币金银方面的规范性文件

八、经理国库方面的规范性文件

九、征信管理方面的规范性文件

十、反洗钱方面的规范性文件

十一、金融消费权益保护方面的规范性文件

2016 年金融信息化方面的行业标准目录（仅附目录）

第一章　规章解读

《银行卡清算机构管理办法》解读

为落实国务院《关于实施银行卡清算机构准入管理的决定》（国发〔2015〕22号，以下简称《决定》），依法有序推进银行卡清算市场开放，规范银行卡清算机构管理，促进银行卡清算市场健康发展，中国人民银行会同中国银行业监督管理委员会于2016年6月发布《银行卡清算机构管理办法》（中国人民银行 中国银行业监督管理委员会令〔2016〕第2号，以下简称《办法》），并于发布之日起实施。

一、《办法》的出台背景

目前，银行卡已成为我国社会公众使用最广泛的非现金支付工具。截至2015年底，我国累计发行银行卡54.42亿张，全年银行卡消费55.00万亿元，占社会消费品零售总额的47.96%。在银行卡产业发展中，银行卡清算机构发挥着核心作用，通过促进银行卡服务的标准化、居间协调各方利益，实现银行卡的规模发行与广泛受理，提高了银行卡交易处理和资金清算效率。同时，银行卡清算机构的稳健经营和风险防范对维护银行卡交易的正常秩序和支付体系的稳定运行有重大影响。

为进一步深化金融改革，健全支付服务市场化机制，国务院于2015年4月发布《决定》，决定全面开放我国银行卡清算市场，对银行卡清算机构实施市场准入管理，并由人民银行会同银监会制定行政许可条件、程序的实施细则，以及相关审慎性监督管理措施，依法向符合条件的申请人颁发银行卡清算业务许可证，并按照分工实施监督管理，共同防范银行卡清算业务系统性风险。

二、《办法》的主要内容

《办法》共计五章三十八条，主要内容包括以下四个方面：

一是细化《决定》中银行卡清算机构准入管理的各项条件，明确银行卡清算机构在筹备、开业、机构变更及业务终止等环节的相关申请材料要求与办理程序，对银行卡清算机构董事和高级管理人员实施任职资格管理，完善银行卡清算市场准入制度，确保符合条件、具备稳健经营能力的机构进入市场。

二是细化不在境内设立机构、仅为跨境交易提供外币银行卡清算服务的境外机构的监管要求，明确规定其应遵守有关业务管理要求并履行报告义务。规定境外机构的服务如对境内银行卡清算体系稳健运行或对公众支付信心造成重大影响，则应当在境内设立机构，依法申请准入。

三是《办法》结合银行卡清算机构业务特点和运营模式，在机构设立、业务专营、交易处理、信息传输、资金清算、基础设施管理、金融信息安全、反洗钱和反恐怖融资等方面提出明确要求，有利于保持银行卡清算机构在银行卡产业中的独立性，确保业务基础设施的安全、稳定和高效运行，防范业务和运营风险，保障个人信息安全和国家金融安全。

四是明确银行卡清算品牌、业务规则和技术标准的相关要求，以保障银行卡清算服务的一致性、安全性、稳定性和持续性，维护银行卡清算业务各当事人合法权益。

三、《办法》的主要意义

《办法》的发布和实施是推进银行卡清算市场开放的重要措施，有助于培育银行卡产业公平竞争的市场环境，提升银行卡清算服务水平，构建良好的产业生态体系，推动产业整体和各参与方持续稳健发展。同时，对加快中国支付服务市场的改革开放和创新转型，充分发挥银行卡拉动居民消费、促进经济增长起到积极作用。

《金融机构大额交易和
可疑交易报告管理办法》解读

为完善大额交易和可疑交易报告制度，根据《中华人民共和国反洗钱法》《中华人民共和国中国人民银行法》《中华人民共和国反恐怖主义法》等法律规定，中国人民银行对《金融机构大额交易和可疑交易报告管理办法》（中国人民银行令〔2006〕第 2 号，以下简称"2 号令"）进行了修订，于 2016 年 12 月 29 日发布了《金融机构大额交易和可疑交易报告管理办法》（中国人民银行令〔2016〕第 3 号，以下简称《管理办法》），自 2017 年 7 月 1 日起施行。"2 号令"和《金融机构报告涉嫌恐怖融资的可疑交易管理办法》（中国人民银行令〔2007〕第 1 号，以下简称"1 号令"）同时废止。

一、《管理办法》的出台背景

《管理办法》结合国内工作实际和国际标准，对"2 号令"和"1 号令"两部规章进行了修订、整合。这两部规章自 2007 年实施以来，在我国反洗钱工作起步阶段，对于指导金融机构切实履行可疑交易报告义务发挥了积极作用。但随着国内外形势的发展变化和反洗钱工作的深入推进，防御性报告过多、有效报告不足等实施当中的问题逐渐显现，影响了反洗钱工作的有效性。为此，中国人民银行先后发布《关于进一步加强金融机构反洗钱工作的通知》（银发〔2008〕391 号）、《关于明确可疑交易报告制度有关执行问题的通知》（银发〔2010〕48 号）等规范性文件，对金融机构如何有效履行可疑交易报告义务、避免简单通过系统抓取报送符合可疑交易报告标准的交易等问题进行规范。2012 年，人民银行在全国选择 37 家法人金融机构开展可疑交易报告综合试点，要求试点机构结合自身情况自主定义交易监测标准，结合人工分析，以合理怀疑为基础报送可疑交易报告。这些工作为修订这两个规章、出台《管理办法》奠定了坚实基础。同时，大额交易报告标准也已经不能完全满足反洗钱以及打击、遏制相关上游犯罪的实际需要，有必要对大额交易报告标准进行适当调整。

2014 年，人民银行正式启动规章修订工作，反复研究论证，并在全国范围内两次组织征求金融机构的意见和建议，确保《管理办法》的科学性和可行性。《管理办法》在规章层面明确了金融机构切实履行可疑交易报告义务的新要求，有助于金融机构提高可疑交易报告工作有效性，有助于预防和遏制洗钱、恐怖融资等犯罪活动，有助于维护我国金融体系的安全稳健，有助于进一步与国际标准接轨。

二、《管理办法》的主要修订内容

《管理办法》分六章三十条。除在篇章结构方面进行调整外，主要修订内容包括：

（一）调整的内容。

1. 调整大额现金交易的人民币报告标准。由原先的"单笔或者当日累计人民币交易 20 万元以上"，调整为"当日单笔或者累计交易人民币 5 万元以上（含 5 万元）"。

2. 调整大额转账交易的统计方式。由原先要求金融机构基于本机构客户和交易对手的账户性质采取不同的统计方式，调整为要求金融机构仅基于本机构客户的账户性质确定统计方式。

3. 调整可疑交易报告时限。由原先要求金融机构在可疑交易发生后的 10个工作日内报送，调整为要求金融机构应当在按本机构可疑交易报告内部操作规程确认为可疑交易后，及时提交可疑交易报告，最迟不超过 5 个工作日。

4. 调整重点可疑交易报告要求。结合重点可疑交易报告"双重报送"的多年实践，对金融机构应同时向当地人民银行分支机构报送的可疑交易报告类型，由原先的"有合理理由认为交易或者客户与洗钱、恐怖主义活动及其他违法犯罪活动有关的"调整为"明显涉嫌洗钱、恐怖融资等犯罪活动的""严重危害国家安全或者影响社会稳定的""其他情节严重或者情况紧急的情形"。

（二）新增的内容。

1. 新增适用对象。新增"保险专业代理公司""保险经纪公司""消费金融公司"和"贷款公司"。

2. 新增大额跨境交易的人民币报告标准。新增以人民币计价的大额跨境交易标准，并将报送起点金额确定为"人民币 20 万元"。

3. 新增以"合理怀疑"为基础的可疑交易报告要求。按照国际标准的要求，明确要求金融机构应当在发现或有合理理由怀疑涉嫌犯罪的情况下，报告可疑交易报告。

4. 新增交易监测标准建立要求。明确金融机构建立交易监测标准应当考虑的相关因素，概括交易监测标准的主要分类，引导金融机构从分类着手研究制定标准。

5. 新增交易监测标准完善要求。明确金融机构应当定期对监测标准进行持续优化。在出现新的风险事件时，金融机构应当及时对监测标准进行评估和完善。

6. 新增交易分析与识别要求。明确金融机构应当对通过交易监测标准筛选出的交易进行人工分析、识别，记录分析排除的合理理由，在可疑交易报告理由中完整记录对客户身份特征、交易特征或行为特征的分析过程。

7. 新增涉恐名单监测要求。该条款吸收"1 号令"第九条的内容，并与《涉及恐怖活动资产冻结管理办法》（中国人民银行　公安部　国家安全部〔2014〕第 1 号）第九条做好衔接。同时要求金融机构应当对涉恐名单开展实时监测和回溯性调查。

8. 新增监测系统建立要求。明确金融机构应当建立健全大额交易和可疑交易监测系统，以客户为基本单位开展资金交易的监测分析，全面、完整、准确地采集各业务系统的客户身份信息和交易信息。

9. 新增记录保存要求。明确金融机构应当将大额交易和可疑交易报告、反映交易分析和内部处理情况的工作记录等资料自生成之日起至少保存 5 年。

（三）删除的内容。

1. 删除"2 号令"中关于银行业可疑交易报告的 18 款法定标准、证券期货业可疑交易报告的 13 款法定标准、保险业可疑交易报告的 17 款法定标准。

2. 删除"2 号令"中关于金融机构可疑交易报告要求的兜底性条款。

3. 删除"2 号令"中关于人民银行应当按规定实施行政处罚的条款。

三、需要重点说明的问题

（一）《管理办法》将大额现金交易报告标准从人民币 20 万元调整为 5 万元，主要的考虑是：首先，加强现金管理是反洗钱工作的重要内容。国际上现金领域的反洗钱监管标准大都比较严格。比如，美国、加拿大和澳大利亚的大额现金交易报告起点均为 1 万美元（或等值外币），而监管部门为打击特定领域的违法犯罪活动，依据法律授权还可以进一步下调现金交易报告标准。其次，非现金支付工具的普及、发展和创新便利了非现金交易，居民的现金使用偏好正逐步发生转变，正常的支付需求通过非现金支付工具可以得到更加快捷、安全的满足，这为强化现金管理提供了有利的条件。最后，我国反腐败、税收、国际收支等领域的形势发展也要求加强现金管理，防范利用大额现金交易从事腐败、偷逃税、逃避外汇管理等违法活动的风险。

（二）《管理办法》新增自然人客户"人民币 20 万元以上"的大额跨境转账交易报告标准，主要考虑是：一是随着沪港通、深港通等业务逐步推进，境内居民个人跨境业务逐步放开，居民个人跨境人民币业务会更加频繁，设计专门的人民币报告标准，便于监管部门及时掌握人民币跨境交易数据，开展风险监测。二是现有制度规定，香港居民个人跨境同名账号之间及台湾居民个人跨境人民币汇款每日限额 5 万元，居民个人贸易项下跨境人民币业务无限额管理。《关于优化人民币跨境收付信息管理系统信息报送流程的通知》（银办发〔2013〕188 号）规定，对于单笔 20 万元（含）以下的个人人民币跨境收支业务，银行可合并报送，但需保留逐笔明细信息。综合考虑，《管理办法》对自然人客户大额跨境转账交易报告标准确定为"人民币 20 万元以上"，可以加强对跨境人民币交易的统计监测，更好地防范人民币跨境交易相关风险。

（三）《管理办法》明确规定金融机构应当以"合理怀疑"为基础开展可疑交易报告工作，具体要求主要包括：一是金融机构应当将可疑交易监测工作贯穿于金融业务办理的各个环节。金融机构既要在客户身份识别过程中采取合理措施识别可疑交易线索，也要通过对交易数据的筛选、审查和分析，发现客户、资金或其他资产和交易是否与洗钱、恐怖融资等违法犯罪活动有关。对于进行中的交易或者客户试图开展的交易，金融机构发现或有合理理由怀疑其涉及洗钱、恐怖融资的，也应当提交可疑交易报告。二是金融机构应当同时关注客户的资金或资产是否与洗钱、恐怖融资等犯罪活动相关。资产包括但不限于银行存款、汇款、旅行支票、邮政汇票、保单、提单、仓单、股票、债券、汇票和信用证，房屋、车辆、船舶、货物、其他以电子或者数字形式证明资产所有权、其他权益的法律文件、证书等。三是金融机构提交可疑交易报告，没有资金或资产价值大小的起点金额要求。如涉嫌恐怖融资活动的资金交易可能金额较小，但按照《管理办法》，金融机构仍应当提交可疑交易报告。四是金融机构应当按照规定时间报送可疑交易报告。《管理办法》规定，金融机构应当"在按本机构可疑交易报告内部操作规程确认为可疑交易后，及时提交可疑交易报告，最迟不超过 5 个工作日"。

为执行上述要求，金融机构应当按照《管理办法》，制定可疑交易报告制度和操作规程，为可疑交易报告工作提供充足的人力保障和资源支持，建立健全自主定义的交易监测标准，建立功能完善、运行良好的监测系统，做好涉恐名单监控，加强对系统预警的异常交易的人工分析、识别，保留相关工作记录，并遵守保密要求等。

（四）《管理办法》对金融机构监测涉恐名单的具体要求包括：一是金融机构应当确保涉恐名单的完整和准确，并及时更新。二是金融机构实施涉恐名单监测的范围应当覆盖全部客户及其交易对手、资金或者其他资产。三是金融机构应当对涉恐名单开展实时监测。四是金融机构应当在涉恐名单调整后，立即对全部客户或者其交易对手开展回溯性调查。五是金融机构有合理理由怀疑客户或者其交易对手、资金或者其他资产与涉恐名单相关的，应当立即作为重点可疑交易报告，并按照《涉及恐怖活动资产冻结管理办法》（中国人民银行 公安部 国家安全部令〔2014〕第1号）规定采取冻结措施。

同时，金融机构是履行涉恐名单监测义务的主体，有责任主动获取、掌握国家有权部门发布并更新的恐怖活动组织及恐怖活动人员名单。为便于金融机构及时掌握相关信息，人民银行在官方网站反洗钱专栏下设"风险提示与金融制裁"栏目公布涉恐名单信息，有关监督管理部门也会向被监管机构转发需要执行和关注的名单。

第二章　货币政策方面的规范性文件解读

《中国人民银行　住房城乡建设部 财政部关于完善职工住房公积金账户 存款利率形成机制的通知》解读

按照党的十八届三中全会要求和国务院部署，为进一步完善住房公积金管理制度，维护住房公积金缴存人的合法权益，经国务院同意，中国人民银行、住房城乡建设部、财政部发布《中国人民银行　住房城乡建设部　财政部关于完善职工住房公积金账户存款利率形成机制的通知》（银发〔2016〕43号，以下简称《通知》）。

一、《通知》的出台背景

我国建立住房公积金制度的目的，是由国家、单位、职工三方共同筹集资金，主要以发放低息住房贷款的方式，帮助缴存职工解决住房问题。1996年以来，遵循"低来低去、保本微利"的原则，职工住房公积金账户存款按照归集时间区分利率档次，当年归集和上年结转的分别按活期存款和三个月定期存款基准利率计息。为适当提高住房公积金存款收益，进一步加大住房公积金筹集力度，确保住房公积金制度健康可持续发展，2016年2月16日，中国人民银行、住房城乡建设部、财政部联合发布了《通知》，对职工住房公积金账户存款利率进行了调整，并于2016年2月21日起实施。

二、《通知》的主要内容

《通知》将职工住房公积金账户存款利率，由按照归集时间执行活期存款和三个月定期存款基准利率，调整为统一按一年期定期存款基准利率执行。

三、《通知》的主要意义

完善职工住房公积金账户存款利率形成机制，是贯彻落实党的十八届三中全会关于"建立公开规范的住房公积金制度，改进住房公积金提取、使用、监管机制"的有关要求，完善住房公积金制度的重要举措。这既有利于保障住房公积金缴存职工获得合理存款收益,进一步提高住房公积金制度的公平性和有效性,也有利于简并住房公积金存款利率档次,符合利率市场化改革的总体方向。同时,此次调整是住房公积金收益和缴存职工存款收益之间的再分配,不会推升整体利率水平,也不会影响住房公积金的正常管理运营。

《中国人民银行关于在全国范围内实施全口径跨境融资宏观审慎管理的通知》解读

一、政策出台的背景

近年来，为了推进人民币资本项目可兑换，改变跨境融资（外债）逐笔审批核准的前置管理模式，中国人民银行、国家外汇管理局作出了大量努力。2015 年 2 月，根据党中央、国务院部署，中国人民银行上海总部发布《中国人民银行上海总部关于印发〈中国（上海）自由贸易试验区分账核算业务境外融资与跨境资金流动宏观审慎管理实施细则（试行）〉的通知》（银总部发〔2015〕8 号），建立了针对上海自贸区经济主体跨境融资的宏观审慎管理模式，将跨境融资管理由事前审批改为事中事后管理，在跨境融资宏观审慎管理方面积累了很好的实践经验。

2016 年 1 月 22 日，中国人民银行发布《中国人民银行关于扩大全口径跨境融资宏观审慎管理试点的通知》（银发〔2016〕18 号），对上海自贸区模式进行了优化和完善，建立了本外币一体化管理的全口径跨境融资宏观审慎管理框架，并将该框架推广到了上海、天津、广东、福建四个自贸区和 27 家主要金融机构进行试点。在全口径跨境融资宏观审慎管理框架下，机构的跨境融资规模与其资本实力动态挂钩，管理部门可对跨境融资的总量和结构进行动态调控。从推广后的实施情况看，全口径跨境融资宏观审慎管理政策取得了良好效果，得到了市场主体的积极反馈和热烈欢迎，为下一步推广到全国范围积累了重要经验。

在前期试点成功经验的基础上，2016 年 4 月 29 日，中国人民银行发布《中国人民银行关于在全国范围内实施全口径跨境融资宏观审慎管理的通知》（银发〔2016〕132 号），将本外币一体化的全口径跨境融资宏观审慎管理试点扩大至全国范围内的金融机构和企业。

二、政策的主要内容

在全口径跨境融资宏观审慎管理政策下，人民银行和外汇局对企业和金融机构，不实行外债事前审批，而是将企业和金融机构开展跨境融资规模的上限与其资本或净资产规模挂钩。企业和金融机构可在此上限内自主开展各类本外币跨境融资业务，将融资情况及时向人民银行、外汇局备案即可。

融资规模方面，企业和金融机构分别根据其净资产和资本的规模及一定的杠杆率，确定其跨境融资风险加权余额的上限，其跨境融资风险加权余额不得超过这一上限。跨境融资风险加权余额的计算方式如下：对于企业和金融机构开展的各类跨境融资，根据其类别、期限和币种情况，设定不同的转换因子（可看作是占用融资空间的权重），以更好地反映不同类型跨境融资的风险状况。比如，与中长期跨境融资相比，短期（一年期以内）的跨境融资，其偿付风险往往更高，因此，为短期跨境融资设定更大的期限转换因子，即同等规模下的短期跨境融资会比中长期跨境融资占用更多的融资空间，币种、类别转换因子与此类似。企业和金融机构开展的所有跨境融资，经上述转换因子调整后，加总计算出该机构的跨境融资风险加权余额。同时，为促进对外贸易及投资和人民币的国际使用、重点控制微观主体主动对外过度负债的风险，企业贸易信贷和贸易融资，金融机构吸收的人民币存款等被动负债，以及其他部分业务类型均不纳入跨境融资风险加权余额计算。金融机构向客户提供衍生品交易等服务产生的或有负债，则按公允价值规模纳入跨境融资风险加权余额计算。

管理分工方面，人民银行负责整体管理框架的设计完善和相关参数的确定，并对 27 家银行类金融机构本外币跨境融资进行宏观审慎管理。根据宏观审慎评估（MPA）的结果对金融机构跨境融资的总量和结构进行调控，必要时还可根据维护国家金融稳定的需要，采取征收风险准备金等其他逆周期调控措施，防范系统性金融风险。外汇局对企业和其他金融机构本外币跨境融资进行管理，并对金融机构和企业进行全口径跨境融资统计。人民银行、外汇局之间建立信息共享机制。

政策衔接方面，人民银行、外汇局此前曾设立了若干区域性跨境融资试点，且外资企业和外资银行也可根据原有外债管理模式开展跨境融资。人民银行、外汇局在出台新政策时，充分考虑了与原有政策的衔接过渡问题，为上述本外币境外融资等区域性跨境融资创新试点设置了 1 年过渡期，同时允许企业中的外商投资企业、外资金融机构在原有外债管理模式和新政策模式中任选一种适用。对于外商投资企业、外资金融机构过渡期限长短和过渡期安排，另行研究制订方案。

三、政策的实施效果

全口径跨境融资宏观审慎管理政策具有本外币管理一体化、逆周期调节、总量与结构调控并重等特点，规则统一、公开、透明、市场化，有利于拓宽金融机构和企业的融资渠道，在审慎经营理念基础上提高跨境融资的自主性和境外资金利用效率，改善企业"融资难、融资贵"的状况。

政策发布后，舆论评价积极正面，市场主体普遍认为新的管理框架改进了原有的外债管理模式，符合市场化的改革方向，是对我国宏观审慎政策框架的重要完善。企业普遍表示，外债规模与净资产挂钩，符合现代企业财务管理的通行做法，可更好地反映企业的清偿能力。同时还使企业的外债规模与其经营状况更加匹配，便于企业分析借用外债对自身整体杠杆率的影响，提高了企业融资的自主性和灵活度。金融机构普遍表示，新政策改变了此前短期和中长期分割管理的模式，对各类外债实行统一管理，有利于银行灵活配置自身资产和负债，可有效促进商业银行和整个银行业的长期发展。

《中国人民银行关于进一步完善存款准备金平均法考核的通知》解读

一、《通知》的出台背景

从 2016 年 7 月 15 日起，人民银行对存款准备金的交存基数进行平均考核。之所以要对交存基数进行平均法考核，主要是因为我国银行体系存款有一定的月度波动特征，呈现出月末存款冲高、月初回落、春节等特殊时点波动较大的特点。受此影响，以往采取时点考核的办法容易导致存款准备金的大幅补交或退交，部分金融机构还可能会压低存款准备金基数计提时点的一般存款余额，导致存款准备金交存数据失真。将存款准备金交存基数进行平均计算，可以有效平滑金融机构存款波动。从国际经验来看，发达经济体大多采用平均法考核存款准备金。

二、《通知》的主要内容

从 2016 年 7 月 15 日起，人民银行对存款准备金的交存基数进行平均考核，将金融机构存款准备金交存基数由每旬末一般存款余额的时点数调整为旬内一般存款余额的算术平均值。

三、《通知》的主要意义

对交存基数进行平均法考核是人民银行继 2015 年将存款准备金考核由每日达标改为维持期内日均达标后，对存款准备金平均法考核的进一步完善，由此实现了准备金计算和考核上的"双平均"。存款准备金实施"双平均"改革，有利于提高金融机构流动性管理的灵活性，增强货币市场运行的稳健性，健全货币政策传导机制，为货币政策调控框架转型创造条件。

第三章　人民币跨境使用方面的规范性文件解读

《中国人民银行　国家外汇管理局
关于人民币合格境外机构投资者境内
证券投资管理有关问题的通知》解读

为进一步便利人民币合格境外机构投资者（以下简称人民币合格投资者）境内证券投资活动，中国人民银行、国家外汇管理局修订并发布《关于人民币合格境外机构投资者境内证券投资管理有关问题的通知》（银发〔2016〕227 号，以下简称《通知》）。

一、《通知》的发布背景

2016 年 2 月，国家外汇管理局发布 2016 年第 1 号公告，公布了新修订的《合格境外机构投资者境内证券投资外汇管理规定》，较大幅度简化和放宽了合格境外机构投资者（QFII）境内证券投资的管理要求。作为与 QFII 类似的制度安排，需协调推进人民币合格投资者境内证券投资活动管理要求修订工作。

为进一步提升人民币合格投资者境内投资便利化水平和投资效率，吸引更多境外资金入市，在参照 QFII 最新管理模式的基础上，人民银行会同外汇局对原有 RQFII 管理的 3 个文件进行了梳理整合，于 2016 年 8 月发布了《通知》，同时废止了银发〔2013〕105 号、汇发〔2013〕9 号和汇资函〔2014〕2号三个文件，对人民币合格投资者实施较 QFII 更为便利的管理。

二、《通知》的主要内容

《通知》以简政放权、便利投资、防范风险为基本原则，主要内容如下。

（一）便利额度管理。实行基础额度内备案和基础额度外审批相结合的管理模式。人民币合格投资者在取得证监会资格许可后，可通过备案的形式，获取不超过其资产规模或其管理的证券资产规模一定比例的投资额度（基础额度）；超过基础额度的投资额度，应当向管理部门申请。境外主权基金、央行及货币当局等机构的投资额度不受资产规模比例限制，可根据其投资境内证券市场的需要获取相应的投资额度，实行备案管理。

（二）放宽锁定期等限制。开放式基金免于锁定期管理，对其他产品和资金锁定期要求由原来的 1 年缩短至 3 个月。本金锁定期自人民币合格投资者累计汇入投资本金达到 1 亿元人民币之日起计算。RQFII 投资银行间债券市场参照中国人民银行公告〔2016〕第 3 号有关规定，实行备案制和宏观审慎管理。

（三）坚持防范风险。人民币合格投资者在开立一个境外机构人民币基本存款账户后，应当开立专用存款账户，分别用于投资交易所证券市场和银行间债券市场。托管人在为人民币合格投资者办理资金汇出入时，应对相应的资金收付进行真实性与合规性审查，并切实履行反洗钱和反恐怖融资义务。托管人应当在业务发生之日起 5 个工作日内，向人民币跨境收付信息管理系统报送人民币合格投资者账户开销户信息，投资额度、资金跨境收付信息，以及境内证券投资资产配置情况信息等。

三、《通知》的积极意义

人民银行、外汇局修订并发布《通知》，简化 RQFII 投资管理要求，进一步便利人民币合格投资者境内投资活动，坚持简政放权、便利市场的基本原则，体现了我们坚持推进资本项目可兑换和金融市场双向开放、不断改进和优化管理流程、提升投资便利化水平和投资效率的坚定决心，有利于增强境外投资者投资境内市场的信心，吸引更多境外资金进入中国市场，促进跨境资金流动的基本平衡。

《中国人民银行 中国证券监督管理委员会关于内地与香港股票市场交易互联互通机制有关问题的通知》解读

作为内地与香港股票市场交易互联互通机制的重要制度构成，2016 年 11 月，中国人民银行、中国证券监督管理委员会发布了《关于内地与香港股票市场交易互联互通机制有关问题的通知》（银发〔2016〕282 号，以下简称《通知》），明确账户开立和使用政策，规范相关资金流动。

一、《通知》的出台背景

2014 年 11 月沪港通试点启动后，市场运行平稳有序，投资者反映正面积极，为我国资本市场进一步双向开放积累了成功经验。在此基础上，投资者期待不断推出扩展内地与香港资本市场联系的新举措。应市场要求，结合我国金融双向开放大局及支持香港繁荣稳定发展需要，有关部门开始研究推出深港通事宜。2016 年全国"两会"期间，李克强总理在政府工作报告中明确提出适时启动深港通。有关部门开始抓紧推进相关准备工作。

按照职责分工，人民银行积极推进内地与香港股票市场交易互联互通机制所涉账户开立及资金流动相关工作，会同证监会启动对《中国人民银行 中国证券监督管理委员会关于沪港股票市场交易互联互通机制试点有关问题的通知》（银发〔2014〕336 号）的修订工作，于 2016 年 11 月发布了《通知》，确保了深港通的顺利上线运行。

二、《通知》的主要内容

深港通制度安排和业务框架基本参照了沪港通，沪港通和深港通共同构成了内地与香港股票市场交易互联互通机制。为确保深港通和沪港通相关要求能够有效衔接，避免大的制度转换成本，不给投资者增加负担，《通知》也基本沿袭了银发〔2014〕336 号文的政策框架，主要是将业务和管理范围扩展至深港通，其他制度安排基本未作变更。

香港中央结算有限公司可根据相关银行结算账户管理规定，在境内银行开立人民币基本存款账户后，开立人民币沪深股票交易专用存款账户，专门用于沪股通和深股通相关业务资金往来。中国证券登记结算有限责任公司可按有关规定在香港的银行开立港股通（包括沪港通下的港股通和深港通下的港股通）银行结算账户，专门用于港股通相关业务资金往来。

中国证券登记结算公司和香港中央结算公司应按照有关账户管理规定和《通知》要求使用银行结算账户及办理资金划转，并会同开户银行做好流动性管理工作，有效防控资金结算风险。境内开户银行应当按照法律法规要求切实履行反洗钱、反恐怖融资、反逃税等义务，配合监管部门做好跨境资金监测管理工作。

三、《通知》的积极作用

沪港通、深港通共同构成了内地和香港股票市场互联互通的完整框架，有利于提高我国资本市场双向开放水平，丰富境内投资者投资渠道，优化境内资本市场投资者结构，扩大境内资本市场的深度和广度；有利于拓宽香港人民币持有者投资境内市场的渠道，强化香港全球人民币业务枢纽地位，促进香港金融体系和金融市场稳定。

作为内地与香港股票市场交易互联互通机制的重要组成部分，《通知》的发布确保了深港通能够顺利上线运行。《通知》较好地实现了与原有管理框架的衔接，避免了制度转换成本，实现了最大化便利投资者的目标，体现了简政放权和市场化改革要求。同时，注重开展业务的合规性与风险防控，对人民币账户开立、账户使用、信息报送等环节作了明确规定，有利于合规开展业务和有效防控风险。

《中国人民银行办公厅关于境外机构境内发行人民币债券跨境人民币结算业务有关事宜的通知》解读

为进一步规范境外机构在境内发行人民币债券有关跨境人民币结算业务，促进我国债券市场对外开放，2016 年 12 月，中国人民银行发布《中国人民银行办公厅关于境外机构境内发行人民币债券跨境人民币结算业务有关事宜的通知》（银办发〔2016〕258 号，以下简称《通知》）。

一、《通知》的出台背景

2005 年 2 月，人民银行、财政部、发展改革委、证监会联合发布《国际开发机构人民币债券发行管理暂行办法》（中国人民银行　财政部　国家发展和改革委员会　中国证券监督管理委员会公告〔2005〕第 5 号），允许境外国际开发机构境内发行人民币债券。同年 10 月，国际金融公司和亚洲开发银行获准在我国银行间债券市场分别发行 11.3 亿元和 10 亿元人民币债券。2013 年，境外非金融企业在银行间债券市场发行人民币债券的渠道逐步建立。2014 年 3 月，德国戴姆勒股份有限公司在我国银行间债券市场发行 5 亿元非公开募集人民币债券，标志着人民币债券发行主体由国际开发机构延伸至境外非金融企业。为便利境外机构在境内发行人民币债务融资工具跨境人民币结算事宜，2014 年 9 月，中国人民银行发布《关于境外机构在境内发行人民币债务融资工具跨境人民币结算有关事宜的通知》（银办发〔2014〕221 号）。

进入 2015 年，随着利率市场化、汇率形成机制改革以及资本账户开放等方面推出重大改革措施，人民币国际化取得重要进展，境外机构境内发行人民币债券也迎来了新的发展契机，发债主体类型进一步扩展，发债规模大幅增长。先后有境外政府类机构、国际金融组织、国际开发机构、金融机构、非金融企业在我国银行间债券市场和交易所市场发行人民币债券。为统一银行间债券市场和交易所市场有关人民币债券发行、使用和偿还有关的人民币账户和人民币跨境收付的管理，进一步便利人民币跨境使用，顺应市场需求，经过充分的调查研究，并广泛征求市场主体意见后，人民银行印发了《通知》，明确了境外机构在我国境内发行人民币债券有关账户开立、资金存管、跨境汇划和数据报送等相关事宜。

二、《通知》的主要内容

关于适用范围，外国政府类机构、国际金融组织、国际开发机构等，以及在境外（含中国香港、澳门和台湾地区）合法注册成立的各类金融机构和非金融企业在境内发行人民币债券有关的跨境人民币结算业务适用本《通知》。

关于账户开立和管理，《通知》明确了境外机构可以选择开立境外机构人民币银行结算账户或委托主承销商开立托管账户两种方式，存放发行人民币债券所募集的资金及办理相关跨境人民币结算业务。

关于募集资金汇划，《通知》明确了开户行和托管行可以凭有权部门同意人民币债券发行的证明文件中所规定的发债所筹集的人民币资金境内外使用比例，为境外机构办理相关跨境人民币资金汇划业务。

关于数据报送，《通知》规定了开户行和托管行的真实性、合规性审核义务和数据报送的要求。

三、《通知》的主要意义

《通知》的出台进一步完善了境外机构在境内发行人民币债券有关跨境人民币结算业务的制度框架，统一了银行间债券市场和交易所市场有关人民币债券账户开立、资金存管、跨境汇划和数据报送的规则，构建了关于人民币债券的数据统计监测和宏观审慎管理体系，有助于推动我国债券市场对外开放。

第四章　金融市场方面的规范性文件解读

《全国银行间债券市场柜台业务管理办法》解读

为进一步促进债券市场发展，2016 年 2 月 5 日，中国人民银行制定发布了 2016 年第 2 号公告（以下简称《公告》），从参与主体、业务品种等方面对银行间债券市场柜台业务进行了明确。

一、《公告》出台的背景

银行间债券市场柜台业务主要是指商业银行等开办机构通过其营业网点、电子渠道等方式提供债券报价，为投资者开展债券交易提供服务，并为投资者开立债券账户、代理兑付，进行债券托管结算的行为。此前，柜台业务品种仅有记账式国债，2002 年中国人民银行发布《商业银行柜台记账式国债交易管理办法》（中国人民银行令〔2002〕第 2 号，以下简称《管理办法》）对柜台业务进行规范，并与财政部联合对商业银行承办记账式国债柜台交易的资格进行审批。2014 年底，根据国务院简政放权的统一安排，该行政许可项目取消，《管理办法》也相应废止。行政许可取消后，转换柜台业务管理思路、加强事中事后规范管理的需求日益迫切，此外随着债券市场的快速发展，也有必要进一步明确柜台业务定位，创新柜台业务方式，充分发挥通过柜台业务扩大直接融资的作用。在此基础上，人民银行制定发布了《公告》，进一步推动柜台债券业务发展。

二、《公告》的主要内容

一是增加开办机构类型，从商业银行扩大至其他类型金融机构，同时进一步明确柜台业务开办条件，并建立事后备案制度。

二是扩大柜台业务投资者范围，将参与柜台业务的投资者扩大至农信社等中小金融机构以及部分非法人投资产品。

三是建立投资者适当性管理制度，根据投资者的净资产、年收入、金融资产等财富指标对柜台业务投资者进行分类管理，确保投资者依据其风险承受能力投资相应的债券品种和交易品种，切实加强投资者保护。

四是在坚持投资者适当性原则的基础上，进一步拓展柜台交易的债券品种，理论上所有的国债、地方政府债券、国家开发银行债券、政策性银行债券以及新发行的发行对象包括柜台业务投资者的金融债券、资产支持证券、债务融资工具、企业债券等券种均可在柜台交易。

五是在双边报价基础上引入请求报价，开办机构可根据客户需求和自身经营需要自主选择报价券种和报价方式，以增加柜台业务的灵活性。同时还引入债券代理交易机制，提高投资者参与柜台业务的积极性。

六是实行两级穿透式托管，即投资者的债券托管在开办机构，由开办机构在债券登记托管结算机构开立托管总账户。为防止投资者债券被挪用，开办机构应及时提供投资者账户明细及持有状态信息，以方便投资者通过债券登记托管结算机构进行复核查询。

七是引入自律管理和业务评估机制，加强人民银行事中事后管理职责，以便及时发现和处理柜台业务中的违规情况，防范风险。

三、《公告》出台的意义

柜台债券业务是多层次债券市场建设的重要环节，对于提高我国直接融资比重、支持实体经济发展具有积极作用。柜台业务的发展能够为各类投资者参与债券市场提供更多选择和渠道，有利于丰富债券市场投资者群体，通过正规渠道满足社会多元化投资需求，促进居民存款分流转化为债券资产。同时拓宽了发行人的发行渠道，比如地方政府等发行主体可以通过柜台向当地投资人发行，这也有利于强化投资人的监督约束。

中国人民银行公告〔2016〕第3号（进一步做好境外机构投资者投资银行间债券市场有关事宜）解读

为进一步推动银行间债券市场对外开放，便利境外机构投资者投资银行间债券市场，中国人民银行于2016年2月发布了第3号公告（进一步做好境外机构投资者投资银行间债券市场有关事宜）（以下简称《公告》）。

一、《公告》出台的背景

近年来，随着人民币跨境和国际使用的领域和范围逐步扩大，中国债券市场对外开放稳步推进。自2010年以来，人民银行先后允许符合条件的境外中央银行或货币当局、港澳地区人民币业务清算行、跨境贸易人民币结算境外参加行、境外保险机构、QFII和RQFII进入银行间债券市场。2015年7月，中国人民银行发布《中国人民银行关于境外央行、国际金融组织、主权财富基金运用人民币投资银行间市场有关事宜的通知》（银发〔2015〕220号），将境外央行类机构的准入管理由审批制调整为备案制，并对其取消了额度限制、拓展了投资范围、丰富了代理模式，提高了境外央行类机构投资银行间市场的效率。为进一步推动银行间债券市场对外开放，便利境外机构投资者投资银行间债券市场，人民银行于2016年2月发布了《公告》。

二、《公告》的主要内容

一是拓宽投资者类型与交易工具范围。将境外机构投资者范围从此前的境外人民币清算行等三类机构、QFII、RQFII等扩展到各类境外金融机构及其依法合规发行的产品，以及养老基金、慈善基金、捐赠基金等中长期机构投资者。允许境外投资者基于套期保值需求开展各类对冲利率风险的衍生产品交易。

二是简化管理并取消额度限制。将管理方式从逐家审批简化为备案制，取消单家机构投资额度限制，同时通过加强监测等有效防控风险。

三是加强对结算代理人的管理。对结算代理人的资质、基本服务内容提出了更高要求，同时，明确规定结算代理人必须对境外机构投资者进行资质审核，向境外机构投资者充分介绍市场并提示风险，配合人民银行和银行间市场中介机构的分析监测工作，并定期向人民银行上海总部和跨境收付信息管理系统（RCPMIS）报送有关信息。

四是结算代理人可提供资产托管服务。对结算代理人提供资产托管服务的条件作出了明确规定，鼓励符合条件的结算代理人为境外机构提供资产保管、会计核算与估值、报表处理等资产托管服务。

五是加强事中事后管理。在简化事前准入管理的同时，为加强对境外机构投资者的管理，《公告》以信息收集和监测为核心，在宏观审慎管理的框架下，建立以人民银行为主、银行间市场中介机构为辅、结算代理人为抓手的管理框架，即结算代理人按规定定期报送境外机构投资者的有关信息和投资业务的开展情况；银行间市场中介机构承担对境外机构的一线监测职责，并定期报告；上海总部汇集所有信息（包括备案信息、投资信息、监测信息等），以此加强对境外机构和结算代理人的监督管理，定期向人民银行总行报告。

三、实施效果

《公告》发布以来，满足了境外商业类机构投资银行间市场的需求，进一步提升了境外商业类机构投资银行间市场的效率，在稳步推进银行间市场对外开放中发挥了积极作用。《公告》发布后，境外商业类机构可在 3～5 个工作日内完成备案，在 3 个工作日内在银行间市场中介机构完成开户手续。截至 2016 年末，已有 149 家境外商业类机构以备案的方式进入银行间市场。

中国人民银行公告〔2016〕第8号（关于进一步做好合格机构投资者进入银行间债券市场有关工作）解读

为进一步提高银行间债券市场准入管理的效率，优化流程，提升标准化、电子化水平，2016年5月中国人民银行发布了2016年第8号公告（以下简称《公告》）。

一、《公告》出台的背景

银行间债券市场是面向合格机构投资者的场外市场。目前，机构投资者进入银行间债券市场实行准入备案制，属于行政审批事项，具体由人民银行上海总部（以下简称上海总部）承办。自银行间债券市场建立以来，根据市场发展情况，人民银行陆续发布了多个文件，对不同类型的机构投资者包括金融机构以及证券投资基金、企业年金、银行理财、私募投资基金等非法人产品进入银行间债券市场分别提出了要求。为解决准入管理政策形式上碎片化、准入和开户效率不高等问题，人民银行起草并发布《公告》。

二、《公告》的主要内容

一是明确机构投资者的合格性标准。《公告》将合格机构投资者分为法人和非法人两大类，分别提出了合格性标准。对于非法人产品类合格机构投资者，重点对产品本身的资产管理人和托管人的资质提出了合格性标准。

二是优化备案、开户、联网流程。在目前上海总部已试行的"全国银行间债券市场准入备案信息系统"的基础上，继续利用互联网技术手段打造一站式服务平台，实现备案、开户、联网同时进行，电子"备案通知书"一经生成，即可启用相关账户，提高备案和开户效率。

三是加强事中事后管理。强调银行间市场中介机构承担一线监测职责以及中国银行间市场交易商协会承担自律管理职责，同时，人民银行依法对合格机构投资者的债券业务开展情况进行现场或非现场检查。

三、实施效果

《公告》发布后，银行间债券市场准入流程不断优化，标准化、电子化水平不断提高，准入和开户效率不断提高，对丰富银行间债券市场投资者群体发挥了积极作用。截至 2017 年 5 月，在银行间债券市场开户的境内机构投资者为 17957 家，较 2016 年 5 月《公告》发布时增加了 5640 家。

第五章　支付体系方面的规范性文件解读

《支付结算违法违规行为举报奖励办法》解读

为维护支付结算市场秩序，充分发挥社会监督和支付行业自律作用，中国人民银行于 2016 年印发了《支付结算违法违规行为举报奖励办法》（以下简称《办法》），中国支付清算协会（以下简称协会）相应制定了《支付结算违法违规行为举报奖励办法实施细则》（以下简称《实施细则》），配合《办法》的具体实施。

一、《办法》的出台背景

近年来，伴随银行业金融机构、非银行支付机构、清算组织等支付服务主体的不断丰富，以及支付产品的多元化发展，支付结算领域的竞争日趋激烈，部分机构出现了有章不循、无序竞争和违规经营的现象，部分非银行支付机构还发生了挪用客户备付金、侵害客户权益的情况。为规范支付市场行为，人民银行不断加大支付服务市场监管力度，全面整顿支付服务市场秩序，但仍面临着风险点多面广、管理资源有限、风险监测手段不足等问题。为构建"政府监管、行业自律、机构自治、社会监督"的一体化监管体系，充分发挥协会"维护支付清算服务市场竞争秩序和会员合法权益"的行业自律作用，范一飞副行长在 2016 年中国人民银行支付结算工作会议上提出："（要）建立支付结算违法违规行为举报奖励机制。通过举报奖励，激励和引导举报人提供支付结算违法违规行为的信息，弥补执法过程中的信息不对称问题，提升行政执法效率。"

为此，人民银行于 2016 年 4 月 5 日发布了《办法》，举报奖励制度自 2016 年 7 月 1 日起正式施行；协会制定了《实施细则》，设立支付结算违法违规行为举报中心，负责具体实施举报奖励工作；2016 年 10 月，中国人民银行办公厅印发《关于落实〈支付结算违法违规行为举报奖励办法〉的指导意见》，进一步明确举报奖励机制的工作目标、工作原则、工作要点和工作要求等内容。

二、《办法》的主要内容

（一）关于实施主体。为充分发挥支付行业自律作用，《办法》规定，协会负责支付结算违法违规行为举报奖励的具体实施，包括举报的受理、调查、处理、奖励等事宜。

（二）关于适用范围。《办法》规定，举报奖励适用于对支付结算领域各类违法违规行为的举报，包括银行账户、支付账户、支付工具、支付系统等，而非针对单一业务类型。

（三）关于适用主体。在被举报人方面，《办法》规定涵盖支付市场的各类参与主体，即银行业金融机构、非银行支付机构、清算机构，以及非法从事支付结算业务的单位和个人；在举报主体方面，单位和个人对支付结算违法违规行为均有权举报。对于从事支付结算行业的"同行"，虽然同业有竞争，其提供的线索有可能存在片面性，但考虑到同业提供的线索更专业、更有价值，《办法》未将从事支付结算行业的市场主体排除在举报主体范围之外。

（四）关于举报方式。《办法》规定只接受实名举报。主要考虑实名举报对举报人有较强约束力，举报信息真实性程度较高，不至于出现大量无效扰乱信息，导致降低举报信息的有效性，增加调查核实的工作量。

（五）关于举报程序。《办法》规定，举报人应采取协会对外公布的方式进行举报，提交举报材料。协会负责对举报事项调查核实，并视情况将案件移送人民银行和公安机关。对符合奖励条件的举报，协会按程序规定对举报人进行奖励。

（六）关于奖励条件。主要强调举报线索的合法、真实和有效。《办法》规定，对单位和个人实名举报支付结算违法违规行为，并同时符合以下条件的给予奖励：有明确的举报对象、具体的举报事实及证据；举报内容事先未被监管部门掌握；举报内容经查证属实且经协会认定对规范市场有积极作用。在发挥举报奖励机制正向激励作用的同时，也要防止举报人捏造、歪曲事实，诬告、陷害他人，或者弄虚作假骗取奖励资金，即"举报人道德风险"问题。为此，《办法》规定了相应的限制性条件，如国家机关工作人员利用职务便利获取信息、利用非法手段取得证据的举报等不予奖励。

（七）关于自律保障。协会组织会员单位建立合规保证金制度，设立举报专项奖励基金。支付服务主体被举报违规，且经协会调查属实的，协会按照协议扣除其保证金。扣除的保证金作为违约金纳入举报奖励基金。同时，协会依照章程、自律公约等，对违规会员进行自律惩处。

（八）关于举报奖励监督。《办法》规定，协会应建立举报奖励档案，存储有关举报受理、核实、处理与奖励领取的资料与凭证。严格执行举报奖励制度，加强资金管理；严格执行保密制度，不得擅自对外泄露举报人身份、举报内容等情况。对于玩忽职守的工作人员，视情节轻重给予纪律处分；构成犯罪的，依法追究法律责任。另外，对举报人的行为进行约束，要求举报人不得捏造、歪曲事实，不得诬告、陷害他人，或者弄虚作假骗取奖励资金。

三、《办法》的实施效果

《办法》的实施，有效发挥了社会公众监督与协会行业自律作用，对维护支付清算市场的稳定发展发挥了积极作用。截至 2017 年第一季度，举报中心共接到举报（含投诉）2478 件，符合受理条件的 744 件，完成举报调查 682 件，并对确认违规的 20 家机构分别采取扣缴合规保证金、限期整改等措施。

《国内信用证结算办法》解读

为顺应金融市场化改革趋势，适应国内贸易特别是服务贸易发展，中国人民银行、中国银行业监督管理委员会于 2016 年 4 月联合发布新修订的《国内信用证结算办法》（中国人民银行公告〔2016〕第 10 号，以下简称新修订《办法》），自 2016 年 10 月 8 日起施行。

一、新修订《办法》的出台背景

中国人民银行曾于 1997 年发布《国内信用证结算办法》（银发〔1997〕265 号，以下简称 1997 年《办法》），对规范国内信用证业务、促进国内贸易融资和经济发展发挥了重要作用。近年来，境内企业贸易活动日益活跃，信用证业务持续增长，优势不断显现，开证金额长期保持快速增长。与此同时，1997 年《办法》有关信用证使用范围和功能等方面的规定已不能满足国内贸易发展的信用证结算需求。

二、新修订《办法》的主要内容

新修订《办法》立足于国内市场发展实际，参考国际惯例，从使用范围、付款期限、流转方式等多个方面对 1997 年《办法》进行了系统化修订，明确了相关业务规则和管理标准，以更好地适应国内贸易发展的融资需求和支付结算需求，主要修订情况如下：

一是将国内信用证的使用范围由单一的商品交易结算拓展到商品和服务贸易结算，使用主体由国内企业拓展为国内企事业单位。将信用证的付款期限限定为 1 年，有效期则由市场参与方根据贸易合同合理、审慎设置。

二是允许信用证加具保兑，满足部分银行以他行加具保兑进行信用增级的方式开办信用证业务的需求，为不同规模的银行开展业务提供公平的竞争环境。允许信用证转让一次，顺应中间贸易发展要求，满足中间贸易商特殊的资金融通与结算需求。

三是强调商业银行业务经营自主性，充分尊重银行服务的市场化竞争，取消了保证金比例限制以及有关收费的规定，进一步激发业务活力。与此同时，新修订《办法》规定由中国支付清算协会会同中国银行业协会制定统一的审单规则和跨行业务凭证，以规范信用证的跨行使用与流通。

三、新修订《办法》的主要意义

新修订《办法》作为国内信用证业务的基础性规范，统筹把握促进市场发展与防范金融风险的管理原则，实现了业务规则和管理标准的再造，将进一步完善信用证业务管理，推动业务拓展与创新，更好地满足企业融资需求和支付需求，促进国内贸易快速健康发展。

《中国人民银行关于信用卡业务
有关事项的通知》解读

为完善信用卡业务市场化机制，满足社会公众日益丰富的信用卡支付需求，提升信用卡服务质量，促进信用卡市场健康、持续发展，中国人民银行于2016 年 4 月发布《中国人民银行关于信用卡业务有关事项的通知》（以下简称《通知》），自 2017 年 1 月 1 日起正式施行。

一、《通知》的出台背景

从 1985 年我国第一张信用卡诞生以来，信用卡产业在"金卡工程"等国家政策的推动下，得到了长足发展。截至 2015 年底，全国信用卡在用发卡数量共计 3.9 亿张，信用卡期末应偿信贷余额为 3.1 万亿元，占国内居民人民币短期消费贷款比重约 75%，对扩大消费、便利居民日常生活和支持社会经济发展发挥了重要作用。

近年来，随着社会经济快速发展，信用卡市场出现了一些新情况、新问题，有必要从制度上进行改革、引导和规范。一是现有监管制度对信用卡利率、免息还款期最长期限、最低还款额和滞纳金等信用卡产品的核心内容规定过于细致和固化，不利于信用卡产品和服务的多元化发展，不利于激发信用卡市场活力；二是随着消费金融创新升级和个人经济活动的日益丰富，持卡人对信用卡透支消费、预借现金等服务提出了更加个性化和多样化的需求；三是近年来，持卡人纠纷和信用卡息费争议时有发生，持卡人权益保障制度亟须完善。

人民银行高度重视信用卡产业发展，结合当前信用卡市场的新形势，以改进信用卡服务和保障消费者合法权益为核心，科学把握、统筹兼顾业务创新需求和防范市场风险，在充分听取各方意见的基础上，研究制定了《通知》，以引导发卡机构建立健全差异化经营战略，促进信用卡产业转型升级。

二、《通知》的主要内容

《通知》顺应深化金融改革的要求，结合当前信用卡产业发展的新形势，以改进信用卡服务和保障消费者合法权益为核心，统筹兼顾业务创新需求和防范市场风险，科学把握政府与市场的关系，从推进信用卡利率市场化、减少信用卡息费规则相关行政干预、优化信用卡预借现金服务、规范信用卡交易信息、保障持卡人合法权益等方面作出制度安排，旨在引导发卡机构建立健全多样化、差异化、个性化的信用卡产品与服务体系，促进信用卡产业转型升级。

《通知》取消了现行统一规定的信用卡透支利率标准，实行透支利率上限、下限区间管理，提升发卡机构信用卡利率定价的自主性和灵活性。同时，发卡机构可自主确定信用卡透支的计结息方式、溢缴款利息标准等，进一步拓展创新空间。

《通知》取消了关于透支消费免息还款期最长期限、最低还款额标准以及附加条件的现行规定，由发卡机构基于商业原则和持卡人需求自主确定；取消滞纳金，由发卡机构和持卡人协议约定违约金；取消超限费，并规定发卡机构不得对服务费用计收利息。

《通知》优化了信用卡预借现金业务管理机制，清晰界定现金提取、现金转账和现金充值等预借现金业务类型，配套制定改进服务、规范管理相关要求。持卡人通过 ATM 办理预借现金提取业务的每卡每日累计限额由人民币2000 元提高至人民币 1 万元。允许向本人银行结算账户、本人支付账户办理现金转账、现金充值，发卡机构应基于风险可控、商业可持续原则开展相关业务。

此外，《通知》着重强调信用卡交易信息的真实性、完整性、可追溯性，从明确发卡机构信息披露责任、改进非本人交易处理和持卡人损失补偿等方面强化持卡人权益保障机制。

三、《通知》的主要意义

推动信用卡产业发展对满足居民日常消费支付和个人消费信贷需求具有重要作用。《通知》作为完善信用卡业务监管政策的重要举措，有利于激发信用卡市场活力，促进市场充分竞争，推动信用卡服务创新升级，对鼓励消费、扩大内需和促进供给侧结构性改革具有积极作用。

《中国人民银行　中国银行业监督管理委员会关于加强票据业务监管　促进票据市场健康发展的通知》解读

为落实金融支持实体经济发展的要求，有效防范和控制票据业务风险，促进票据市场健康有序发展，中国人民银行于 2016 年 4 月发布《中国人民银行　中国银行业监督管理委员会关于加强票据业务监管　促进票据市场健康发展的通知》（银发〔2016〕126 号，以下简称《通知》）。

一、《通知》的出台背景

近年来，基于商业汇票的各类票据市场业务快速增长，为拓宽企业融资渠道、优化银行业金融机构（以下简称银行）资产负债管理发挥了积极作用。但也存在部分票据业务发展不规范的问题。部分银行票据业务内控管理薄弱、有章不循，在票据业务涉及的人员管理、查账查库程序、票据传递和保管等诸多环节均存在较大漏洞；部分银行为满足相关监管指标要求和追求利润，利用票据业务规避监管，存在道德风险和操作风险。部分银行有章不循、内控失效等问题已引发一系列票据案件，造成重大资金损失，业务风险不容忽视。同时，随着票据中介在票据市场的参与程度日益加深，其虽然在活跃票据市场交易、价格发现等方面发挥了积极作用，但也存在扰乱市场秩序、增加风险隐患的问题。

二、《通知》的主要内容

（一）强化票据业务内控管理。要求银行机构建立审慎性考核机制，将承兑费率与垫款率等票据业务经营效益指标与风险管理类指标纳入考核。建立监督有力、制约有效的票据保管制度，严格执行票据实物清点交接登记、出入库制度，加强定期查账、查库。严格规范异地同业账户的开立和使用管理，加强预留印鉴管理，不得出租、出借账户，严禁将本银行同业账户委托他人代为管理。强化风险防控，规范业务流程设计，建立和持续优化票据业务系统。

（二）坚持贸易背景真实性要求，严禁资金空转。严格贸易背景真实性审查，确保相关票据反映的交易内容与企业经营范围、真实经营状况以及相关单据内容的一致性，严禁为票据业务量与其实际经营情况明显不符的企业办理承兑和贴现业务。加强客户授信调查和统一授信管理，核定客户表内外票据业务授信规模，并纳入总体授信管理框架。加强承兑保证金管理，银行应确保承兑保证金为货币资金，比例适当且及时足额到位，保证金未覆盖部分所要求的抵押、质押或第三方保证必须严格依法落实。应识别承兑保证金的资金来源，不得办理将贷款和贴现资金转存保证金后滚动申请银行承兑汇票的业务。银行不得利用贴现资金借新还旧，调节信贷质量指标，不得发放贷款偿还银行承兑汇票垫款，掩盖不良资产。

（三）规范票据交易行为。严格执行同业业务的统一管理要求，将银行承兑汇票买入返售（卖出回购）业务纳入全面风险管理，对买入返售（卖出回购）业务单独列立会计科目，严格按照业务合同（协议）规定进行会计核算。加强交易对手资质管理，银行应对买入返售（卖出回购）的交易对手由法人总部进行集中统一的名单制管理，定期评估交易对手信用风险，动态调整交易对手名单，不得与交易对手名单之外的机构开展买入返售（卖出回购）票据等同业业务。规范纸质票据背书要求，转贴现业务禁止无背书买卖票据，受理买入返售业务时，拟买入返售银行必须确认交易对手是最后一手票据背书记载的被背书人。禁止离行离柜办理纸质票据业务，严格资金划付要求，防止资金体外循环。严禁银行与非法"票据中介""资金掮客"开展业务合作，不得开展以"票据中介""资金掮客"为买方或卖方的票据交易。禁止跨行清单交易、一票多卖。

（四）开展风险自查，强化监督检查。要求银行全面开展票据业务风险自查，重点排查将公章、印鉴、同业账户出租、出借行为，与交易对手名单之外机构开展交易的行为，以及为他行"做通道""消规模"，不按规定进行会计核算的行为，对存在的风险隐患，立即采取有效措施堵塞漏洞。要求人民银行分支机构加大对票据业务的现场和非现场检查力度，增强监管实效，强化制度执行，整顿市场秩序，严肃票据业务纪律，公布咨询举报电话，畅通举报渠道。

三、《通知》的主要意义

《通知》通过强化银行票据业务内控管理、真实贸易背景审查及交易行为规范管理，全面部署银行票据业务风险排查整改和监管部门的监督检查，票据市场管理规则进一步完善，有利于切实有效地防范和化解市场潜在风险，规范业务管理，促进票据市场健康有序发展。

《中国人民银行关于规范和促进电子商业汇票业务发展的通知》解读

为采取切实有效措施推动电子商业汇票（以下简称电票）业务发展，充分发挥电票优势，防范纸票业务风险，中国人民银行发布《中国人民银行关于规范和促进电子商业汇票业务发展的通知》（以下简称《通知》）。

一、《通知》的出台背景

近年来，我国商业汇票业务和票据市场发展迅速，但也存在一些问题，纸票存在灭失、伪造和克隆票欺诈等风险，银行纸票存管和转贴现交易环节不透明易产生道德风险和操作风险。同时，银行异化票据功能，将商业汇票作为规避信贷管控、腾挪资产的管理工具，不仅无益于实体经济，也增加了银行的道德风险和操作风险。票据市场曝出的多起风险事件揭露了票据交易违规操作、掮客参与、账外经营和风控缺失等诸多问题，究其根源，以纸票为主的票据交易载体成为风险滋生的温床。而电票系统采用的电子数据和电子签名、全流程电子化、票款对付线上清算等功能优势有利于解决上述问题。

自 2009 年电票系统上线以来，电票业务快速发展，复合年增长率达到 25%。但由于电票业务起步晚、基数小，截至 2015 年末，电票签发占比仍只有 20%，未能体现其应有的地位和作用。经过六年多的发展，绝大多数的银行和财务公司已经开办电票业务，商业汇票的主要使用对象已经适应并主动接受电票操作方式，加快推动商业汇票业务电子化的时机已经成熟。为充分发挥电票优势，防范纸票业务风险，加快票据市场电子化进程，人民银行决定发文规范和促进电票业务发展。

二、《通知》的主要内容

（一）扩大系统覆盖率，扩充系统功能。鼓励金融机构加快接入电票系统，扩大系统覆盖率，并针对目前部分银行限制电票跨行业务、不支持被代理接入机构业务以及不支持线上清算等问题，明确有关要求。明确清算总中心提供电票系统模拟运行环境服务的流程和时间要求，为金融机构开展业务测试提供便利。在前期试点的基础上，全面推广财务公司线上清算功能，充分发挥财务公司办理电票业务的积极性。统一电票交易和银行间市场债券交易的交易主体范围，允许银行和财务公司以外的银行间市场持牌金融机构开展电票转贴现等业务。

（二）提高服务水平，简化业务操作。要求金融机构通过加大宣传培训力度、完善业务系统功能、提供操作便利、给予电票贴现利率优惠等方式提升服务水平，鼓励和引导企业电票使用。鼓励金融机构探索采用保函、保证与保贴业务，利用电票系统评级信息登记功能等方式，增强企业票据信用，推广发展电子商业承兑汇票。允许银行通过在线方式进行电票承兑的贸易背景真实性审查，对电票贴现业务无须再做贸易背景真实性审查，以简化业务操作、提高办理效率。明确金融机构办理电票转贴现业务（含买断式和回购式）时，无须再签订线下协议，如有需约定的事项，金融机构可以通过电票系统合同模块签订协议，或在备注栏内加注约定有关事项。

（三）规范操作，确保业务有序开展。明确电票系统中的组织机构代码录入规范、电票背书连续性审核要求以及电票当日付款责任，着力提升电票流通和兑付效率，降低电票拒付率。强化电票系统代理接入真实性审核，完善票据业务查询查复制度，进一步强调和细化纸票登记要求，通过信息登记防范纸票风险。

（四）健全考评机制，强化业务监管。自 2017 年 1 月 1 日起，单张出票金额在 300 万元以上的商业汇票应全部通过电票办理；自 2018 年 1 月 1 日起，原则上单张出票金额在 100 万元以上的商业汇票应全部通过电票办理。要求各金融机构制定本机构推广电票应用的细化措施和推进时间表，人民银行各省级分支机构制定本辖区推广电票应用的细化措施和推进时间表，对两者均按年度进行考核。同时，强化举报监督机制，严肃查处违规行为。

三、《通知》的主要意义

《通知》从扩大系统覆盖面、优化流通环境、便利操作、提高服务水平等方面引导和鼓励电子商业汇票的使用，大幅提高资金收付效率、增强交易安全性并降低运营成本，有利于充分发挥电票系统和电票业务优势，防范纸质商业汇票业务风险，加快票据市场电子化进程。

《中国人民银行关于加强支付结算管理 防范电信网络新型违法犯罪有关事项的通知》解读

为深入配合打击治理电信网络新型违法犯罪，切实保护人民群众财产安全和合法权益，中国人民银行于 2016 年 9 月印发了《关于加强支付结算管理 防范电信网络新型违法犯罪有关事项的通知》（银发〔2016〕261 号，以下简称《通知》）。

一、《通知》的出台背景

电信网络新型违法犯罪严重危害人民群众财产安全和合法权益，损害社会诚信和社会秩序，已成为当前影响群众安全和社会和谐稳定的一大公害。自2015 年 10 月国务院打击治理电信网络新型违法犯罪工作部际联席会议部署在全国开展专项行动以来，打击治理工作取得了阶段性成效，但电信网络新型违法犯罪的高发势头没有从根本上得到遏制，形势依然严峻。对此，党中央、国务院高度重视，中央领导同志分别作出重要指示批示。2016 年 9 月，国务院召开打击治理电信网络新型违法犯罪工作部际联席会议第三次会议暨深入推进专项行动电视电话会议，对进一步做好打击治理工作提出新的更高要求。同时，中央综治办联合最高人民法院、最高人民检察院、工业和信息化部、公安部、人民银行和银监会发布《关于防范和打击电信网络诈骗犯罪的通告》（以下简称《通告》），就打击治理工作作出周密部署。

为贯彻落实中央领导的重要指示批示精神、国务院工作部署要求和《通告》，针对公安机关反映的电信网络新型违法犯罪情况，人民银行深入分析了其中支付环节存在的主要问题，研究制定了《通知》。

二、《通知》的主要内容

《通知》以最大限度阻断诈骗分子诱导受害人进行资金转账和赃款变现为出发点，从全面推进落实个人银行账户和支付账户分类管理、加强账户实名制、加强转账和银行卡收单管理、强化可疑交易监测、健全紧急止付和快速冻结机制、建立责任追究机制等方面防范电信网络诈骗，共提出二十项具体措施。主要内容如下：

（一）全面推进个人账户分类管理。为压缩非法买卖银行账户的空间、完善个人资金保护机制，《通知》规定自 2016 年 12 月 1 日起，同一个人在一家银行业金融机构（以下简称银行）只能开立一个Ⅰ类银行结算账户，在一家非银行支付机构（以下简称支付机构）只能开立一个Ⅲ类支付账户。

（二）建立对买卖账户相关单位和个人的惩戒机制。《通知》规定，经公安机关认定的出租、出借、出售、购买银行账户或支付账户的单位和个人及相关组织者，假冒他人身份或虚构代理关系开立银行账户或支付账户的单位和个人，5 年内停止其银行账户非柜面业务、支付账户所有业务，3 年内不得为其新开户。

（三）对涉案账户开户人名下账户进行限制和清理。针对诈骗犯罪分子一般利用购买的身份证开立大量账户进行作案的特征，《通知》规定除对涉案账户采取中止业务措施外，对涉案账户开户人名下的其他银行账户均暂停非柜面业务，支付账户暂停所有业务，重新核实身份后方可恢复。

（四）对电话号码与身份证件号码对应关系进行排查。针对用于电信网络诈骗的众多作案账户一般都使用同一个手机号码的特征，《通知》要求银行和支付机构对一个电话号码对应多个身份证件号码的情况进行排查和处置。

（五）对 ATM 转账采取延时到账措施。当前电信网络诈骗中 50% 以上案件通过电话操控受害人进行 ATM 转账，其中又有很大一部分是被引导到英文界面，在不知情的情况下完成转账。因此，《通知》规定，个人通过 ATM 向非同名账户转账的，银行在受理 24 小时后才能转账；ATM 增加汉语语音提示，非汉语界面应当对资金转账等关键字段提供汉语提示。

（六）加强对非柜面渠道转账业务管理。针对电信网络诈骗通过网上银行转移资金等特征，《通知》要求银行和支付机构应当与单位和个人事先约定非柜面渠道转账的日累计限额和笔数。同时，个人通过非柜面渠道转账，单日累计金额超过 5 万元的，应当采用数字证书或电子签名等安全可靠的支付指令验证方式。

（七）加强 POS 机具管理。针对 POS 机成为不法分子盗取银行卡信息、洗钱套现工具的问题，《通知》规定任何单位和个人不得在网上买卖 POS 机、刷卡器等，要求银行和支付机构对特约商户及其布放的 POS 机进行全面检查。

（八）加强可疑交易监测和管理。为有效打击电信网络诈骗，《通知》要求银行和支付机构加强对账户及其交易的监测，并详细列举了各种可疑特征。对于列入可疑交易的账户，要求与单位或者个人核实交易并采取相应措施，涉嫌违法犯罪活动的，应当及时向当地公安机关报告。

（九）健全紧急止付和快速冻结机制。《通知》要求支付机构要理顺本机构协助有权机关查询、止付、冻结和扣划的工作程序。银行、从事网络支付的支付机构应当根据有关要求接入电信网络新型违法犯罪交易风险事件管理平台。

（十）建立黑名单管理机制。为加大对违规行为的惩戒力度，《通知》建立了黑名单管理机制，对公安机关认定的买卖账户的单位和个人、工商部门认定的严重违法失信企业，以及公安机关认定为违法犯罪活动提供便利或者因存在重大违规行为被终止收单业务的特约商户及相关个人等，不得开户或者拓展为特约商户，相关信息纳入征信系统。

（十一）建立责任追究机制。凡是发生电信网络诈骗案件的，要倒查银行、支付机构的责任落实情况，严肃追究相关单位和人员的责任。对人民银行分支机构监管责任不落实，导致辖内银行和支付机构未有效履职尽责，发生电信网络诈骗金额较大、影响严重的，要问责人民银行分支机构。

三、《通知》的实施效果

自《通知》印发以来，各银行、支付机构、中国支付清算协会、银行卡清算机构积极落实各项措施，防范电信网络诈骗犯罪效果显著，切实保护了人民群众的资金财产安全。截至 2016 年底，银行在办理开户业务时发现个人冒用他人身份开户的事件 8952 人次，个人因电信网络诈骗向银行申请撤销 ATM 转账业务 624 笔，挽回资金损失 672.75 万元。银行和支付机构拒绝异常开户 9.39 万人次，对多人共用同一电话号码开户进行排查清理，暂停和撤销无法证明合理性的账户 454.84 万户，监测到可疑交易账户 391.56 万户，可疑交易 2456.11 万笔，暂停 71.93 万户商户的 104.48 万台受理终端使用。利用涉案账户查控平台协助公安机关办理涉案账户查询、止付和冻结业务 123.25 万笔，冻结资金 35 亿元。

《中国人民银行关于落实个人银行账户分类管理制度的通知》解读

为落实《中国人民银行关于改进个人银行账户服务　加强账户管理的通知》（银发〔2015〕392 号），进一步规范个人银行账户分类管理，中国人民银行于 2016 年 11 月印发了《关于落实个人银行账户分类管理制度的通知》（以下简称《通知》）。

一、《通知》出台背景

2015 年 12 月，为顺应和规范互联网金融发展，满足银行业金融机构（以下简称银行）互联网开户的创新需求，改进个人银行账户服务，中国人民银行按照"鼓励创新、防范风险"的原则，印发了《中国人民银行关于改进个人银行账户服务　加强账户管理的通知》，在坚持银行账户实名制的前提下，建立了个人银行账户分类管理制度，允许银行通过互联网等电子渠道为个人开立 II、III 类银行结算账户（以下简称 II、III 类户），并对 II、III 类户的开立和使用作出了规定。该通知自 2016 年 4 月 1 日正式实施以来，社会普遍反映良好，银行和社会公众对 II、III 类户的开户意愿较为强烈，开户数量和业务办理增长较快，银行以此为契机迈出了互联网金融的历史性一步。

2016 年 9 月，为贯彻落实中央领导同志关于打击治理电信网络新型违法犯罪的重要批示和国务院有关工作部署要求，针对电信网络新型违法犯罪案例暴露出的支付环节问题，中国人民银行印发《中国人民银行关于加强支付结算管理　防范电信网络新型违法犯罪有关事项的通知》（银发〔2016〕261 号），决定自 2016 年 12 月 1 日起，个人只能在同一家银行开立一个 I 类户，全面推行个人银行账户分类管理制度。

为进一步加强账户管理，满足社会公众银行账户服务需求，人民银行在《中国人民银行关于改进个人银行账户服务　加强账户管理的通知》的基础上，经征求各方意见，制定印发了《通知》，进一步规范了 II、III 类户的开立、使用、变更、撤销和绑定账户信息验证等。

二、《通知》的主要内容

（一）关于Ⅱ、Ⅲ类户的开立、变更和撤销

一是根据银行账户实名制落实程度，扩大了在银行柜面开立Ⅱ、Ⅲ类户的客户范围，《通知》规定境内外个人可以凭有效身份证件通过柜面开立Ⅰ、Ⅱ、Ⅲ类户。同时，明确银行为个人开立Ⅱ、Ⅲ类户时必须留存开户申请人身份证件的影印件。二是为防止Ⅱ、Ⅲ类户作为其他账户的绑定账户，出现Ⅱ、Ⅲ类户循环绑定互相验证开户、非实名风险不断累积的情况，《通知》要求银行应当向绑定账户开户行验证绑定账户是否为Ⅰ类户或者信用卡账户。三是规定银行可以通过柜面或者电子渠道为个人办理Ⅱ、Ⅲ类户变更和撤销业务，并规范了业务处理流程。四是要求银行在账户管理协议中明确长期不动户及零余额Ⅱ、Ⅲ类户的处置方法。

（二）关于Ⅱ、Ⅲ类户的使用

根据开户申请人身份信息核验方式和账户定位不同，个人银行结算账户分为Ⅰ类户、Ⅱ类户和Ⅲ类户。其中，Ⅰ类户为个人主办账户，即当前个人在银行柜面开立、现场核验身份的账户，具有全功能。Ⅱ、Ⅲ类户为辅助账户，个人通过银行柜面或者互联网等电子渠道开立，具有有限功能。其中，通过互联网等电子渠道开立的Ⅱ、Ⅲ类户在开户时还需要与开户申请人的同名Ⅰ类户或者信用卡账户绑定验证身份并使用。各类账户的具体功能如下：

Ⅰ类户可以办理存款、存取现金、转账、消费和缴费、购买投资理财产品、贷款和还款等，使用范围和金额不受限制。

Ⅱ类户可以办理存款、购买银行投资理财产品、银行贷款和还款、限额消费和缴费、限额存取现金、限额与非绑定账户转入转出资金等。其中，经银行柜面、自助设备加以银行工作人员现场面对面确认开户申请人身份的Ⅱ类户，方可以办理存取现金、非绑定账户资金转入业务以及配发银行卡。Ⅱ类户限额管理要求是：存入现金、非绑定账户转入资金等入金业务的日累计限额合计为1万元，年累计限额合计为20万元；消费和缴费、取出现金、向非绑定账户转出资金等出金业务的日累计限额合计为1万元，年累计限额合计为20万元。Ⅱ类户与其绑定的Ⅰ类户和信用卡账户之间的转账、银行贷款和还款以及利用Ⅱ类户购买银行投资理财产品不受限额管理。

Ⅲ类户可以办理限额消费和缴费、限额与非绑定账户转入转出资金等业务。其中，经银行柜面、自助设备加以银行工作人员现场面对面确认开户申请人身份的Ⅲ类户，方可以办理非绑定账户资金转入业务。Ⅲ类户限额管理要求为：账户余额不得超过 1000 元；非绑定账户资金转入日累计限额为 5000 元，年累计限额为 10 万元；消费和缴费支付、向非绑定账户转出资金等出金业务的日累计限额合计为 5000 元，年累计限额合计为 10 万元。Ⅱ类户与其绑定的Ⅰ类户和信用卡账户之间的转账不受限额管理。

（三）建立健全绑定账户信息验证机制

《通知》要求人民银行分支机构应当积极推动辖区内地方性法人银行积极利用小额支付系统或者其他渠道，协助建立辖区内地方性法人银行的绑定账户互验机制，实现对绑定账户的客户账户信息查验。同时，鼓励银行通过使用除小额支付系统以外的合规渠道，实现Ⅱ类户开户银行与绑定账户开户银行间的信息验证。

三、《通知》的重要意义

《通知》的印发是我国个人银行账户管理制度的一次重大改革创新，将对我国的个人银行账户体系发展和银行业务经营产生重要而深远的影响。

（一）有利于强化账户实名制。《通知》以账户实名制管理为出发点和落脚点，通过实施分类管理，根据开户渠道对客户身份实名验证程度的不同，划分银行账户功能，在满足创新的同时强化了实名要求，有效应对了互联网和信息技术发展对账户实名制的冲击。同时，对远程开户采取绑定账户验证身份和使用的制度安排，调整银行客户身份信息验证方式和手段，有效解决远程开户身份信息验证不充分、间接认证叠加实名制风险等问题。

（二）有利于建立账户安全屏障。《通知》通过个人银行账户分类管理制度安排，使支付的安全性和便捷性得到有效兼顾，个人可以更好地分类管理自己的账户，根据自身安全或便捷偏好合理分配账户用途和资金。通过主辅账户实现需求分层管理，在满足个人日益多样化、个性化的支付服务需求和其他金融服务需求的同时，有效隔离资金风险，即便出现账户信息泄露和资金被窃取事件，损失也将在可控范围之内。

（三）有利于推动金融服务创新。《通知》的印发使得账户开户渠道得以拓展和延伸，银行的获客方式多元化，为银行带来新的发展机遇。银行将以此为契机推动战略定位调整，重新布局线上线下业务，整合互联网金融和传统运营管理资源，加快电子银行业务创新步伐，提升账户服务的便捷性和客户的开户体验，为公众提供优质的、差异化的、更安全的银行账户以及以账户为基础的支付结算服务，提升经营管理水平和核心竞争力。此外，银行也需要改变以往以发卡数量为标准、按照账户开户地作为基准的考核管理方法和业务营销手法，真正树立以客户为核心的经营理念，实现客户本异地业务无差异化的体验。

第六章　经理国库方面的规范性文件解读

《中国人民银行　财政部关于印发〈凭证式国债到期资金约定转存业务工作指引〉的通知》解读

一、出台背景

储蓄国债（凭证式）发行文件规定，"投资人购买的国债从购买之日开始计息，到期一次还本付息，不计复利，逾期不加计利息"。根据此规定，储蓄国债（凭证式）投资者（以下简称投资者）如果逾期兑付储蓄国债（凭证式），只能领取持有国债的本金和从购买日起至到期日为止的法定利息，从到期日起至实际兑付日期间没有任何利息收益，在一定程度上降低了储蓄国债（凭证式）对投资者的吸引力。

为更好地增加储蓄国债（凭证式）对投资者的吸引力，2013 年 9 月，人民银行南京分行积极创新，选择中国银行江苏省分行、江苏银行和南京银行，在全国率先开展了凭证式国债到期委托兑付约定转存业务试点工作，取得初步成效。随后，全国其他部分省市也相继开展了凭证式国债到期委托兑付约定转存业务试点。

在部分省市创新开展凭证式国债到期委托兑付约定转存业务试点工作取得显著成效的基础上，2016 年 7 月，中国人民银行会同财政部联合制定下发了《凭证式国债到期资金约定转存业务工作指引》（以下简称《指引》），将此项创新业务正式命名为凭证式国债到期资金约定转存业务。根据财政部公告〔2016〕120 号，自 2017 年起发行的凭证式国债更名为储蓄国债（凭证式），至此，该业务同步更名为储蓄国债（凭证式）到期资金约定转存业务（以下简称约定转存业务），正式在全国范围内推广。

二、主要内容

《指引》主要适用于已经开办和准备开办约定转存业务的储蓄国债承销团成员及其分支机构（以下简称承销机构）。《指引》分为总则、管理要求、业务要求、附则四个章节，共十七条，主要内容包括：

（一）约定转存业务的定义。约定转存业务是投资者与承销机构事前签订储蓄国债（凭证式）到期资金约定转存协议（以下简称约定转存协议），由投资者委托承销机构代其办理指定储蓄国债（凭证式）到期兑付手续，并将其相应的本息款转存为该投资者名下约定期限个人储蓄存款的一种业务方式。

（二）约定转存业务的基本原则。《指引》确定了办理约定转存业务的四个基本原则，分别是"投资者自愿""机构自愿""以收款凭证为依据"和"风险可控"原则。

1. "投资者自愿"原则是指，承销机构应向投资者客观全面地介绍约定转存业务，履行相应的告知义务，加强投资者引导，并在投资者自愿的前提下，在储蓄国债（凭证式）到期兑付前，与投资者签订约定转存协议，明确约定转存业务开办意向和双方的权利义务。

2. "机构自愿"原则是指，承销机构自主选择是否开办约定转存业务，人民银行各级分支机构不得以任何形式强制要求辖内承销机构开办。

3. "以收款凭证为依据"原则是指，各承销机构在开办约定转存业务之前，应制定符合储蓄国债（凭证式）管理要求的内控制度和业务流程，明确自承销机构受托兑付转存之日起，投资者必须持储蓄国债（凭证式）收款凭证办理国债本息款和转存储蓄存款后所产生利息的支取。

4. "风险可控"原则是指，承销机构应充分评估业务开展过程中可能出现的系统风险、资金风险等，制定符合现行储蓄国债（凭证式）和人民币储蓄存款有关管理规定的内控制度和业务流程，制订相关业务系统开发方案，序时推进业务系统开发测试，认真组织业务培训，确保约定转存业务顺利开展，切实防范风险。

（三）约定转存业务的业务要求。《指引》对承销机构开办约定转存业务时拟定的协议文本内容、账户管理、储蓄国债（凭证式）收款凭证管理、投资者权益保护等工作提出了明确要求。

1. 在办理约定转存业务时，承销机构必须与投资者签订约定转存协议。约定转存协议中必须明确承销机构与投资者双方的权利和义务。

2. 国债本息约定转存银行账户必须为投资者所属个人银行账户。同时，为防止投资者在到期兑付前办理销户，导致到期兑付国债本息无法转入指定银行账户，承销机构应对约定转存指定银行账户进行关联控制，不得在约定转存业务解约或变更前为客户办理销户，如需销户，须先办理约定转存业务的解约或变更手续。

3. 承销机构在办理指定储蓄国债（凭证式）到期兑付和转存手续后，须对转存的银行账户资金进行控制，在储蓄国债（凭证式）收款凭证缴回前不得办理国债本息款及转存储蓄存款后所产生利息的支取，加强对储蓄国债（凭证式）收款凭证的管理。

4. 约定转存业务的办理时间为储蓄国债（凭证式）购买日起至到期日前。自储蓄国债（凭证式）购买日起至到期日前，均可以办理约定转存业务的签约、查询、变更和解约业务，办理约定转存业务后，投资者享有的开立存款证明、质押贷款、凭证挂失等权益不得改变。

5. 承销机构为投资者提供的转存储蓄存款的品种必须是包括活期在内的各类品种，尽可能地满足投资者的各类投资需求，并要求承销机构通过在储蓄国债（凭证式）收款凭证上明示签约解约情况、开通短信提醒等手段，及时履行告知义务，加强投资者权益保护工作。

（四）约定转存业务的管理要求。《指引》对承销机构约定转存业务内部管理要求以及人民银行对约定转存业务的管理权限和职责方面作出了明确规定。

1. 在承销机构内部管理要求方面，规定承销机构在约定转存业务正式开办前，应根据各地实际情况，制定完善内控制度和业务系统，重点关注资金风险和投资者权益保护工作，严防发生重复兑付、重复质押等违规行为。对业务开办过程中出现的异常情况及问题，须妥善处理并及时上报。

2. 在人民银行管理权限方面，规定人民银行对承销机构约定转存业务实行属地管理原则。人民银行总行营业管理部负责北京银行、北京农商行，上海总部、各分行、重庆营业管理部、各省会（首府）城市中心支行、各副省级城市中心支行负责辖内承销团成员中的股份制商业银行、城市商业银行和农村商业银行约定转存业务的管理工作。

3. 在人民银行管理职责方面，规定人民银行对承销机构约定转存业务主要实施两个方面的管理。一是审核承销机构约定转存业务相关制度办法、业务流程和协议文本，并指导承销机构及时向人民银行总行及财政部报备。二是指导承销机构解决业务开展过程中发生的问题，并及时总结上报约定转存工作经验，促进业务更好开展。

三、出台的意义

《指引》的出台对进一步推广约定转存业务、提高人民银行及承销机构投资者权益保护工作水平等具有重要的意义。

一是《指引》明确了约定转存业务的定义、办理原则、业务要求和管理要求，有利于承销机构明确相关业务要求，缩短业务开办周期。

二是《指引》的出台为人民银行各级分支机构在全国范围内规范推进约定转存业务提供了制度指导。

三是《指引》的出台促使承销机构进一步认识到投资者权益保护工作的重要性，自觉主动进行业务创新，在现行制度框架内增加储蓄国债（凭证式）对投资者的吸引力，有利于国债发行工作的顺利进行。

第七章 反洗钱方面的
规范性文件解读

《中国人民银行关于印发〈反洗钱数据报送工作数字证书管理规程〉的通知》解读

使用数字证书开展反洗钱数据报送是严格落实保密工作管理、保证数据传输安全的重要手段。为进一步加强反洗钱数据报送的数字证书管理，中国人民银行于 2016 年 6 月印发了《中国人民银行关于印发〈反洗钱数据报送工作数字证书管理规程〉的通知》（银发〔2016〕163 号，以下简称《管理规程》），2012 年 6 月印发的《大额交易和可疑交易报告互联网报送数字证书管理规程（试行)》（银发〔2012〕156 号，以下简称原《管理规程》）同时废止。

一、《管理规程》的出台背景

2012 年 6 月，原《管理规程》下发后，有效指导了互联网平台的反洗钱数据报送工作，满足了反洗钱数据传输的安全性和及时性要求。随着反洗钱工作的不断推进，纳入反洗钱数据报送的主体范围不断扩大，使用数字证书开展报送的机构类别和数量不断增多。从前期反洗钱数据报送工作实践看，要保障反洗钱数据安全，有必要加强人民银行分支机构对辖区内数字证书的管理，并提高报告机构对数字证书妥善保管和安全使用的整体认识。2016 年 6 月，本着精简流程、规范管理的总体思路，人民银行对原《管理规程》进行调整。

二、《管理规程》的主要内容

《管理规程》分为总则、人民银行分支机构数字证书管理职责、报告机构数字证书的申领与使用、附则四章，共二十六条。具体内容包括：

一是《管理规程》的适用范围。《管理规程》下发至人民银行分支机构和全体报告机构，对象为人民银行分支机构和报告机构使用的、与反洗钱数据报送相关的全部数字证书。

二是人民银行分支机构对用于反洗钱数据报送的数字证书的管理职责。人民银行分支机构不仅要承担辖区内报告机构数字证书的管理职责，还需对自身使用的数字证书进行管理。其中，报告机构数字证书的申请、换发、注销等工作由所在地人民银行分支机构办理，人民银行分支机构自身数字证书的申领、换发、注销等工作由反洗钱中心负责。对这两类数字证书，人民银行分支机构要建立分类台账，定期梳理后统一提交反洗钱中心。

三是报告机构使用数字证书报送反洗钱数据的具体流程。为增强可操作性，结合报告机构数字证书申领、使用的工作流程，分步骤进行了规定和说明。

四是增加了安全保密内容。对目前工作中发现的、可能存在安全隐患的内容进行了强调，包括报告机构妥善保管密码和介质的安全责任、人民银行为报告机构制作并下发数字证书前对机构资格的审核和认定等。

三、《管理规程》的新旧对比

（一）适用范围的变化。原《管理规程》主要立足于保障通过互联网报送的反洗钱数据安全，其发送范围仅限于使用数字证书并通过互联网上报反洗钱数据的证券期货业、保险业、信托业等六类金融机构以及支付机构。《管理规程》将适用范围扩大至通过业务网上报反洗钱数据的银行业、银行卡组织和资金清算中心。这既是规范目前部分通过业务网上报反洗钱数据的银行业报告机构数字证书使用的现实需要，也为后期全面使用数字证书报送反洗钱数据预留了空间。

（二）人民银行分支机构管理辖区内报告机构数字证书的方式变化。原《管理规程》要求人民银行分支机构将辖区内报告机构的所有"报告机构数字证书操作申请表"逐份以传真方式提交反洗钱中心。为减轻人民银行分支机构的工作负担，站在加强统筹管理的角度，将报告机构数字证书使用情况统计从逐份提交变更为由人民银行分支机构统计汇总后、以半年为单位向反洗钱中心提交。为此，原《管理规程》后附的"数字证书信息统计表"被分拆为"人民银行分支机构数字证书情况统计表"和"辖区内报告机构数字证书情况统计表"。

（三）删除与目前工作流程不相适应的部分。

第八章　金融消费权益保护方面的规范性文件解读

《中国人民银行关于印发〈中国人民银行金融消费者权益保护实施办法〉的通知》解读

为贯彻落实《国务院办公厅关于加强金融消费者权益保护工作的指导意见》（国办发〔2015〕81号，以下简称《指导意见》）要求，进一步强化金融消费者权益保护工作，中国人民银行于2016年12月14日发布了《金融消费者权益保护实施办法》（银发〔2016〕314号，以下简称《实施办法》）。

一、《实施办法》的出台背景

《指导意见》指出，为"完善金融消费者权益保护法律法规和规章制度"，"金融管理部门要推动及时修订与金融消费者权益保护相关的行政法规，积极推进相关立法的基础性工作，研究探索金融消费者权益保护特别立法"，"逐步建立完善金融消费者权益保护规章制度"。为贯彻落实上述要求，进一步强化金融消费者权益保护工作，人民银行严格按照依法行政要求，紧扣履职范围，立足于可操作性，结合金融消费者权益保护领域的新情况、新问题，在充分调研讨论和征求意见的基础上形成了《实施办法》。

二、《实施办法》的主要内容

《实施办法》分为总则、金融机构行为规范、个人金融信息保护、投诉受理与处理、监督与管理机制以及附则等六章，共五十条，主要包括以下内容：

一是明确立法依据、适用范围、效力层级等基本问题。将《中华人民共和国消费者权益保护法》与《中华人民共和国中国人民银行法》《中华人民共和国商业银行法》并行列为法律依据。明确了适用范围为在中华人民共和国境内依法设立的为金融消费者提供金融产品和服务的银行业金融机构，提供跨市场、跨行业类交叉性金融产品和服务的其他金融机构以及非银行支付机构。定义了《实施办法》的金融消费者为购买使用金融机构销售的金融产品和服务的自然人。明确了征信机构参照适用《实施办法》。

二是明确金融机构行为规范。从完善制度规范、加强内控制度建设、明确消保部门职能、强化员工培训等方面健全金融机构金融消费者保护机制；从保护金融消费者财产安全、信息披露、资料留存、营销行为规则、文本管理与格式条款、金融知识普及与消费者教育等方面保障金融消费者基本权利；对不当行为的禁止性规定。

三是明确个人金融信息保护要求。将金融机构保护个人金融信息单独立章，对个人金融信息的定义、金融机构保障金融消费者个人金融信息安全权等方面作出了相应规定，强调了关于个人金融信息的存储、处理和分析应当在境内进行以及禁止以概括授权的方式不合理地扩大对金融消费者个人金融信息的收集及使用范围的规定，适用范围也从银行业金融机构扩大到银行业金融机构以及提供跨市场、跨行业交叉性金融产品和服务的其他金融机构和支付机构、征信机构。

四是明确投诉受理与处理机制。从投诉受理、不予受理的投诉、人民银行投诉处理、金融机构投诉处理、人民银行投诉调查等方面，对监管机构和金融机构投诉受理与处理的职责和行为作出了规定，鼓励金融机构与金融消费者运用非诉讼方式解决金融消费纠纷，并规定人民银行可以对投诉案件进行调查。

五是明确监督与管理机制。针对金融消费者权益保护监督检查工作的特殊性，除规定了人民银行职责范围内的监督检查外，根据《指导意见》的规定，引入了"机构评估""环境评估""风险提示"等非强制性监督管理措施，强调了金融机构等的自我评估、自我纠正，强调了对金融消费者权益保护整体环境的建设，并对金融知识普及及应急管理机制等方面提出监督管理要求。明确了金融机构违反《实施办法》侵害金融消费者合法权益，情节严重的，可依照《消费者权益保护法》以及其他相关法律、法规、规章规定予以处罚。除上述监督管理措施外，人民银行及其分支机构还可在人民银行职责范围内依法采取其他措施对违规行为进行约束。

三、《实施办法》的主要意义

《实施办法》是人民银行在金融消费者权益保护领域发布的首个专门性规范性文件，为人民银行金融消费者权益保护各项工作的开展提供了制度依据，在改善个人金融信息保护、提升金融消费者保护法制化水平等方面将发挥重要促进作用。

一、规章

银行卡清算机构管理办法

2016 年 6 月 6 日　中国人民银行
中国银行业监督管理委员会令〔2016〕第 2 号

第一章　总　　则

第一条　为促进我国银行卡清算市场健康发展，规范银行卡清算机构管理，保护当事人合法权益，根据《中华人民共和国中国人民银行法》、《国务院关于实施银行卡清算机构准入管理的决定》（国发〔2015〕22 号），制定本办法。

第二条　本办法所称银行卡清算机构是指经批准，依法取得银行卡清算业务许可证，专门从事银行卡清算业务的企业法人。

第三条　仅为跨境交易提供外币的银行卡清算服务的境外机构（以下简称境外机构），原则上可以不在中华人民共和国境内设立银行卡清算机构，但对境内银行卡清算体系稳健运行或公众支付信心具有重要影响的，应当在中华人民共和国境内设立法人，依法取得银行卡清算业务许可证。

第四条　银行卡清算机构应当遵守国家安全、国家网络安全相关法律法规，确保银行卡清算业务基础设施的安全、稳定和高效运行。银行卡清算业务基础设施应满足国家信息安全等级保护要求，使用经国家密码管理机构认可的商用密码产品，符合国家及行业相关金融标准，且其核心业务系统不得外包。

第五条　为保障金融信息安全，境内发行的银行卡在境内使用时，其相关交易处理应当通过境内银行卡清算业务基础设施完成。

第六条　银行卡清算机构与境内入网发卡机构或收单机构（以下简称入网机构）的银行卡交易资金清算应当通过境内银行以人民币完成资金结算，为跨境交易提供外币的银行卡清算服务的情形除外。

第七条　银行卡清算机构和境外机构应当对从银行卡清算服务中获取的身份信息、账户信息、交易信息以及其他相关敏感信息等当事人金融信息予以保密；除法律法规另有规定外，未经当事人授权不得对外提供。

银行卡清算机构和境外机构为处理银行卡跨境交易且经当事人授权，向境外发卡机构或收单机构传输境内收集的相关个人金融信息的，应当通过业务规则及协议等有效措施，要求境外发卡机构或收单机构为所获得的个人金融信息保密。

第八条 银行卡清算机构和境外机构应当遵守法律法规的有关规定，遵循诚信和公平竞争的原则，不得损害国家利益和社会公共利益。

第九条 银行卡清算机构和境外机构应当遵守反洗钱和反恐怖融资法律法规和相关规定，履行反洗钱和反恐怖融资义务。

银行卡清算机构办理银行卡跨境交易，应当遵守国家外汇及跨境人民币管理的有关规定。

第十条 中国人民银行、中国银行业监督管理委员会按照分工，依法对银行卡清算机构和境外机构实施监督管理，并加强沟通协调，共同防范银行卡清算业务系统性风险。

第二章   申请与许可

第十一条 银行卡清算机构的注册资本不低于 10 亿元人民币，出资人应当以自有资金出资，不得以委托资金、债务资金等非自有资金出资。

第十二条 银行卡清算机构 50% 以上的董事（含董事长、副董事长）和全部高级管理人员应当具备相应的任职专业知识，5 年以上银行、支付或者清算的从业经验和良好的品行、声誉，以及担任职务所需的独立性。

除《中华人民共和国公司法》规定的情形外，有以下情形之一的，不得担任银行卡清算机构的董事、高级管理人员：

（一）有重大过失或犯罪记录的。

（二）因违法行为或者违纪行为被金融监管机构取消任职资格的董事、监事、高级管理人员，自被取消任职资格之日起未逾 5 年的。

（三）曾经担任被金融监管机构行政处罚单位的董事、监事或者高级管理人员，并对被行政处罚负有个人责任或者直接领导责任，自执行期满未逾 2 年的。

第十三条 申请人向中国人民银行提出银行卡清算机构筹备申请的，应当提交下列申请材料：

（一）筹备申请书，载明公司的名称、住所、注册资本等。

（二）企业法人营业执照复印件和公司章程，申请人为外商投资企业的，还应当提交外商投资企业批准证书复印件。

（三）证明其资本实力符合要求的材料及相关证明。

（四）真实、完整、公允的最近一年财务会计报告，设立时间不足一年的除外。

（五）出资人出资决议，出资金额、方式及资金来源，以及出资人之间关联关系的说明。

（六）主要出资人和其他单一持股比例超过 10% 的出资人的资质证明材料，包括但不限于营业执照、最近三年财务会计报告、无重大违法违规记录证明和从业经历证明等。

出资人为境内银行业金融机构的，应当提供金融业务许可证复印件和中国银行业监督管理委员会允许其投资银行卡清算机构的批准文件。

（七）关于公司实际控制人情况的说明。

（八）公司组织架构设置、财务独立性、风控体系构建及合规机制建设等情况说明。

（九）反洗钱和反恐怖融资内部控制制度方案、组织架构方案以及开展相关工作的技术条件说明。

（十）银行卡清算品牌商标标识的商标注册证，使用出资人所有的银行卡清算品牌的，应当提供出资人的商标权属证明、转让协议或授权使用协议，以及申请人经备案的商标使用许可。

（十一）银行卡清算业务可行性研究报告、业务发展规划和基础设施建设计划。

（十二）符合国家标准、行业标准的银行卡清算业务标准体系和业务规则的框架。

（十三）持卡人和商户权益保护策略及机制。

（十四）筹备工作方案及主要工作人员名单、履历。

（十五）其他需专门说明的事项及申请材料真实性声明。

上述材料为外国文字的，应当同时提供中文译本，并以中文译本为准。

经研判，依法需要进行国家安全审查的，在其完成国家安全审查后，中国人民银行正式受理上述材料。

第十四条 中国人民银行收到银行卡清算机构筹备申请的，应当自受理之日起 10 日内，将申请材料送交中国银行业监督管理委员会。中国银行业监督管理委员会应当自收到申请材料之日起 30 日内出具书面意见，送交中国人民银行。

第十五条　中国人民银行根据有利于银行卡清算市场公平竞争和健康发展的审慎性原则，以及中国银行业监督管理委员会的意见，自受理之日起 90 日内作出批准或不批准筹备的决定，并书面通知申请人。决定不批准的，应当说明理由。

第十六条　银行卡清算机构筹备期为获准筹备之日起 1 年。申请人在规定筹备期内未完成筹备工作的，应当说明理由，经中国人民银行批准，可以延长 3 个月。

第十七条　申请人应当在筹备期届满前向中国人民银行提出开业申请，提交下列申请材料：

（一）开业申请书，载明公司的名称、住所、注册资本及营运资金等。

（二）银行卡清算业务标准体系和业务规则的具体内容及详细说明。

（三）银行卡清算业务基础设施架构报告、建设报告、业务连续性计划及应急预案。

（四）银行卡清算业务基础设施标准符合和技术安全证明材料。

（五）拟任董事和高级管理人员的任职资格申请材料，包括但不限于履历说明及学历、技术职称、具备担任职务所需的独立性说明，无犯罪记录和未受处罚等相关证明材料。

（六）内部控制、风险防范和合规机制材料。

（七）信息安全保障机制材料，包括但不限于银行卡支付网络信息安全标准、入网安全管理机制、个人信息安全保护机制、核心业务系统信息安全等级保护定级和测评报告、独立的信息安全风险评估报告、信息安全管理体系等。

（八）反洗钱和反恐怖融资措施验收材料。

（九）筹备工作完成情况总结报告，包括原筹备申请材料变动情况说明和相关证明材料。

（十）为满足银行卡清算业务专营性要求，剥离其他业务的完成情况。

（十一）申请人拟使用境外银行卡清算品牌，且拥有该品牌的境外机构已为跨境交易提供外币的银行卡清算服务的，还应提供该服务由境外机构向申请人进行迁移的工作计划与方案。

（十二）其他需专门说明的事项及申请材料真实性声明。

逾期未提交开业申请的，筹备批准文件自动失效。

第十八条　中国人民银行和中国银行业监督管理委员会可以采取查询有关

国家机关、国家信用信息共享交换平台、征信机构、拟任职人员曾任职机构，开展专业知识能力测试等方式对拟任职董事、高级管理人员是否符合任职资格条件进行审查。

第十九条　中国人民银行收到银行卡清算机构开业申请的，参照本办法第十四条和第十五条的规定，作出批准或不批准开业的决定，并书面通知申请人。决定批准的，颁发开业核准文件和银行卡清算业务许可证，并予以公告；决定不批准的，说明理由。

第二十条　银行卡清算机构未在规定期限内开业的，开业批准文件失效，由中国人民银行办理开业批准注销手续，收回其《银行卡清算业务许可证》，并予以公告。

第二十一条　境外机构为跨境交易提供外币的银行卡清算服务是指：

（一）授权境内收单机构或与境内银行卡清算机构合作，实现境外发行的银行卡在境内的使用。

（二）授权境内发卡机构发行仅限于境外使用的外币银行卡。

第二十二条　境外机构与境内银行卡清算机构合作授权发行银行卡的，应当采用境内银行卡清算机构的发卡行标识代码。境外机构不得通过合作方式变相从事人民币的银行卡清算业务。

第二十三条　境外机构为跨境交易提供外币的银行卡清算服务的，应当在提供服务前30日向中国人民银行和中国银行业监督管理委员会报告，并提交下列材料：

（一）机构基本信息。

（二）在母国接受监管的情况。

（三）参与国家或国际支付系统的说明。

（四）本机构内部控制、风险防范和信息安全保障机制。

（五）本机构反洗钱和反恐怖融资内部控制制度、组织架构以及开展相关工作的情况说明。

（六）银行卡清算业务基础设施运行情况。

（七）银行卡清算业务规则。

（八）业务发展规划、与境内机构合作的情况说明。

（九）持卡人和商户权益保护策略及机制。

（十）其他需专门说明的事项及材料真实性声明。

上述材料为外国文字的，应当同时提供中文译本，并以中文译本为准。境外机构基本信息发生变更的，应当自变更之日起 30 日内向中国人民银行和中国银行业监督管理委员会报告。

第二十四条　中国人民银行在收到境外机构报告之日起 30 日内在网站上公示境外机构基本信息。

第三章　变更与终止

第二十五条　银行卡清算机构有下列变更事项之一的，应当按规定向中国人民银行提交变更申请材料：

（一）设立分支机构。

（二）分立或者合并。

（三）变更公司名称或者公司章程。

（四）变更注册资本。

（五）变更主要出资人或其他单一持股比例超过 10% 的出资人。

（六）变更银行卡清算品牌。

（七）更换董事和高级管理人员。

中国人民银行收到上述申请材料的，应当参照本办法第十四条和第十五条的规定，作出批准或不批准的决定，并书面通知申请人。

银行卡清算机构变更单一持股比例超过 5% 以上的出资人，且不属于上述第五项所规定情形的，应当提前向中国人民银行和中国银行业监督管理委员会提交变更情况书面报告。

第二十六条　外国投资者并购银行卡清算机构，应当执行外资并购境内基础设施安全审查的管理规定。

第二十七条　银行卡清算机构终止部分或全部银行卡清算业务及解散的，应当向中国人民银行提交下列申请材料：

（一）终止业务申请表，载明机构的名称和住所等。

（二）股东大会（股东会）或董事会终止业务的决议。

（三）终止业务的评估报告。

（四）与入网机构达成的业务终止处置方案。

（五）终止业务的应急预案。

（六）涉及持卡人和商户权益保护的处理措施。

（七）其他需专门说明的事项及申请材料真实性声明。

中国人民银行收到上述申请材料的，应当参照本办法第十四条和第十五条的规定，作出批准或不批准的决定。中国人民银行批准银行卡清算机构终止全部银行卡清算业务及解散的，应当收回银行卡清算业务许可证。

第二十八条 境外机构终止为跨境交易提供外币的银行卡清算服务的，应当至少提前 30 日向中国人民银行和中国银行业监督管理委员会报告，提交下列材料：

（一）终止业务的评估报告。

（二）与入网机构达成的业务终止处置方案。

（三）终止业务的应急预案。

（四）涉及持卡人和商户权益保护的处理措施。

（五）其他需专门说明的事项及材料真实性声明。

第四章 法律责任

第二十九条 中国人民银行、中国银行业监督管理委员会的工作人员有下列情形之一的，依法给予行政处分。涉嫌犯罪的，依法移送司法机关追究刑事责任：

（一）违反规定审查批准银行卡清算业务的申请、变更、终止等事项的。

（二）泄露知悉的国家秘密或商业秘密的。

（三）滥用职权、玩忽职守等其他违反法律法规的行为。

第三十条 银行卡清算机构有以下情形的，由中国人民银行会同中国银行业监督管理委员会，责令限期改正，并给予警告或者处 1 万元以上 3 万元以下的罚款；情节严重的，根据《中华人民共和国中国人民银行法》第四十六条的规定进行处罚：

（一）未按规定建立银行卡清算业务标准体系、业务规则、内部控制、风险防范和信息安全保障机制的。

（二）未按规定报告相关事项的。

（三）转让、出租、出借银行卡清算业务许可证的。

（四）超出规定范围经营业务的。

（五）任命不符合规定的董事、高级管理人员的。

（六）未按规定申请变更事项或擅自设立分支机构的。

（七）拒绝或者阻碍相关检查、监督管理的。

（八）限制发卡机构或收单机构与其他银行卡清算机构合作的。

（九）银行卡清算业务基础设施出现重大风险的。

（十）无正当理由限制、拒绝银行卡交易，或中断、终止银行卡清算业务的。

（十一）提供虚假的或者隐瞒重要事实的信息或资料的。

（十二）违反有关信息安全管理规定的。

（十三）其他损害持卡人和商户合法权益，或违反有关清算管理规定、危害银行卡市场秩序的违法违规行为。

第三十一条　银行卡清算机构和境外机构违反反洗钱和反恐怖融资规定的，按照有关法律法规进行处理。

第三十二条　申请人隐瞒有关情况或者提供虚假材料申请银行卡清算业务许可的，中国人民银行不予受理或者不予行政许可，并给予警告，申请人在 1 年内不得再次申请银行卡清算业务许可。

被许可人以欺骗、贿赂等不正当手段取得银行卡清算业务许可的，中国人民银行依法收回银行卡清算业务许可证，并给予行政处罚，申请人在 3 年内不得再次申请银行卡清算业务许可；涉嫌犯罪的，依法移送司法机关追究刑事责任。

第三十三条　未经中国人民银行批准，擅自从事银行卡清算业务，伪造、变造银行卡清算业务许可证，由中国人民银行责令其终止银行卡清算业务，并依据《中华人民共和国中国人民银行法》第四十六条的规定进行处罚；涉嫌犯罪的，依法移送司法机关追究刑事责任。

第五章　附　　则

第三十四条　本办法所称银行卡清算业务标准体系包括卡片标准、受理标准、信息交换标准、业务处理标准和信息安全标准等内容。

第三十五条　本办法所称银行卡清算核心业务系统是指业务处理系统、风险管理系统、差错处理系统、信息服务系统及其灾备系统等。

业务处理系统是指银行卡清算机构提供的银行卡清算交易转接系统和清算系统。

风险管理系统是指银行卡清算机构提供的对银行卡清算业务参与主体和服务内容进行风险识别、评估及管控的系统。

差错处理系统是指银行卡清算机构提供的用于入网机构间提交差错交易、争议案件以解决交易差错、争议及疑问的电子处理系统。

信息服务系统是指银行卡清算机构为入网机构提供当日交易查询、历史交易查询、交易统计分析、清算文件上送与下载、发卡行标识代码信息下发、汇率信息查询与下发等信息服务的辅助系统。

灾备系统是指银行卡清算机构为应对异常灾难的发生提前建立的相关系统的备份系统。

第三十六条 《国务院关于实施银行卡清算机构准入管理的决定》施行前已经依法在中华人民共和国境内从事银行卡清算业务的境内机构，应当凭原批准从事银行卡清算业务的文件，参照本办法第十七条申请银行卡清算业务许可证。

《国务院关于实施银行卡清算机构准入管理的决定》施行前仅为跨境交易提供外币的银行卡清算服务的境外机构，应当参照本办法第二十三条进行报告。

第三十七条 本办法由中国人民银行会同中国银行业监督管理委员会解释。

第三十八条 本办法自发布之日起施行。

金融机构大额交易和可疑交易报告管理办法

2016 年 12 月 28 日 中国人民银行令〔2016〕第 3 号

第一章 总 则

第一条 为了规范金融机构大额交易和可疑交易报告行为，根据《中华人民共和国反洗钱法》、《中华人民共和国中国人民银行法》、《中华人民共和国反恐怖主义法》等有关法律法规，制定本办法。

第二条 本办法适用于在中华人民共和国境内依法设立的下列金融机构：

（一）政策性银行、商业银行、农村合作银行、农村信用社、村镇银行。

（二）证券公司、期货公司、基金管理公司。

（三）保险公司、保险资产管理公司、保险专业代理公司、保险经纪公司。

（四）信托公司、金融资产管理公司、企业集团财务公司、金融租赁公司、汽车金融公司、消费金融公司、货币经纪公司、贷款公司。

（五）中国人民银行确定并公布的应当履行反洗钱义务的从事金融业务的其他机构。

第三条 金融机构应当履行大额交易和可疑交易报告义务，向中国反洗钱监测分析中心报送大额交易和可疑交易报告，接受中国人民银行及其分支机构的监督、检查。

第四条 金融机构应当通过其总部或者总部指定的一个机构，按本办法规定的路径和方式提交大额交易和可疑交易报告。

第二章 大额交易报告

第五条 金融机构应当报告下列大额交易：

（一）当日单笔或者累计交易人民币 5 万元以上（含 5 万元）、外币等值 1 万美元以上（含 1 万美元）的现金缴存、现金支取、现金结售汇、现钞兑换、现金汇款、现金票据解付及其他形式的现金收支。

（二）非自然人客户银行账户与其他的银行账户发生当日单笔或者累计交易人民币 200 万元以上（含 200 万元）、外币等值 20 万美元以上（含 20 万美元）的款项划转。

（三）自然人客户银行账户与其他的银行账户发生当日单笔或者累计交易人民币 50 万元以上（含 50 万元）、外币等值 10 万美元以上（含 10 万美元）的境内款项划转。

（四）自然人客户银行账户与其他的银行账户发生当日单笔或者累计交易人民币 20 万元以上（含 20 万元）、外币等值 1 万美元以上（含 1 万美元）的跨境款项划转。

累计交易金额以客户为单位，按资金收入或者支出单边累计计算并报告。中国人民银行另有规定的除外。

中国人民银行根据需要可以调整本条第一款规定的大额交易报告标准。

第六条 对同时符合两项以上大额交易标准的交易，金融机构应当分别提交大额交易报告。

第七条 对符合下列条件之一的大额交易，如未发现交易或行为可疑的，金融机构可以不报告：

（一）定期存款到期后，不直接提取或者划转，而是本金或者本金加全部或者部分利息续存入在同一金融机构开立的同一户名下的另一账户。

活期存款的本金或者本金加全部或者部分利息转为在同一金融机构开立的同一户名下的另一账户内的定期存款。

定期存款的本金或者本金加全部或者部分利息转为在同一金融机构开立的同一户名下的另一账户内的活期存款。

（二）自然人实盘外汇买卖交易过程中不同外币币种间的转换。

（三）交易一方为各级党的机关、国家权力机关、行政机关、司法机关、军事机关、人民政协机关和人民解放军、武警部队，但不包含其下属的各类企事业单位。

（四）金融机构同业拆借、在银行间债券市场进行的债券交易。

（五）金融机构在黄金交易所进行的黄金交易。

（六）金融机构内部调拨资金。

（七）国际金融组织和外国政府贷款转贷业务项下的交易。

（八）国际金融组织和外国政府贷款项下的债务掉期交易。

（九）政策性银行、商业银行、农村合作银行、农村信用社、村镇银行办理的税收、错账冲正、利息支付。

（十）中国人民银行确定的其他情形。

第八条　金融机构应当在大额交易发生之日起 5 个工作日内以电子方式提交大额交易报告。

第九条　下列金融机构与客户进行金融交易并通过银行账户划转款项的，由银行机构按照本办法规定提交大额交易报告：

（一）证券公司、期货公司、基金管理公司。

（二）保险公司、保险资产管理公司、保险专业代理公司、保险经纪公司。

（三）信托公司、金融资产管理公司、企业集团财务公司、金融租赁公司、汽车金融公司、消费金融公司、货币经纪公司、贷款公司。

第十条　客户通过在境内金融机构开立的账户或者境内银行卡所发生的大额交易，由开立账户的金融机构或者发卡银行报告；客户通过境外银行卡所发生的大额交易，由收单机构报告；客户不通过账户或者银行卡发生的大额交易，由办理业务的金融机构报告。

第三章　可疑交易报告

第十一条　金融机构发现或者有合理理由怀疑客户、客户的资金或者其他资产、客户的交易或者试图进行的交易与洗钱、恐怖融资等犯罪活动相关的，不论所涉资金金额或者资产价值大小，应当提交可疑交易报告。

第十二条　金融机构应当制定本机构的交易监测标准，并对其有效性负责。交易监测标准包括并不限于客户的身份、行为，交易的资金来源、金额、频率、流向、性质等存在异常的情形，并应当参考以下因素：

（一）中国人民银行及其分支机构发布的反洗钱、反恐怖融资规定及指引、风险提示、洗钱类型分析报告和风险评估报告。

（二）公安机关、司法机关发布的犯罪形势分析、风险提示、犯罪类型报告和工作报告。

（三）本机构的资产规模、地域分布、业务特点、客户群体、交易特征，洗钱和恐怖融资风险评估结论。

（四）中国人民银行及其分支机构出具的反洗钱监管意见。

（五）中国人民银行要求关注的其他因素。

第十三条　金融机构应当定期对交易监测标准进行评估，并根据评估结果完善交易监测标准。如发生突发情况或者应当关注的情况的，金融机构应当及时评估和完善交易监测标准。

第十四条 金融机构应当对通过交易监测标准筛选出的交易进行人工分析、识别，并记录分析过程；不作为可疑交易报告的，应当记录分析排除的合理理由；确认为可疑交易的，应当在可疑交易报告理由中完整记录对客户身份特征、交易特征或行为特征的分析过程。

第十五条 金融机构应当在按本机构可疑交易报告内部操作规程确认为可疑交易后，及时以电子方式提交可疑交易报告，最迟不超过 5 个工作日。

第十六条 既属于大额交易又属于可疑交易的交易，金融机构应当分别提交大额交易报告和可疑交易报告。

第十七条 可疑交易符合下列情形之一的，金融机构应当在向中国反洗钱监测分析中心提交可疑交易报告的同时，以电子形式或书面形式向所在地中国人民银行或者其分支机构报告，并配合反洗钱调查：

（一）明显涉嫌洗钱、恐怖融资等犯罪活动的。

（二）严重危害国家安全或者影响社会稳定的。

（三）其他情节严重或者情况紧急的情形。

第十八条 金融机构应当对下列恐怖活动组织及恐怖活动人员名单开展实时监测，有合理理由怀疑客户或者其交易对手、资金或者其他资产与名单相关的，应当在立即向中国反洗钱监测分析中心提交可疑交易报告的同时，以电子形式或书面形式向所在地中国人民银行或者其分支机构报告，并按照相关主管部门的要求依法采取措施。

（一）中国政府发布的或者要求执行的恐怖活动组织及恐怖活动人员名单。

（二）联合国安理会决议中所列的恐怖活动组织及恐怖活动人员名单。

（三）中国人民银行要求关注的其他涉嫌恐怖活动的组织及人员名单。

恐怖活动组织及恐怖活动人员名单调整的，金融机构应当立即开展回溯性调查，并按前款规定提交可疑交易报告。

法律、行政法规、规章对上述名单的监控另有规定的，从其规定。

第四章 内部管理措施

第十九条 金融机构应当根据本办法制定大额交易和可疑交易报告内部管理制度和操作规程，对本机构的大额交易和可疑交易报告工作做出统一要求，并对分支机构、附属机构大额交易和可疑交易报告制度的执行情况进行监督管理。

金融机构应当将大额交易和可疑交易报告制度向中国人民银行或其总部所在地的中国人民银行分支机构报备。

第二十条　金融机构应当设立专职的反洗钱岗位，配备专职人员负责大额交易和可疑交易报告工作，并提供必要的资源保障和信息支持。

第二十一条　金融机构应当建立健全大额交易和可疑交易监测系统，以客户为基本单位开展资金交易的监测分析，全面、完整、准确地采集各业务系统的客户身份信息和交易信息，保障大额交易和可疑交易监测分析的数据需求。

第二十二条　金融机构应当按照完整准确、安全保密的原则，将大额交易和可疑交易报告、反映交易分析和内部处理情况的工作记录等资料自生成之日起至少保存 5 年。

保存的信息资料涉及正在被反洗钱调查的可疑交易活动，且反洗钱调查工作在前款规定的最低保存期届满时仍未结束的，金融机构应将其保存至反洗钱调查工作结束。

第二十三条　金融机构及其工作人员应当对依法履行大额交易和可疑交易报告义务获得的客户身份资料和交易信息，对依法监测、分析、报告可疑交易的有关情况予以保密，不得违反规定向任何单位和个人提供。

第五章　法律责任

第二十四条　金融机构违反本办法的，由中国人民银行或者其地市中心支行以上分支机构按照《中华人民共和国反洗钱法》第三十一条、第三十二条的规定予以处罚。

第六章　附　　则

第二十五条　非银行支付机构、从事汇兑业务和基金销售业务的机构报告大额交易和可疑交易适用本办法。银行卡清算机构、资金清算中心等从事清算业务的机构应当按照中国人民银行有关规定开展交易监测分析、报告工作。

本办法所称非银行支付机构，是指根据《非金融机构支付服务管理办法》（中国人民银行令〔2010〕第 2 号发布）规定取得《支付业务许可证》的支付机构。

本办法所称资金清算中心，包括城市商业银行资金清算中心、农信银资金清算中心有限责任公司及中国人民银行确定的其他资金清算中心。

第二十六条 本办法所称非自然人，包括法人、其他组织和个体工商户。

第二十七条 金融机构应当按照本办法所附的大额交易和可疑交易报告要素要求（要素内容见附件），制作大额交易报告和可疑交易报告的电子文件。具体的报告格式和填报要求由中国人民银行另行规定。

第二十八条 中国反洗钱监测分析中心发现金融机构报送的大额交易报告或者可疑交易报告内容要素不全或者存在错误的，可以向提交报告的金融机构发出补正通知，金融机构应当在接到补正通知之日起 5 个工作日内补正。

第二十九条 本办法由中国人民银行负责解释。

第三十条 本办法自 2017 年 7 月 1 日起施行。中国人民银行 2006 年 11 月 14 日发布的《金融机构大额交易和可疑交易报告管理办法》（中国人民银行令〔2006〕第 2 号）和 2007 年 6 月 11 日发布的《金融机构报告涉嫌恐怖融资的可疑交易管理办法》（中国人民银行令〔2007〕第 1 号）同时废止。中国人民银行此前发布的大额交易和可疑交易报告的其他规定，与本办法不一致的，以本办法为准。

附：金融机构大额交易和可疑交易报告要素内容

附

金融机构大额交易和可疑交易报告要素内容

大额交易报告要素内容列表

部分	编号	字段内容
第一部分：报告机构信息	1	报告机构编码
	2	网点代码
	3	金融机构与客户的关系
第二部分：交易信息	4	客户名称/姓名
	5	客户身份证件/证明文件类型
	6	客户身份证件/证明文件号码
	7	客户号
	8	账户类型
	9	账号
	10	银行卡类型
	11	银行卡号码
	12	客户职业（对私）或行业（对公）
	13	客户联系方式
	14	客户国籍
	15	客户开户时间
	16	大额交易特征代码
	17	代办人姓名
	18	代办人身份证件/证明文件类型
	19	代办人身份证件/证明文件号码
	20	代办人国籍
	21	交易时间
	22	交易发生地
	23	业务标识号
	24	收付款方匹配号类型
	25	收付款方匹配号
	26	交易方式
	27	涉外收支交易分类与代码

续表

部分	编号	字段内容
第二部分：交易信息	28	资金收付标志
	29	资金用途
	30	币种
	31	交易金额
	32	对方金融机构网点名称
	33	对方金融机构网点代码类型
	34	对方金融机构网点代码
	35	对方金融机构网点行政区划代码
	36	交易对手姓名/名称
	37	交易对手身份证件/证明文件类型
	38	交易对手身份证件/证明文件号码
	39	交易对手账户类型
	40	交易对手账号
	41	非柜台交易方式
	42	非柜台交易方式的设备代码
	43	银行与支付机构之间的业务交易编码
	44	交易信息备注1
	45	交易信息备注2

银行业金融机构可疑交易报告要素内容列表

部分	编号	字段内容
第一部分：报告机构信息	1	报告机构编码
	2	网点代码
	3	金融机构与客户的关系
第二部分：可疑主体信息	4	可疑主体姓名/名称
	5	可疑主体身份证件/证明文件类型
	6	可疑主体身份证件/证明文件号码
	7	客户号
	8	可疑主体职业（对私）或行业（对公）
	9	可疑主体联系方式
	10	可疑主体法定代表人姓名

续表

部分	编号	字段内容
第二部分：可疑主体信息	11	可疑主体法定代表人身份证件类型
	12	可疑主体法定代表人身份证件号码
	13	可疑主体控股股东或实际控制人名称
	14	可疑主体控股股东或实际控制人身份证件/证明文件类型
	15	可疑主体控股股东或实际控制人身份证件/证明文件号码
	16	可疑主体国籍
第三部分：报告基本信息	17	报告紧急程度
	18	报送次数标志
	19	报送方向
	20	可疑交易报告触发点
	21	资金交易及客户行为情况
	22	疑点分析
	23	疑似涉罪类型
	24	可疑交易特征代码
第四部分：交易信息	25	客户姓名/名称
	26	客户身份证件/证明文件类型
	27	客户身份证件/证明文件号码
	28	账户类型
	29	客户开户时间
	30	客户销户时间
	31	账号
	32	银行卡类型
	33	银行卡号码
	34	代办人姓名
	35	代办人身份证件/证明文件类型
	36	代办人身份证件/证明文件号码
	37	代办人国籍
	38	交易时间
	39	交易发生地
	40	业务标识号
	41	收付款方匹配号类型

续表

部分	编号	字段内容
第四部分：交易信息	42	收付款方匹配号
	43	交易方式
	44	涉外收支交易分类与代码
	45	资金收付标志
	46	资金来源和用途
	47	币种
	48	交易金额
	49	对方金融机构网点名称
	50	对方金融机构网点代码类型
	51	对方金融机构网点代码
	52	对方金融机构网点行政区划代码
	53	交易对手姓名/名称
	54	交易对手身份证件/证明文件类型
	55	交易对手身份证件/证明文件号码
	56	交易对手账户类型
	57	交易对手账号
	58	非柜台交易方式
	59	非柜台交易方式的设备代码
	60	银行与支付机构之间的业务交易编码
	61	交易信息备注1
	62	交易信息备注2

证券期货业金融机构可疑交易报告要素内容列表

部分	编号	字段内容
第一部分：报告机构信息	1	报告机构编码
	2	网点代码
第二部分：可疑主体信息	3	可疑主体姓名/名称
	4	可疑主体身份证件/证明文件类型
	5	可疑主体身份证件/证明文件号码
	6	可疑主体证券/基金/期货账号
	7	资金账户号码

续表

部分	编号	字段内容
第二部分：可疑主体信息	8	结算账户号码
	9	结算账户开户行名称
	10	账户总资产
	11	可疑主体职业（对私）或行业（对公）
	12	可疑主体联系方式
	13	可疑主体法定代表人姓名
	14	可疑主体法定代表人身份证件类型
	15	可疑主体法定代表人身份证件号码
	16	可疑主体控股股东或实际控制人名称
	17	可疑主体控股股东或实际控制人身份证件/证明文件类型
	18	可疑主体控股股东或实际控制人身份证件/证明文件号码
	19	可疑主体国籍
	20	可疑主体开户时间
	21	可疑主体销户时间
第三部分：报告基本信息	22	报告紧急程度
	23	报送次数标志
	24	报送方向
	25	可疑交易报告触发点
	26	资金交易及客户行为情况
	27	疑点分析
	28	疑似涉罪类型
	29	可疑交易特征代码
第四部分：交易信息	30	客户姓名/名称
	31	客户身份证件/证明文件类型
	32	客户身份证件/证明文件号码
	33	交易时间
	34	业务标识号
	35	非柜台交易方式
	36	非柜台交易方式的设备代码
	37	交易种类
	38	合同编号

续表

部分	编号	字段内容
第四部分：交易信息	39	流水号
	40	交易品种代码
	41	成交价格
	42	成交数量
	43	资金进出方向
	44	资金进出方式
	45	币种
	46	交易金额
	47	交易信息备注 1
	48	交易信息备注 2

保险业金融机构可疑交易报告要素内容列表

部分	编号	字段内容
第一部分：报告机构信息	1	报告机构编码
	2	网点代码
第二部分：可疑主体信息	3	可疑主体姓名/名称
	4	可疑主体身份证件/证明文件类型
	5	可疑主体证件号码
	6	可疑主体职业（对私）或行业（对公）
	7	可疑主体联系方式
	8	可疑主体法定代表人姓名
	9	可疑主体法定代表人身份证件类型
	10	可疑主体法定代表人身份证件号码
	11	可疑主体控股股东或实际控制人名称
	12	可疑主体控股股东或实际控制人身份证件/证明文件类型
	13	可疑主体控股股东或实际控制人身份证件/证明文件号码
	14	可疑主体国籍
第三部分：报告基本信息	15	报告紧急程度
	16	报送次数标志
	17	报送方向
	18	可疑交易报告触发点

续表

部分	编号	字段内容
第三部分：报告基本信息	19	资金交易及客户行为情况
	20	疑点分析
	21	疑似涉罪类型
	22	可疑交易特征代码
第四部分：交易信息	23	保险合同号
	24	保险种类
	25	保险名称
	26	保险期间
	27	投保人名称/姓名
	28	投保人身份证件/证明文件类型
	29	投保人身份证件/证明文件号码
	30	投保人类型
	31	被保险人名称/姓名
	32	被保险人身份证件/证明文件类型
	33	被保险人身份证件/证明文件号码
	34	投保人与被保险人的关系
	35	受益人名称/姓名
	36	受益人身份证件/证明文件类型
	37	受益人身份证件/证明文件号码
	38	保险标的
	39	保险金额
	40	保险费
	41	缴费方式
	42	保险合同其他信息
	43	交易时间
	44	交易发生地
	45	交易类型
	46	币种
	47	交易金额
	48	资金进出方向
	49	资金进出方式

续表

部分	编号	字段内容
第四部分：交易信息	50	资金账户开户行
	51	银行转账资金账号
	52	交易信息备注1
	53	交易信息备注2

通用可疑交易报告要素内容列表

部分	编号	字段内容
第一部分：报告机构信息	1	报告机构编码
	2	网点代码
	3	报告机构行业类别
第二部分：可疑主体信息	4	可疑主体姓名/名称
	5	可疑主体证件类型
	6	可疑主体证件号码
	7	可疑主体所在银行账号
	8	可疑主体所在银行名称
	9	可疑主体职业（对私）或行业（对公）
	10	可疑主体联系方式
	11	可疑主体法定代表人姓名
	12	可疑主体法定代表人身份证件类型
	13	可疑主体法定代表人身份证件号码
	14	可疑主体控股股东或实际控制人名称
	15	可疑主体控股股东或实际控制人身份证件/证明文件类型
	16	可疑主体控股股东或实际控制人身份证件/证明文件号码
	17	可疑主体国籍
第三部分：报告基本信息	18	报告紧急程度
	19	报送次数标志
	20	报送方向
	21	可疑交易报告触发点
	22	资金交易及客户行为情况
	23	疑点分析
	24	疑似涉罪类型

续表

部分	编号	字段内容
第三部分：报告基本信息	25	可疑交易特征代码
	26	可疑交易/事件起始日期
	27	可疑交易/事件结束日期
	28	交易信息备注 1
	29	交易信息备注 2

二、货币政策方面的规范性文件

关于降低个人投资人认购大额存单
起点金额有关事宜

2016 年 6 月 3 日　中国人民银行公告〔2016〕第 13 号

为推进大额存单业务发展，拓宽个人金融资产投资渠道，增强商业银行主动负债能力，中国人民银行决定将《大额存单管理暂行办法》（中国人民银行公告〔2015〕第 13 号公布）第六条"个人投资人认购大额存单起点金额不低于 30 万元"的内容，修改为"个人投资人认购大额存单起点金额不低于 20 万元"，本公告自 2016 年 6 月 6 日起施行。

中国人民银行关于扩大全口径跨境融资
宏观审慎管理试点的通知

2016 年 1 月 22 日　银发〔2016〕18 号

根据《中华人民共和国中国人民银行法》等法律法规，为把握与宏观经济热度、整体偿债能力和国际收支状况相适应的跨境融资水平，控制杠杆率和货币错配风险，实现本外币一体化管理，中国人民银行在总结前期区域性、地方性试点的基础上，扩大全口径跨境融资宏观审慎管理政策试点。现将有关事项通知如下：

一、本通知所称跨境融资，是指境内机构从非居民融入本、外币资金的行为。本通知适用注册在中国（上海）自由贸易试验区、中国（广东）自由贸易试验区、中国（天津）自由贸易试验区、中国（福建）自由贸易试验区（以下统称自贸区）的企业（以下称试点企业），以及 27 家银行类金融机构（以下称试点金融机构）。本通知适用的试点企业仅限非金融企业，且不包括政府融资平台和房地产企业。

二、中国人民银行根据宏观经济热度、国际收支状况和宏观金融调控需要对跨境融资杠杆率、风险转换因子、宏观审慎调节参数等进行调整，并对试点金融机构跨境融资进行宏观审慎管理。国家外汇管理局对试点企业跨境融资进行管理，并对企业和金融机构进行全口径跨境融资统计监测。中国人民银行和国家外汇管理局之间建立信息共享机制。

三、建立宏观审慎规则下基于微观主体资本或净资产的跨境融资约束机制，试点企业和试点金融机构均可按规定自主开展本外币跨境融资。

试点企业和试点金融机构开展跨境融资按风险加权计算余额（指已提用未偿余额，下同），风险加权余额不得超过上限，即：跨境融资风险加权余额≤跨境融资风险加权余额上限。

跨境融资风险加权余额＝∑本外币跨境融资余额×期限风险转换因子×类别风险转换因子＋∑外币跨境融资余额×汇率风险折算因子。

期限风险转换因子：还款期限在 1 年（不含）以上的中长期跨境融资的期限风险转换因子为 1，还款期限在 1 年（含）以下的短期跨境融资的期限风险转换因子为1.5。

类别风险转换因子：表内融资的类别风险转换因子设定为1，表外融资（或有负债）的类别风险转换因子设定为0.2和0.5二档。

汇率风险折算因子：0.5。

四、跨境融资风险加权余额计算中的本外币跨境融资包括试点企业和试点金融机构（不含境外分支机构）以本币和外币形式从非居民融入的资金，涵盖表内融资和表外融资。以下业务类型不纳入跨境融资风险加权余额计算：

（一）人民币被动负债：试点企业和试点金融机构因境外机构投资境内债券市场产生的人民币被动负债；境外主体存放在试点金融机构的人民币存款。

（二）贸易信贷、人民币贸易融资：试点企业涉及真实跨境贸易产生的贸易信贷（包括应付和预收）和从境外金融机构获取的人民币贸易融资；试点金融机构因办理基于真实跨境贸易结算产生的各类人民币贸易融资。

（三）集团内部资金往来：试点企业主办的经批准的集团内跨境资金（生产经营和实业投资等依法合规活动产生的现金流）集中管理业务项下产生的对外负债。

（四）境外同业存放、联行及附属机构往来：试点金融机构因境外同业存放、联行及附属机构往来产生的对外负债。

（五）自用熊猫债：试点企业的境外母公司在中国境内发行人民币债券并以放款形式用于境内子公司的。

（六）转让与减免：试点企业和试点金融机构跨境融资转增资本或已获得债务减免等情况下，相应金额不计入。

中国人民银行可根据宏观金融调控需要和业务开展情况，对不纳入跨境融资风险加权余额计算的业务类型进行调整，必要时可允许试点企业和试点金融机构某些特定跨境融资业务不纳入跨境融资风险加权余额计算。

五、纳入本外币跨境融资的各类型融资在跨境融资风险加权余额中按以下方法计算：

（一）外币贸易融资：试点企业和试点金融机构的外币贸易融资按20%纳入跨境融资风险加权余额计算，期限风险转换因子统一按1计算。

（二）表外融资（或有负债）：试点金融机构向客户提供的内保外贷、因向客户提供基于真实跨境交易和资产负债币种及期限风险对冲管理服务需要的衍生产品而形成的对外或有负债，按20%纳入跨境融资风险加权余额计算；试点金融机构因自身币种及期限风险对冲管理需要，参与国际金融市场交易而产生的或有负债，按 50% 纳入跨境融资风险加权余额计算。

（三）其他：其余各类跨境融资均按实际情况纳入跨境融资风险加权余额计算。

中国人民银行可根据宏观金融调控需要和业务开展情况，对跨境融资风险加权余额中各类型融资的计算方法进行调整。

六、跨境融资风险加权余额上限的计算：跨境融资风险加权余额上限 = 资本或净资产 × 跨境融资杠杆率 × 宏观审慎调节参数。

资本或净资产：试点企业按净资产计，试点金融机构按核心资本（即一级资本）计，以最近一期经审计的财务报告为准。

跨境融资杠杆率：试点企业为 1，试点金融机构为 0.8。

宏观审慎调节参数：1。

七、试点企业和试点金融机构的跨境融资签约币种、提款币种和偿还币种须保持一致。

八、跨境融资风险加权余额及上限的计算均以人民币为单位，外币跨境融资以提款日的汇率水平按以下方式折算计入：已在中国外汇交易中心挂牌（含区域挂牌）交易的外币，适用人民币汇率中间价或区域交易参考价；未在中国外汇交易中心挂牌交易的货币，适用中国外汇交易中心公布的人民币参考汇率。

九、中国人民银行建立跨境融资宏观风险监测指标体系，在跨境融资宏观风险指标触及预警值时，采取逆周期调控措施，以此控制系统性金融风险。

逆周期调控措施可以采用单一措施或组合措施的方式进行，也可针对单一、多个或全部试点企业和试点金融机构进行。总量调控措施包括调整跨境融资杠杆率和宏观审慎调节参数，结构调控措施包括调整各类风险转换因子。必要时还可根据维护国家金融稳定的需要，采取征收风险准备金等其他逆周期调控措施，防范系统性金融风险。

试点企业和试点金融机构因风险转换因子、跨境融资杠杆率和宏观审慎调节参数调整导致跨境融资风险加权余额超出上限的，原有跨境融资合约可持有到期；在跨境融资风险加权余额调整到上限内之前，不得办理包括跨境融资展期在内的新的跨境融资业务。

十、试点企业跨境融资业务：试点企业按照本通知要求办理跨境融资业务，具体细节由国家外汇管理局另行发布细则明确。

（一）试点企业应当在跨境融资合同签约后但不晚于提款前三个工作日，向国家外汇管理局的资本项目信息系统办理跨境融资情况签约备案。为试点企业办理跨境融资业务的结算银行应向中国人民银行人民币跨境收付信息管理系统报送试点企业的融资信息、账户信息、人民币跨境收支信息等。所有跨境融资业务材料留存结算备查，保留期限至该笔跨境融资业务结束后5年。

（二）试点企业办理跨境融资签约备案后以及试点金融机构自行办理跨境融资信息报送后，可以根据提款、还款安排为借款主体办理相关的资金结算，并将相关结算信息按规定报送至中国人民银行和国家外汇管理局的相关系统，完成跨境融资信息的更新。

试点企业应每年及时更新跨境融资以及权益相关的信息（包括境外债权人、借款期限、金额、利率和自身净资产等）。如经审计的净资产，融资合同中涉及的境外债权人、借款期限、金额、利率等发生变化的，试点企业应及时办理备案变更。

（三）开展跨境融资涉及的资金往来，试点企业可采用一般本外币账户办理，也可采用自由贸易账户办理。

（四）试点企业融入外汇资金如有实际需要，可结汇使用。试点企业融入资金的使用应符合国家相关规定，用于自身的生产经营活动，并符合国家和自贸区的产业宏观调控方向。

十一、试点金融机构跨境融资业务：试点期间，中国人民银行总行对试点金融机构跨境融资业务实行统一管理，试点金融机构以法人为单位集中向中国人民银行总行报送相关材料。试点金融机构开展跨境融资业务前，应根据本通知要求，结合自身情况制定本外币跨境融资业务的操作规程和内控制度，报中国人民银行总行备案后实施。

（一）试点金融机构首次办理跨境融资业务前，应按照本通知的跨境融资杠杆率和宏观审慎调节参数，以及本机构最近一期经审计的核心资本（即一级资本）数据，计算本机构跨境融资风险加权余额和跨境融资风险加权余额上限，并将计算的详细过程报送中国人民银行总行。

试点金融机构办理跨境融资业务，应在本机构跨境融资风险加权余额处于上限以内的情况下进行。如跨境融资风险加权余额低于上限额，则试点金融机构可自行与境外机构签订融资合同。

（二）试点金融机构可根据《人民币银行结算账户管理办法》（中国人民银行令〔2003〕第5号发布）等管理制度开立本外币账户，办理跨境融资涉及的资金收付。

（三）试点金融机构应在跨境融资合同签约后执行前，向中国人民银行和国家外汇管理局报送核心资本金额、跨境融资合同信息，并在提款后按规定报送本外币跨境收入信息，支付利息和偿还本金后报送本外币跨境支出信息。如经审计的核心资本，融资合同中涉及的境外债权人、借款期限、金额、利率等发生变化的，试点金融机构应在系统中及时更新相关信息。

试点金融机构应于每月初5个工作日内将上月本机构本外币跨境融资发生情况、余额变动等统计信息报告中国人民银行总行。所有跨境融资业务材料留存备查，保留期限至该笔跨境融资业务结束后5年。

（四）试点金融机构融入资金可用于补充资本金，服务实体经济发展，并符合国家产业宏观调控方向。经国家外汇管理局批准，试点金融机构融入外汇资金可结汇使用。

（五）试点金融机构在中国（上海）自由贸易试验区的分支机构按本通知纳入其总行统一管理，不再适用《中国（上海）自由贸易试验区分账核算业务跨境融资与跨境资金流动宏观审慎管理实施细则（试行）》（银总部发〔2015〕8号文印发）。

十二、中国人民银行、国家外汇管理局按照分工，定期或不定期对试点金融机构和试点企业开展跨境融资情况进行非现场核查和现场检查，试点金融机构和试点企业应配合。

发现未及时报送和变更跨境融资信息的，中国人民银行和国家外汇管理局将在查实后对涉及的试点金融机构或试点企业通报批评，限期整改并根据《中华人民共和国中国人民银行法》和《中华人民共和国外汇管理条例》等法律法规进行查处。

发现超规模上限开展跨境融资的，或融入资金使用与国家、自贸区的产业宏观调控方向不符的，中国人民银行和国家外汇管理局可责令其立即纠正，并可根据实际情况依据《中华人民共和国中国人民银行法》和《中华人民共和国外汇管理条例》等有关规定对借款主体进行处罚；情节严重的，可暂停其跨境融资业务。中国人民银行将试点金融机构的跨境融资行为纳入宏观审慎评估体系（MPA）考核，对情节严重的，中国人民银行还可视情况向其征收定向风险准备金。

对于办理超限跨境融资结算的金融机构，中国人民银行将责令整改；对于多次发生办理超限跨境融资结算的金融机构，中国人民银行将暂停其跨境融资结算业务。

十三、对试点企业和试点金融机构，中国人民银行、国家外汇管理局不实行外债事前审批，试点企业改为事前签约备案，试点金融机构改为事后备案，原有管理模式下的跨境融资未到期余额纳入本通知管理。中国人民银行、国家外汇管理局在各自贸区、试验区实行的本币、外币境外融资等区域性跨境融资创新试点，1 年过渡期后统一按本通知模式管理。

试点企业中的外商投资企业、试点金融机构中的外资银行可在现行跨境融资管理模式和本通知模式下任选一种模式适用，并向管理部门备案。一经选定，原则上不再更改。如确有合理理由需要更改的，须向管理部门提出申请。

十四、本通知自 2016 年 1 月 25 日起施行。中国人民银行、国家外汇管理局此前有关规定与本通知不一致的，以本通知为准。

试点金融机构名单

1	国家开发银行
2	中国进出口银行
3	中国农业发展银行
4	中国工商银行
5	中国农业银行
6	中国银行
7	中国建设银行
8	交通银行
9	中信银行
10	中国光大银行
11	华夏银行
12	中国民生银行
13	招商银行
14	兴业银行
15	广发银行
16	平安银行
17	浦发银行
18	恒丰银行
19	浙商银行
20	渤海银行
21	中国邮政储蓄银行
22	北京银行
23	上海银行
24	江苏银行
25	汇丰银行（中国）有限公司
26	花旗银行（中国）有限公司
27	渣打银行（中国）有限公司

中国人民银行　住房城乡建设部　财政部
关于完善职工住房公积金账户
存款利率形成机制的通知

2016 年 2 月 16 日　银发〔2016〕43 号

按照党的十八届三中全会要求和国务院部署，为进一步完善住房公积金管理制度，维护住房公积金缴存人的合法权益，经国务院同意，现就完善职工住房公积金账户存款利率形成机制有关事宜通知如下：

一、自 2016 年 2 月 21 日起，将职工住房公积金账户存款利率，由现行按照归集时间执行活期、三个月存款基准利率，调整为统一按一年期定期存款基准利率执行。

二、中国人民银行上海总部，各分行、营业管理部、省会（首府）城市中心支行、深圳市中心支行要将本通知立即转发至辖区内城市（农村）商业银行、农村合作银行、农村信用社、其他开办职工住房公积金账户存款业务的金融机构及住房公积金管理中心。各国有商业银行、股份制商业银行、中国邮政储蓄银行要将本通知立即转发至各分支机构，并督促其按本通知执行。

三、对执行本通知过程中出现的有关情况要及时处理并报送中国人民银行总行、住房城乡建设部、财政部。

中国人民银行关于在全国范围内实施
全口径跨境融资宏观审慎管理的通知

2016 年 4 月 27 日　　银发〔2016〕132 号

中国人民银行上海总部，各分行、营业管理部，各省会（首府）城市中心支行、深圳市中心支行；国家外汇管理局各省、自治区、直辖市分局、外汇管理部，深圳、大连、青岛、厦门、宁波市分局；国家开发银行，各政策性银行、国有商业银行、股份制商业银行，中国邮政储蓄银行：

　　根据《中华人民共和国中国人民银行法》等法律法规，为把握与宏观经济热度、整体偿债能力和国际收支状况相适应的跨境融资水平，控制杠杆率和货币错配风险，实现本外币一体化管理，中国人民银行在总结前期区域性、地方性试点的基础上，将全口径跨境融资宏观审慎管理政策推广至全国范围。现将有关事项通知如下：

　　一、本通知所称跨境融资，是指境内机构从非居民融入本、外币资金的行为。本通知适用依法在中国境内成立的企业（以下称企业）和金融机构。本通知适用的企业仅限非金融企业，且不包括政府融资平台和房地产企业；本通知适用的金融机构指经中国人民银行、中国银行业监督管理委员会、中国证券监督管理委员会和中国保险监督管理委员会批准设立的各类法人金融机构。

　　二、中国人民银行根据宏观经济热度、国际收支状况和宏观金融调控需要对跨境融资杠杆率、风险转换因子、宏观审慎调节参数等进行调整，并对 27 家银行类金融机构（名单见附件）跨境融资进行宏观审慎管理。国家外汇管理局对企业和除 27 家银行类金融机构以外的其他金融机构跨境融资进行管理，并对企业和金融机构进行全口径跨境融资统计监测。中国人民银行、国家外汇管理局之间建立信息共享机制。

　　三、建立宏观审慎规则下基于微观主体资本或净资产的跨境融资约束机制，企业和金融机构均可按规定自主开展本外币跨境融资。

　　企业和金融机构开展跨境融资按风险加权计算余额（指已提用未偿余额，下同），风险加权余额不得超过上限，即：跨境融资风险加权余额 ≤ 跨境融资风险加权余额上限。

跨境融资风险加权余额 = ∑本外币跨境融资余额×期限风险转换因子×类别风险转换因子 + ∑外币跨境融资余额×汇率风险折算因子。

期限风险转换因子：还款期限在 1 年（不含）以上的中长期跨境融资的期限风险转换因子为 1，还款期限在 1 年（含）以下的短期跨境融资的期限风险转换因子为 1.5。

类别风险转换因子：表内融资的类别风险转换因子设定为 1，表外融资（或有负债）的类别风险转换因子暂定为 1。

汇率风险折算因子：0.5。

四、跨境融资风险加权余额计算中的本外币跨境融资包括企业和金融机构（不含境外分支机构）以本币和外币形式从非居民融入的资金，涵盖表内融资和表外融资。以下业务类型不纳入跨境融资风险加权余额计算：

（一）人民币被动负债：企业和金融机构因境外机构投资境内债券市场产生的人民币被动负债；境外主体存放在金融机构的人民币存款。

（二）贸易信贷、人民币贸易融资：企业涉及真实跨境贸易产生的贸易信贷（包括应付和预收）和从境外金融机构获取的人民币贸易融资；金融机构因办理基于真实跨境贸易结算产生的各类人民币贸易融资。

（三）集团内部资金往来：企业主办的经备案的集团内跨境资金（生产经营和实业投资等依法合规活动产生的现金流）集中管理业务项下产生的对外负债。

（四）境外同业存放、联行及附属机构往来：金融机构因境外同业存放、联行及附属机构往来产生的对外负债。

（五）自用熊猫债：企业的境外母公司在中国境内发行人民币债券并以放款形式用于境内子公司的。

（六）转让与减免：企业和金融机构跨境融资转增资本或已获得债务减免等情况下，相应金额不计入。

中国人民银行可根据宏观金融调控需要和业务开展情况，对不纳入跨境融资风险加权余额计算的业务类型进行调整，必要时可允许企业和金融机构某些特定跨境融资业务不纳入跨境融资风险加权余额计算。

五、纳入本外币跨境融资的各类型融资在跨境融资风险加权余额中按以下方法计算：

（一）外币贸易融资：企业和金融机构的外币贸易融资按 20% 纳入跨境融

资风险加权余额计算，期限风险转换因子统一按 1 计算。

（二）表外融资（或有负债）：金融机构向客户提供的内保外贷、因向客户提供基于真实跨境交易和资产负债币种及期限风险对冲管理服务需要的衍生产品而形成的对外或有负债，按公允价值纳入跨境融资风险加权余额计算；金融机构因自身币种及期限风险对冲管理需要，参与国际金融市场交易而产生的或有负债，按公允价值纳入跨境融资风险加权余额计算。金融机构在报送数据时需同时报送本机构或有负债的名义本金及公允价值的计算方法。

（三）其他：其余各类跨境融资均按实际情况纳入跨境融资风险加权余额计算。

中国人民银行可根据宏观金融调控需要和业务开展情况，对跨境融资风险加权余额中各类型融资的计算方法进行调整。

六、跨境融资风险加权余额上限的计算：跨境融资风险加权余额上限 = 资本或净资产 × 跨境融资杠杆率 × 宏观审慎调节参数。

资本或净资产：企业按净资产计，银行类金融机构（包括政策性银行、商业银行、农村合作银行、城市信用合作社、农村信用合作社、外资银行）按一级资本计，非银行金融机构按资本（实收资本或股本 + 资本公积）计，以最近一期经审计的财务报告为准。

跨境融资杠杆率：企业和非银行金融机构为 1，银行类金融机构为 0.8。

宏观审慎调节参数：1。

七、企业和金融机构的跨境融资签约币种、提款币种和偿还币种须保持一致。

八、跨境融资风险加权余额及上限的计算均以人民币为单位，外币跨境融资以提款日的汇率水平按以下方式折算计入：已在中国外汇交易中心挂牌（含区域挂牌）交易的外币，适用人民币汇率中间价或区域交易参考价；未在中国外汇交易中心挂牌交易的货币，适用中国外汇交易中心公布的人民币参考汇率。

九、中国人民银行建立跨境融资宏观风险监测指标体系，在跨境融资宏观风险指标触及预警值时，采取逆周期调控措施，以控制系统性金融风险。

逆周期调控措施可以采用单一措施或组合措施的方式进行，也可针对单一、多个或全部企业和金融机构进行。总量调控措施包括调整跨境融资杠杆率和宏观审慎调节参数，结构调控措施包括调整各类风险转换因子。根据宏观审慎评估（MPA）的结果对金融机构跨境融资的总量和结构进行调控，必要时还可根据维护国家金融稳定的需要，采取征收风险准备金等其他逆周期调控措施，防范系统性金融风险。

企业和金融机构因风险转换因子、跨境融资杠杆率和宏观审慎调节参数调整导致跨境融资风险加权余额超出上限的，原有跨境融资合约可持有到期；在跨境融资风险加权余额调整到上限内之前，不得办理包括跨境融资展期在内的新的跨境融资业务。

十、企业跨境融资业务：企业按照本通知要求办理跨境融资业务，具体细节由国家外汇管理局另行发布细则明确。

（一）企业应当在跨境融资合同签约后但不晚于提款前三个工作日，向国家外汇管理局的资本项目信息系统办理跨境融资情况签约备案。为企业办理跨境融资业务的结算银行应向中国人民银行人民币跨境收付信息管理系统报送企业的融资信息、账户信息、人民币跨境收支信息等。所有跨境融资业务材料留存结算银行备查，保留期限为该笔跨境融资业务结束之日起 5 年。

（二）企业办理跨境融资签约备案后以及金融机构自行办理跨境融资信息报送后，可以根据提款、还款安排为借款主体办理相关的资金结算，并将相关结算信息按规定报送至中国人民银行、国家外汇管理局的相关系统，完成跨境融资信息的更新。

企业应每年及时更新跨境融资以及权益相关的信息（包括境外债权人、借款期限、金额、利率和自身净资产等）。如经审计的净资产，融资合同中涉及的境外债权人、借款期限、金额、利率等发生变化的，企业应及时办理备案变更。

（三）开展跨境融资涉及的资金往来，企业可采用一般本外币账户办理，也可采用自由贸易账户办理。

（四）企业融入外汇资金如有实际需要，可结汇使用。企业融入资金的使用应符合国家相关规定，用于自身的生产经营活动，并符合国家和自贸区的产业宏观调控方向。

十一、金融机构跨境融资业务：中国人民银行总行对 27 家银行类金融机构跨境融资业务实行统一管理，27 家银行类金融机构以法人为单位集中向中国人民银行总行报送相关材料。国家外汇管理局对除 27 家银行类金融机构以外的其他金融机构跨境融资业务进行管理。金融机构开展跨境融资业务前，应根据本通知要求，结合自身情况制定本外币跨境融资业务的操作规程和内控制度，报中国人民银行、国家外汇管理局备案后实施。

（一）金融机构首次办理跨境融资业务前，应按照本通知的跨境融资杠杆率和宏观审慎调节参数，以及本机构最近一期经审计的资本数据，计算本机构跨境融资风险加权余额和跨境融资风险加权余额上限，并将计算的详细过程报送中国人民银行、国家外汇管理局。

金融机构办理跨境融资业务，应在本机构跨境融资风险加权余额处于上限以内的情况下进行。如跨境融资风险加权余额低于上限额，则金融机构可自行与境外机构签订融资合同。

（二）金融机构可根据《人民币银行结算账户管理办法》（中国人民银行令〔2003〕第5号发布）等管理制度开立本外币账户，办理跨境融资涉及的资金收付。

（三）金融机构应在跨境融资合同签约后执行前，向中国人民银行、国家外汇管理局报送资本金额、跨境融资合同信息，并在提款后按规定报送本外币跨境收入信息，支付利息和偿还本金后报送本外币跨境支出信息。如经审计的资本，融资合同中涉及的境外债权人、借款期限、金额、利率等发生变化的，金融机构应在系统中及时更新相关信息。

金融机构应于每月初5个工作日内将上月本机构本外币跨境融资发生情况、余额变动等统计信息报告中国人民银行、国家外汇管理局。所有跨境融资业务材料留存备查，保留期限为该笔跨境融资业务结束之日起5年。

（四）金融机构融入资金可用于补充资本金，服务实体经济发展，并符合国家产业宏观调控方向。经国家外汇管理局批准，金融机构融入外汇资金可结汇使用。

十二、中国人民银行、国家外汇管理局按照分工，定期或不定期对金融机构和企业开展跨境融资情况进行非现场核查和现场检查，金融机构和企业应配合。

发现未及时报送和变更跨境融资信息的，中国人民银行、国家外汇管理局将在查实后对涉及的金融机构或企业通报批评，限期整改并根据《中华人民共和国中国人民银行法》和《中华人民共和国外汇管理条例》等法律法规进行查处。

发现超上限开展跨境融资的，或融入资金使用与国家、自贸区的产业宏观调控方向不符的，中国人民银行、国家外汇管理局可责令其立即纠正，并可根据实际情况依据《中华人民共和国中国人民银行法》和《中华人民共和国外汇管理条例》等有关规定对借款主体进行处罚；情节严重的，可暂停其跨境融资业务。中国人民银行将金融机构的跨境融资行为纳入宏观审慎评估体系（MPA）考核，对情节严重的，中国人民银行还可视情况向其征收定向风险准备金。

对于办理超上限跨境融资结算的金融机构，中国人民银行、国家外汇管理局将责令整改；对于多次发生办理超上限跨境融资结算的金融机构，中国人民银行、国家外汇管理局将暂停其跨境融资结算业务。

十三、对企业和金融机构，中国人民银行、国家外汇管理局不实行外债事前审批，企业改为事前签约备案，金融机构改为事后备案，原有管理模式下的跨境融资未到期余额纳入本通知管理。自本通知施行之日起，为中国人民银行、国家外汇管理局实行的本外币境外融资等区域性跨境融资创新试点设置 1 年过渡期，1 年过渡期后统一按本通知模式管理。

企业中的外商投资企业、外资金融机构可在现行跨境融资管理模式和本通知模式下任选一种模式适用，并向中国人民银行、国家外汇管理局备案。一经选定，原则上不再更改。如确有合理理由需要更改的，须向中国人民银行、国家外汇管理局提出申请。外商投资企业、外资金融机构过渡期限长短和过渡期安排，另行制定方案。

十四、本通知自 2016 年 5 月 3 日起施行。中国人民银行、国家外汇管理局此前有关规定与本通知不一致的，以本通知为准。

附件：27 家银行类金融机构名单

附件

27 家银行类金融机构名单

1	国家开发银行
2	中国进出口银行
3	中国农业发展银行
4	中国工商银行
5	中国农业银行
6	中国银行
7	中国建设银行
8	交通银行
9	中信银行
10	中国光大银行
11	华夏银行
12	中国民生银行
13	招商银行
14	兴业银行
15	广发银行
16	平安银行
17	浦发银行
18	恒丰银行
19	浙商银行
20	渤海银行
21	中国邮政储蓄银行
22	北京银行
23	上海银行
24	江苏银行
25	汇丰银行（中国）有限公司
26	花旗银行（中国）有限公司
27	渣打银行（中国）有限公司

中国人民银行关于进一步
完善存款准备金平均法考核的通知

2016 年 5 月 25 日　　银发〔2016〕153 号

中国人民银行上海总部，各分行、营业管理部，各省会（首府）城市中心支行，深圳市中心支行；中国农业发展银行，各国有商业银行、股份制商业银行，中国邮政储蓄银行：

为进一步完善存款准备金制度，健全货币政策传导机制，提高金融机构流动性管理的灵活度，促进金融机构稳健经营，中国人民银行决定，自 2016 年 7 月 15 日起调整存款准备金平均法考核的有关规定。现将有关事项通知如下：

一、人民币存款准备金的考核基数由考核期末时点数调整为考核期内算术平均值。根据《中国人民银行关于实施平均法考核存款准备金的通知》（银发〔2015〕289 号），计算金融机构法定存款准备金率时，将维持期金融机构按法人存入的人民币存款准备金日终余额期末时点数调整为期内算术平均值。自 2016 年 7 月 15 日起将其交存基数也由考核期末时点数调整为考核期内一般存款余额的算术平均值。存款准备金考核设每日下限，即考核期内每日营业终了时，金融机构按法人存入的人民币存款准备金日终余额，与上旬内该金融机构一般存款余额的算术平均值之比，可以低于法定存款准备金率，但幅度应在 1 个（含）百分点以内。

根据《中国人民银行关于境外人民币业务参加行在境内代理行存放执行正常存款准备金率的通知》（银发〔2016〕11 号），纳入存款准备金交存范围的境外人民币业务参加行存放境内代理行人民币存款，其交存基数为上季度该金融机构境外人民币存放日终余额的算术平均值。

二、金融机构应做好存款准备金考核基数调整的系统完善工作，保证能够按日提取一般存款余额数据，并在旬后五日内将上一旬一般存款日终余额的每日数值、算术平均值报送中国人民银行。

三、中国人民银行各分支机构应严格按照有关规定做好此次存款准备金考核制度调整的有关工作，组织做好一般存款日终余额每日数值、算术平均值的采集，确保顺利实施。遇有重大紧急情况，及时报告总行。

请中国人民银行分支机构将本通知转发至辖区内城市商业银行、农村商业银行、农村合作银行、农村信用社、村镇银行、财务公司、金融租赁公司、汽车金融公司和外资金融机构。

三、人民币跨境使用方面的规范性文件

中国人民银行 国家外汇管理局
关于人民币合格境外机构投资者
境内证券投资管理有关问题的通知

2016 年 8 月 30 日 银发〔2016〕227 号

中国人民银行上海总部，各分行、营业管理部，各省会（首府）城市中心支行，各副省级城市中心支行；国家外汇管理局各省、自治区、直辖市分局、外汇管理部，计划单列市分局；国家开发银行，各政策性银行、国有商业银行、股份制商业银行，中国邮政储蓄银行：

为规范人民币合格境外机构投资者（以下简称人民币合格投资者）境内证券投资管理，根据《人民币合格境外机构投资者境内证券投资试点办法》（中国证券监督管理委员会 中国人民银行 国家外汇管理局第 90 号令）及相关规定，现就有关问题通知如下：

一、中国人民银行、国家外汇管理局及其分支机构依法对人民币合格投资者境内证券投资的投资额度（以下简称投资额度）、资金账户、资金收付等实施监督、管理和检查。

二、经中国证券监督管理委员会（以下简称证监会）许可投资境内证券市场的人民币合格投资者，应当委托其境内托管人（以下简称托管人）代为办理本通知所要求的相关手续。

同一人民币合格投资者可委托不超过三家托管人。委托多家托管人的，应指定一家托管人作为主报告人（仅有一家托管人的默认托管人为主报告人），负责代其统一办理投资额度备案和审批申请、主体信息登记等事项。

三、国家外汇管理局对单家人民币合格投资者投资额度实行备案或审批管理。

人民币合格投资者在取得证监会资格许可后，可通过备案的形式，获取不超过其资产规模或其管理的证券资产规模（以下统称资产规模）一定比例的投资额度（以下简称基础额度）；超过基础额度的投资额度申请，应当经国家外汇管理局批准。

境外主权基金、央行及货币当局等机构的投资额度不受资产规模比例限制，可根据其投资境内证券市场的需要获取相应的投资额度，实行备案管理。

四、人民币合格投资者基础额度标准如下：

（一）人民币合格投资者或其所属集团的资产（或管理的资产）主要在中国境外的，计算公式为：等值 1 亿美元 + 近三年平均资产规模 ×0.2% – 已获取的合格境外机构投资者额度（折合人民币计算，以下简称 QFII 额度）。

（二）人民币合格投资者或其所属集团的资产（或管理的资产）主要在中国境内的，计算公式为：50 亿元人民币 + 上年度资产规模 ×80% – 已获取的QFII 额度（折合人民币计算）。

以上汇率折算参照申请之日上月国家外汇管理局公布的各种货币对美元折算率计算。

中国人民银行、国家外汇管理局可综合考虑国际收支、资本市场发展及开放等因素，对上述标准进行调整。

五、人民币合格投资者基础额度内的投资额度备案，应当向主报告人提交以下材料：

（一）投资额度备案的情况说明，并填写《人民币合格境外机构投资者登记表》（见附件1）。

（二）经审计的人民币合格投资者近三年或上年度资产负债表（或管理的证券资产规模的审计报告等）。

（三）证监会资格许可证明文件复印件。

主报告人应认真履行职责，严格审核人民币合格投资者资产规模、已获取的 QFII 额度等证明性材料，并根据人民币合格投资者或其所属集团资产境内外分布情况，按标准准确核实其基础额度及拟备案的投资额度后，于每月 10日前，将人民币合格投资者投资额度备案材料集中报国家外汇管理局备案（格式见附件2）。国家外汇管理局确认后将备案信息反馈给主报告人。

六、人民币合格投资者超过基础额度的投资额度申请，应通过主报告人向国家外汇管理局提交以下材料：

（一）主报告人及人民币合格投资者书面申请，详细说明增加额度的理由以及现有投资额度使用情况。

（二）人民币合格投资者有关托管人备案信息（格式见附件3）。

（三）经审计的人民币合格投资者近三年或上年度资产负债表（或管理的

证券资产规模的审计报告等）。

（四）国家外汇管理局要求的其他材料。

人民币合格投资者应做好主报告人与其他托管人之间的额度分配，切实履行额度管理有关要求。

国家外汇管理局将定期在其政府网站（www. safe. gov. cn）公告人民币合格投资者投资额度情况。

七、本通知下发前已取得投资额度的人民币合格投资者，若提出增加投资额度申请，按以下程序办理：

（一）已取得的投资额度未超过基础额度的：若已取得的投资额度加上申请增加的投资额度之和仍未超过基础额度，按本规定第五条要求办理备案手续；若已取得的额度加上申请增加的投资额度超过基础额度，按本规定第六条要求报国家外汇管理局批准。

（二）已获批的投资额度超过基础额度的，按本规定第六条要求报国家外汇管理局批准。

八、人民币合格投资者投资额度实行余额管理。即：人民币合格投资者累计净汇入资金不得超过经备案或批准的投资额度。

九、除开放式基金外，人民币合格投资者其他产品（或资金）投资本金锁定期为3个月。本金锁定期自人民币合格投资者累计汇入投资本金达到1亿元人民币之日起计算。

上述所称本金锁定期是指禁止人民币合格投资者将投资本金汇出境外的期限。

十、人民币合格投资者不得以任何形式转卖、转让投资额度给其他机构和个人使用。

人民币合格投资者投资额度自备案或批准之日起1年未能有效使用的，国家外汇管理局有权收回全部或部分未使用的投资额度。

十一、人民币合格投资者应根据《境外机构人民币银行结算账户管理办法》（银发〔2010〕249号文印发）、《中国人民银行关于境外机构人民币银行结算账户开立和使用有关问题的通知》（银发〔2012〕183号）等规定，开立一个境外机构人民币基本存款账户。

人民币合格投资者开立人民币基本存款账户后，应当选择具有合格境外机构投资者托管人资格的境内商业银行开立交易所证券市场交易资金结算专用存款账户和银行间债券市场交易资金结算专用存款账户，分别用于投资交易所证券市场和银行间债券市场。人民币合格投资者参与股指期货交易的，可以在期货保证金存管银行开立专门用于股指期货保证金结算的专用存款账户。

人民币合格投资者开立上述账户时，应当区分自有资金和由其提供资产管理服务的客户资金，并分别开立账户；设立开放式基金的，每只开放式基金应当单独开户。

十二、人民币合格投资者开立专用存款账户应当提供以下材料：

（一）证监会关于人民币合格投资者资格许可证明文件复印件。

（二）国家外汇管理局额度备案信息或批复文件。

（三）托管银行的托管资格书面文件。

（四）人民币合格投资者与托管银行的托管协议。

（五）中国人民银行要求的其他文件。

人民币合格投资者投资银行间债券市场参照中国人民银行公告〔2016〕第 3 号的有关规定执行。人民币合格投资者开立银行间债券市场交易资金结算专用存款账户的，还需同时提供进入银行间债券市场的备案通知书以及托管人的银行间债券市场结算代理资格许可书面文件。

十三、人民币合格投资者专用存款账户的收入范围是：人民币合格投资者从境外汇入的投资本金、出售证券所得、现金股利、利息收入、从依据本通知开立的其他专用存款账户划入的资金及中国人民银行和国家外汇管理局规定的其他收入。

人民币合格境外机构投资者专用存款账户的支出范围是：买入证券支付的价款、汇出本金和投资收益、支付投资相关税费、划出至依据本通知开立的其他专用存款账户的资金及中国人民银行和国家外汇管理局规定的其他支出。

十四、未经批准，人民币合格投资者专用存款账户与其境内其他账户之间不得划转资金；自有资金、客户资金和每只开放式基金账户之间不得划转资金。

未经批准，人民币合格投资者专用存款账户内的资金不得用于境内证券投资以外的其他目的。人民币合格投资者专用存款账户不得支取现金。

十五、人民币合格投资者依据本通知开立的银行结算账户内的资金存款利率，按照中国人民银行有关规定执行。

十六、人民币合格投资者有下列情形之一的，应在 1 个月内变现资产并关闭其账户，其相应的投资额度同时作废：

（一）证监会已撤销其资格许可。

（二）国家外汇管理局依法取消人民币合格投资者投资额度。

（三）中国人民银行、国家外汇管理局规定的其他情形。

十七、人民币合格投资者发起设立的开放式基金，可由托管人根据申购或赎回的轧差净额，每日为其办理相应的人民币汇入、汇出境外的手续。其他产品或资金可在锁定期结束后，委托托管人办理有关资金汇出入手续。

人民币合格投资者如需汇出已实现的累计收益，托管人可凭人民币合格投资者书面申请或指令、中国注册会计师出具的投资收益专项审计报告、完税或税务备案证明（若有）等，为其办理相关资金汇出手续。

十八、托管人在为人民币合格投资者办理资金汇出入时，应对相应的资金收付进行真实性与合规性审查，并切实履行反洗钱和反恐怖融资义务。

十九、人民币合格投资者应在首次获得投资额度之日起 10 个工作日内，通过主报告人，向主报告人所在地外汇管理部门申请特殊机构赋码并办理人民币合格投资者主体信息登记。因办理其他跨境或外汇收支业务已经获得特殊机构赋码的，无需重复申请。

托管人应按照《国家外汇管理局关于调整合格机构投资者数据报送方式的通知》（汇发〔2015〕45 号）的要求，报送人民币合格投资者相关的监管和统计数据。

二十、人民币合格投资者有下列情形之一的，主报告人应在 5 个工作日内向国家外汇管理局申请办理变更登记：

（一）人民币合格投资者名称、托管人等重要信息发生变更的。

（二）中国人民银行、国家外汇管理局规定的其他情形。

人民币合格投资者变更主报告人的，由新的主报告人负责为其办理变更登记手续。

人民币合格投资者或其主要股东、实际控制人受到其他监管部门（含境外）重大处罚，会对人民币合格投资者投资运作造成重大影响或相关业务资格被暂停或取消的，主报告人应及时向中国人民银行和国家外汇管理局报告。

二十一、托管人应当在业务发生之日起 5 个工作日内，向人民币跨境收付信息管理系统报送人民币合格投资者账户开销户信息，投资额度、资金跨境收付信息，以及境内证券投资资产配置情况信息等。

二十二、本通知要求报送的材料为中文文本。同时具有外文和中文译文的，以中文文本为准。

二十三、本通知自发布之日起实施，《中国人民银行关于实施〈人民币合格境外机构投资者境内证券投资试点办法〉有关事项的通知》（银发〔2013〕105 号）、《国家外汇管理局关于人民币合格境外机构投资者境内证券投资试点有关问题的通知》（汇发〔2013〕9 号）和《国家外汇管理局资本项目管理司关于发布〈人民币合格境外机构投资者额度管理操作指引〉的通知》（汇资函〔2014〕2 号）同时废止。

　　附件：1. 人民币合格境外机构投资者登记表
　　　　　2. 投资额度备案表
　　　　　3. 人民币合格境外机构投资者托管人信息备案表

附件1

人民币合格境外机构投资者登记表
REGISTRATION FORM FOR RMB QUALIFIED FOREIGN INSTITUTIONAL INVESTORS

申请机构名称 Name of applicant	中文： English：		
托管人 Custodian	主报告人 Main Custodian①	其他托管人1 Custodian1	其他托管人2 Custodian2
证券投资业务许可证号 No. of securities investment license		发证日期 Licensing date	
申请日期 Date of application		申请投资额度（百万元人民币）（Million RMB） Intended investment quota	
机构类别 Institution category	□基金管理公司　□保险公司　□证券公司/投行　□商业银行　□其他机构 □Fund management institution　□Insurance company　□Securities company/Investment bank　□Commercial bank　□Other institution		
注册地址 Domicile of incorporation	中文： English：		
成立时间 Time of establishment			

① RQFII 机构仅有 1 家托管人的，默认为主报告人，在此栏填写。

续表

上一会计年度实收资本（百万美元/人民币） Paid-up capital for the latest fiscal year（Million USD/RMB）	
上一会计年度资产规模（百万美元/人民币） Assets for the latest fiscal year（Million USD/RMB）	
最近三年是否受到所在国家或地区监管机构的处罚。如有，请具体说明。 Any penalty from the home regulator in recent 3 years. If any, please specify.	
主要管理人员简况 Brief description of the professionals	
资金来源说明 Statement on sources of the funds	
初步投资计划 Initial investment plan	
主要股东名称、注册地和股权比例（可用英文） Names, domiciles and share percentages of major shareholders（In English if necessary）	
主要关联机构名称和注册地（可用英文） Names and domiciles of major affiliates（In English if necessary）	
人民币合格境外机构投资者联系人 RQFII's contact person 电话（Telephone）： 传真（Fax）：	
主报告人联系人 Custodian agent's contact person 电话（Telephone）： 传真（Fax）：	

人民币合格境外机构投资者董事会授权人签名：
（Signature of the authorizee of RQFII's board）

附件2

_____投资额度备案表

编号： 备案日期： 年 月 日

机构名称	中文：		
	English：		
托管人	主报告人	其他托管人1	其他托管人2
累计获批 RQFII 额度（亿元人民币）		累计获批 QFII 额度	亿美元	
			折亿元人民币	
近（三）年平均资产（或管理证券资产）规模（折亿元人民币）			基础额度（亿元人民币）	
本次备案投资额度（亿元人民币）				

本机构承诺本表中内容（含所附资料）真实、准确，无虚假信息，并承诺严格按照外汇管理相关规定办理额度备案手续，自愿接受国家外汇管理部门的监督、管理和检查。

机构（签章）：

年 月 日

我行已按规定对该机构已获批 QFII 和 RQFII 额度、资产规模等进行了审核，计算出该机构基础额度。同时，向该机构说明了国家外汇管理局相关管理规定及要求，建议该机构按实需原则提出申请。现将该机构____亿元人民币投资额度备案表报上，请予以备案。

我行承诺严格按照外汇管理相关规定办理投资额度备案手续，自愿接受国家外汇管理部门的监督、管理和检查。

主报告人（盖章）：

年 月 日

国家外汇管理局备案意见	_____（RQFII 机构）____亿元人民币投资额度予以备案。	
	局领导签发：	司领导核签：
		审核人：
		经办人：

第一联 外汇局留存

＿＿＿＿＿＿＿＿＿投资额度备案表

编号：

机构名称	中文：		
	English：		
托管人	主报告人	其他托管人 1	其他托管人 2

累计获批 RQFII 额度 （亿元人民币）		累计获批 QFII 额度	亿美元	
			折亿元人民币	
近（三）年平均资产（或管理证券资产） 规模（折亿元人民币）		基础额度 （亿元人民币）		
本次备案投资额度（亿元人民币）				
国家外汇管理 局备案意见	＿＿＿＿＿＿＿＿（RQFII 机构）＿＿＿＿＿＿＿亿元人民币投资 额度予以备案。 　　　　　　　　　　　国家外汇管理局（公章） 　　　　　　　　　　　　　年　　月　　日			

第二联　退 R Q F I I 机构

附件 3

人民币合格境外机构投资者托管人信息备案表

主报告人（盖章）：　　　　　　　　　备案日期：　　年　　月　　日

机构名称	中文				
	English				
托管人	金融机构标识码	联系人	电话	传真	Email
◆主报告人					
其他托管人 1					
其他托管人 2					
本机构承诺本备案表内容真实、准确，无虚假信息，并承诺严格按照外汇管理相关规定办理托管事宜，接受国家外汇管理部门的监督、管理和检查。 　　　　　　　　　　　　　　　　　机构（签章）： 　　　　　　　　　　　　　　　　　　　年　　月　　日					

中国人民银行 中国证券监督管理委员会关于内地与香港股票市场交易互联互通机制有关问题的通知

2016 年 11 月 2 日　银发〔2016〕282 号

中国人民银行上海总部，各分行、营业管理部，各省会（首府）城市中心支行，各副省级城市中心支行；国家开发银行，各政策性银行、国有商业银行、股份制商业银行，中国邮政储蓄银行；中国证券登记结算有限责任公司，香港中央结算有限公司：

为顺利实施内地与香港股票市场交易互联互通机制，规范相关资金流动，现就有关事项通知如下：

一、香港中央结算有限公司（以下简称香港中央结算公司）可根据《境外机构人民币银行结算账户管理办法》（银发〔2010〕249 号文印发）、《中国人民银行关于境外机构人民币银行结算账户开立和使用有关问题的通知》（银发〔2012〕183 号）等银行结算账户管理规定，在境内银行开立人民币基本存款账户后，开立人民币沪深证券交易专用存款账户，专门用于沪股通和深股通相关业务资金往来。

二、香港中央结算公司开立人民币沪深证券交易专用存款账户收支范围如下：

（一）人民币沪深证券交易专用存款账户的收入范围包括：

1. 汇入沪股通和深股通证券交易应付结算资金、应付风险管理资金、应付税款和应付费用；

2. 收取沪股通和深股通证券交易应收结算资金、现金股利等公司行为相关资金、账户孳生利息和退回的风险管理资金；

3. 因沪股通和深股通证券交易结算需要融入的资金，以及因偿还该融资所汇入的本息；

4. 中国人民银行规定的其他收入。

（二）人民币沪深证券交易专用存款账户的支出范围包括：

1. 支付沪股通和深股通证券交易应付结算资金、应付风险管理资金、应付税款和应付费用；

2. 汇出沪股通和深股通证券交易应收结算资金、现金股利等公司行为相关资金、账户孳生利息和退回的风险管理资金；

3. 支付因沪股通和深股通证券交易结算所融入资金的本息；

4. 中国人民银行规定的其他支出。

三、香港中央结算公司所开立人民币沪深证券交易专用存款账户的利率，按照中国人民银行有关规定执行。

四、香港中央结算公司因自然灾害等特殊原因，无法从香港汇入沪股通和深股通结算资金的，可以从境内开户银行融入人民币资金用于资金结算。

香港中央结算公司融入资金的额度不得超过当日沪股通和深股通结算所需资金规模，融资期限一般不得超过3天。

五、中国证券登记结算有限责任公司（以下简称中国证券登记结算公司）可按有关规定在香港的银行开立港股通（包括沪港通下的港股通和深港通下的港股通）银行结算账户，专门用于港股通相关业务资金往来。

六、中国证券登记结算公司因自然灾害等特殊原因，无法从境内汇出港股通结算资金的，可以从香港开户银行融入人民币资金用于资金结算。

中国证券登记结算公司融入资金的额度不得超过当日港股通结算所需资金规模，融资期限一般不得超过3天。

七、中国证券登记结算公司或其分公司可在境内银行开立人民币港股通专用存款账户，专门用于港股通相关业务资金往来。

（一）人民币港股通专用存款账户的收入范围包括：

1. 收取港股通证券交易应付结算资金、应付风险管理资金、应付税款和应付费用；

2. 汇入港股通证券交易应收结算资金、现金股利等公司行为相关资金、账户孳生利息和退回的风险管理资金；

3. 中国人民银行规定的其他收入。

（二）人民币港股通专用存款账户的支出范围包括：

1. 汇出港股通证券交易应付结算资金、应付风险管理资金、应付税款和应付费用；

2. 支付结算参与人港股通证券交易应收结算资金、现金股利等公司行为相关资金、账户孳生利息和退回的风险管理资金；

3. 中国人民银行规定的其他支出。

八、中国证券登记结算公司和香港中央结算公司的境内开户银行应当分别向人民币跨境收付信息管理系统报送人民币港股通专用存款账户和人民币沪深证券交易专用存款账户的开销户信息、资金收付信息，并在每月结束后的 8 个工作日内向中国人民银行报送上述信息的汇总报表。

中国证券登记结算公司和香港中央结算公司应当在每月结束后的 8 个工作日内向中国人民银行、证监会报送沪港通和深港通相关资金信息，包括账户资金收付和账户融资信息等。

九、中国证券登记结算公司开立、关闭港股通银行结算账户以及变更港股通银行结算账户开户银行的，应当在 30 日内将相关信息向中国人民银行、证监会备案。

十、中国证券登记结算公司和香港中央结算公司应按照有关账户管理规定和本通知要求使用银行结算账户及办理资金划转，并会同开户银行做好流动性管理工作，有效防控资金结算风险。

十一、中国证券登记结算公司和香港中央结算公司的境内开户银行应当依据《人民币银行结算账户管理办法》（中国人民银行令〔2003〕第 5 号发布）、《境外机构人民币银行结算账户管理办法》、《中国人民银行关于境外机构人民币银行结算账户开立和使用有关问题的通知》等银行结算账户管理制度及本通知，做好人民币港股通专用存款账户和人民币沪深证券交易专用存款账户开立、使用、变更、撤销及管理等业务。

十二、中国证券登记结算公司和香港中央结算公司的境内开户银行应当按照法律法规要求切实履行反洗钱、反恐怖融资、反逃税等义务，配合监管部门做好跨境资金监测管理工作。

十三、中国人民银行、中国证监会及其分支机构对中国证券登记结算公司、香港中央结算公司和其境内开户银行的账户管理、资金汇出入和信息报送等进行监督管理。

十四、本通知自印发之日起施行。《中国人民银行　中国证券监督管理委员会关于沪港股票市场交易互联互通机制试点有关问题的通知》（银发〔2014〕336 号）同时废止。

中国人民银行关于进一步明确境内企业
人民币境外放款业务有关事项的通知

2016 年 11 月 26 日　银发〔2016〕306 号

中国人民银行上海总部，各分行、营业管理部，各省会（首府）城市中心支行，各副省级城市中心支行；国家开发银行；各政策性银行、国有商业银行、股份制商业银行，中国邮政储蓄银行：

为进一步规范境内企业人民币境外放款业务，引导境外放款跨境人民币结算有序开展，现就境内企业人民币境外放款业务流程和有关政策等事项通知如下：

一、本通知所称人民币境外放款业务是指境内企业（以下简称放款人）通过结算银行（以下简称经办行）将人民币资金借贷给境外企业（以下简称借款人）或经企业集团财务公司以委托贷款的方式通过结算银行将人民币资金借贷给境外企业的行为。

本通知所称境内企业是指在中华人民共和国境内（不含香港、澳门和台湾地区）注册成立的非金融企业。

二、经办行应要求放款人在办理人民币境外放款业务前在所在地外汇管理部门进行登记，在企业境外放款余额上限内为其办理业务。

三、放款人应注册成立 1 年以上，与借款人之间应具有股权关联关系。

四、经办行需严格审核境外借款人的经营规模是否与借款规模相适应，以及境外借款资金的实际用途，确保境外放款用途的真实性和合理性。

五、对境内企业人民币境外放款业务实行本外币一体化的宏观审慎管理。

企业境外放款余额上限 = 最近一期经审计的所有者权益 × 宏观审慎调节系数

企业境外放款余额 = $\sum$ 境外放款余额 + $\sum$ 提前还款额 × （1 + 提前还款天数/合同约定天数）+ $\sum$ 外币境外放款余额 × 币种转换因子

每 5 年对提前还款所占额度进行清零。

其中，宏观审慎调节系数为 0.3；币种转换因子为 0。人民银行根据宏观经济形势和跨境资金流动情况对宏观审慎调节系数和币种转换因子进行动态调整。经办行和放款人应做好额度控制，确保任一时点放款余额不超过其上限。

对于短期频繁发生的境外放款业务，经办行应要求放款人提供相关情况说明，一旦发现有违规行为，立即停止为其办理新的境外放款业务。对于当前境外放款余额已超过政策调整后余额上限的放款人，经办行应暂停为其办理境外放款业务。

六、放款人不得使用个人资金向借款人进行境外放款，不得利用自身债务融资为境外放款提供资金来源。

七、放款人向境外放款的利率应符合商业原则，在合理范围内协商确定，但必须大于零。放款期限原则上应在 6 个月至 5 年内，超过 5 年（含 5 年）的应报当地人民银行分支机构进行备案。

八、经办行应提醒放款人及时收回放款资金。出现借款人逾期未归还的，且放款人拒不作出说明或说明缺乏合理性的，经办行应暂停为其办理新的境外放款业务，并及时向当地人民银行分支机构报送相关情况。境外放款可以展期，但原则上同一笔境外人民币放款展期不超过一次。

九、放款人应按照《人民币银行结算账户管理办法》（中国人民银行令〔2003〕第 5 号发布）等银行结算账户管理规定申请开立人民币专用存款账户，专门用于办理人民币境外放款业务。同时，人民币境外放款必须经由放款的人民币专用存款账户以人民币收回，且回流金额不得超过放款金额及利息、境内所得税、相关费用等合理收入之和。

十、经办行应做好人民币境外放款业务真实性和合规性审核，切实履行反洗钱和反恐怖融资义务。

十一、经办行应认真履行信息报送职责，及时准确地向人民币跨境收付信息管理系统报送有关账户信息、跨境收支信息、跨境信贷融资信息，并在收支信息的交易附言中添加"境外放款"字样说明。

十二、人民银行总行及分支机构根据本通知对境内企业人民币境外放款业务实施监督管理。

十三、本通知自印发之日起施行。以前规定与本通知不一致的，按本通知执行。

请人民银行副省级城市中心支行以上分支机构将本通知转发至辖区内人民银行分支机构，城市商业银行、外资银行及其他开办跨境人民币业务的金融机构。

中国人民银行办公厅关于调整境外机构人民币银行结算账户资金使用有关事宜的通知

2016 年 1 月 19 日 银办发〔2016〕15 号

中国人民银行上海总部，各分行、营业管理部，各省会（首府）城市中心支行，各副省级城市中心支行；国家开发银行，各政策性银行、国有商业银行、股份制商业银行，中国邮政储蓄银行：

现就调整境外机构在中国境内银行业金融机构开立的人民币银行结算账户资金使用有关事宜通知如下：

一、境外机构（含境外央行类机构、境外主权类机构）在中国境内银行业金融机构开立的人民币银行结算账户内的资金，可以转存为定期存款，利率按中国人民银行相关规定执行。

二、本通知自印发之日起施行。请中国人民银行上海总部，各分行、营业管理部，各省会（首府）城市中心支行，各副省级城市中心支行将本通知转发至辖区内银行业金融机构，并督促执行。

中国人民银行办公厅关于境外机构境内发行人民币债券跨境人民币结算业务有关事宜的通知

2016 年 12 月 23 日　银办发〔2016〕258 号

中国人民银行上海总部，各分行、营业管理部，各省会（首府）城市中心支行，各副省级城市中心支行；国家开发银行，各政策性银行、国有商业银行、股份制商业银行，中国邮政储蓄银行：

为进一步规范境外机构在境内发行人民币债券有关跨境人民币结算业务，促进我国债券市场对外开放，根据《中华人民共和国中国人民银行法》等有关法律、法规，现就境外机构在境内发行人民币债券跨境人民币结算业务有关事宜通知如下：

一、本通知所称境外机构是指外国政府类机构、国际金融组织、国际开发机构等，以及在境外（含香港、澳门和台湾地区）合法注册成立的各类金融机构和非金融企业。境外机构在境内发行人民币债券有关跨境人民币结算业务适用本通知。

二、根据我国债券市场发行上市的有关规定，境外机构在境内发行人民币债券，应当获得有权部门同意人民币债券发行的证明文件。

三、中国人民银行负责对与人民币债券发行、使用和偿还有关的人民币账户和人民币跨境收付进行管理。

四、境外机构可以选择在境内银行业金融机构（以下简称开户行）开立境外机构人民币银行结算账户或委托主承销商在境内银行业金融机构（以下简称托管行）开立托管账户两种方式，存放发行人民币债券所募集的资金及办理相关跨境人民币结算业务。境外机构在向有权部门提出人民币债券发行申请时应当选择确定适用的账户。

五、境外机构开立境外机构人民币银行结算账户的，开户行应当按照《境外机构人民币银行结算账户管理办法》（银发〔2010〕249 号文印发）、

《中国人民银行关于境外机构人民币银行结算账户开立和使用有关问题的通知》（银发〔2012〕183号）等规定，凭境外机构提交的有权部门同意人民币债券发行的证明文件等材料为其开立人民币专用存款账户。

六、境外机构委托主承销商开立托管账户的，主承销商应当按照银行账户管理制度规定在托管行开立托管账户，其性质为专用存款账户，托管账户名称格式为：主承销商＋境外机构＋人民币债券资金托管账户。托管行应当是在中国境内设立的资产托管经验丰富、具备国际结算业务能力的商业银行。

境外机构、主承销商、托管行应当签署托管协议，就账户开立、资金存管、跨境汇划和数据报送等约定三方权利和义务。托管行负责对境外机构、主承销商做好真实性、合规性审核。主承销商、境外机构应当向托管行提供有权部门同意人民币债券发行的证明文件、债券募集说明书、评级报告、法律意见书等债券发行材料。此外，主承销商还应当提供营业执照及业务经营许可等证明材料，境外机构还应当提供其在境外合法注册成立的证明文件等材料。

七、境外机构开立境外机构人民币银行结算账户的，开户行应当按照有权部门同意人民币债券发行的证明文件中所规定的发债所筹集的人民币资金境内外使用比例，办理相关跨境人民币资金汇划业务。

境外机构委托主承销商开立托管账户的，托管行应当按照有权部门同意人民币债券发行的证明文件中所规定的发债所筹集的人民币资金境内外使用比例，凭境外机构和主承销商的指令办理相关跨境人民币资金汇划业务。

八、境外机构开立境外机构人民币银行结算账户的，开户行应当做好真实性和合规性审核，及时、准确、完整地向人民币跨境收付信息管理系统报送境外机构人民币银行结算账户信息，以及通过该账户办理的跨境人民币资金收付信息。

境外机构委托主承销商开立托管账户的，托管行应当做好真实性和合规性审核，及时、准确、完整地向人民币跨境收付信息管理系统报送人民币债券资金托管账户信息，以及通过该账户办理的跨境和境内人民币资金收付信息。

九、本通知自印发之日起施行。此前有关规定与本通知不一致的，以本通知为准。

请中国人民银行副省级城市中心支行以上分支机构将本通知转发至辖区内中国人民银行分支机构，城市商业银行、外资银行及其他开办跨境人民币业务的金融机构。

四、金融市场方面的规范性文件

全国银行间债券市场柜台业务管理办法

2016 年 2 月 5 日　中国人民银行公告〔2016〕第 2 号

第一章　总　　则

第一条　为促进债券市场发展，扩大直接融资比重，根据《中华人民共和国中国人民银行法》、《银行间债券市场债券登记托管结算管理办法》（中国人民银行令〔2009〕第 1 号），制定本办法。

第二条　本办法所称全国银行间债券市场柜台业务（以下简称柜台业务）是指金融机构通过其营业网点、电子渠道等方式为投资者开立债券账户、分销债券、开展债券交易提供服务，并相应办理债券托管与结算、质押登记、代理本息兑付、提供查询等。

第三条　金融机构开办柜台业务应当遵循诚实守信原则，充分揭示风险，保护投资者合法权益，不得利用非公开信息谋取不正当利益，不得与发行人或者投资者串通进行利益输送或者其他违法违规行为。

第二章　柜台业务开办机构

第四条　开办柜台业务的金融机构（以下简称开办机构）应当满足下列条件：

（一）是全国银行间债券市场交易活跃的做市商或者结算代理人；

（二）具备安全、稳定的柜台业务计算机处理系统并已接入全国银行间同业拆借中心、全国银行间债券市场债券登记托管结算机构（以下简称债券登记托管结算机构）；

（三）具有健全的柜台业务管理制度、风险防范机制、投资者适当性管理制度及会计核算办法等；

（四）有专门负责柜台交易的业务部门和合格专职人员；

（五）最近三年没有重大违法、违规行为。

第五条　符合条件的金融机构应当于柜台业务开办之日起 1 个月内向中国

人民银行备案，并提交以下材料：

（一）柜台业务开办方案和系统实施方案；

（二）负责柜台业务的机构设置和人员配备情况；

（三）柜台业务管理制度、风险防范机制、投资者适当性管理制度及会计核算办法；

（四）全国银行间同业拆借中心及债券登记托管结算机构出具的系统接入验收证明；

（五）中国人民银行要求的其他材料。

开办机构应当将开办柜台业务的营业网点通过网点柜台、电子渠道等方式向社会公开。

第三章　柜台业务债券品种及交易品种

第六条　柜台业务交易品种包括现券买卖、质押式回购、买断式回购以及经中国人民银行认可的其他交易品种。

柜台业务债券品种包括经发行人认可的已发行国债、地方政府债券、国家开发银行债券、政策性银行债券和发行对象包括柜台业务投资者的新发行债券。

第七条　开办机构与投资者开展柜台业务应当遵循银行间债券市场相关规定，双方开展债券回购等交易品种时应当签署相关主协议、约定权利义务。

开办机构与投资者开展质押式回购时应当确保足额质押，开办机构应当对质押券价值进行持续监控，建立风险控制机制，防范相关风险。

第四章　投资者适当性管理

第八条　开办机构应当建立投资者适当性管理制度，了解投资者风险识别及承受能力，向具备相应能力的投资者提供适当债券品种的销售和交易服务。开办机构应当充分揭示产品或者服务的风险，不得诱导投资者投资与其风险承受能力不相适应的债券品种和交易品种。

第九条　经开办机构审核认定至少满足以下条件之一的投资者可投资柜台业务的全部债券品种和交易品种：

（一）国务院及其金融行政管理部门批准设立的金融机构；

（二）依法在有关管理部门或者其授权的行业自律组织完成登记，所持有或者管理的金融资产净值不低于一千万元的投资公司或者其他投资管理机构；

（三）上述金融机构、投资公司或者投资管理机构管理的理财产品、证券投资基金和其他投资性计划；

（四）净资产不低于人民币一千万元的企业；

（五）年收入不低于五十万元，名下金融资产不少于三百万元，具有两年以上证券投资经验的个人投资者；

（六）符合中国人民银行其他规定并经开办机构认可的机构或者个人投资者。

不满足上述条件的投资者只能买卖发行人主体评级或者债项评级较低者不低于 AAA 的债券，以及参与债券回购交易。

第十条　开办机构认定投资者符合第九条规定条件的，应当向投资者揭示产品或者服务的风险、与投资者签署风险揭示书。投资者不满足第九条规定条件，开办机构应当向投资者履行以下义务：

（一）了解投资者的相关情况并评估其风险承受能力；

（二）向投资者提供与其风险承受能力相匹配的债券品种与交易品种，并进行持续跟踪和管理；

（三）提供产品或者服务前，向投资者介绍产品或者服务的内容、性质、特点、业务规则等，进行有针对性的投资者教育；

（四）充分揭示产品或者服务的风险，与投资者签署风险揭示书。

第十一条　投资者情况变动或者债券评级变动导致投资者持有债券不符合第九条规定的，投资者可以选择卖出债券或者持有债券到期。

第五章　柜台业务规则

第十二条　开办机构可以通过以下方式为投资者提供报价交易服务：

（一）双边报价，即开办机构主动面向投资者持续、公开报出可成交价格。

（二）请求报价，即由投资者发起，向开办机构提出特定券种交易请求，并由开办机构报出合理的可成交价格。开办机构应当结合客户需求及自身经营的实际情况，合理确定双边报价券种及可接受请求报价的交易要素标准。

开办机构可以代理投资者与全国银行间债券市场其他投资者开展债券交易，开办机构应当采用适当风险防范机制，防范代理交易模式下的相关风险。

第十三条　开办机构及投资者的债券交易行为应当遵守全国银行间债券市场及其机构监管部门关于关联交易的规定。

第十四条　开办机构应当及时将柜台业务投资者信息及报价成交信息传至全国银行间同业拆借中心进行备案。开办机构与投资者达成债券交易后，应当及时采用券款对付的方式为投资者办理资金清算和债券结算。

全国银行间同业拆借中心应当及时将柜台业务成交信息传输至债券登记托管结算机构。

第十五条　投资者应当在开办机构开立债券账户，用于记载所持有债券的品种、数量及相关权利。开户时，投资者应当向开办机构提交真实、准确、完整的开户材料。

投资者可以在不同开办机构开立债券账户，并可以在已开立的债券账户之间申请债券的转托管。

未经中国人民银行同意，已在债券登记托管结算机构开户的机构投资者，不能在开办机构开立债券账户。债券登记托管结算机构应当为开办机构查询开户情况提供便利。

第十六条　开办机构应当在债券登记托管结算机构开立代理总账户，记载由其托管、属于柜台业务投资者的债券总额。

开办机构应当严格区分自有债券和投资者托管的债券，不得挪用投资者的债券。开办机构应当每日及时向债券登记托管结算机构发送结算指令和柜台业务托管明细数据。

第十七条　债券登记托管结算机构应当建立柜台债券账务复核查询系统，方便投资者查询债券账户余额。

债券登记托管结算机构应当根据开办机构发送的有关数据及结算指令，每日及时完成开办机构自营账户与代理总账户之间的债券结算。

第十八条　发行人应当于债券付息日或者到期日（如遇节假日顺延）前不少于一个工作日将兑付利息或者本金划至债券登记托管结算机构指定账户，债券登记托管结算机构收到上述款项后应当立即向开办机构划付，开办机构应当于债券付息日或者到期日（如遇节假日顺延）一次、足额将兑付资金划入投资者资金账户。

第十九条　开办机构应当在其柜台业务系统中保留完整的报价、报价请求、成交指令、交易记录、结算记录、转托管记录，并为投资者查询交易、结算、转托管记录提供便利。

第二十条　开办机构应当将与柜台债券相关的披露信息及时、完整、准确、有效地通过网点柜台或者电子渠道向投资者传递。开办机构应当向投资者特别提示本息兑付条款及与还本付息有关的附加条款、额外费用、税收政策等重要信息。

发行人、信用评级机构等信息披露义务人应当按照相关规定做好信息披露工作，保证信息披露真实、准确、完整、及时，不得有虚假记载、误导性陈述和重大遗漏，披露内容应当充分揭示风险。

第二十一条　开办机构应当做好柜台业务计算机处理系统的维护工作。开展柜台业务创新时，开办机构应当与全国银行间同业拆借中心、债券登记托管结算机构进行联网测试，确保系统接驳的安全、顺畅。

第二十二条　开办机构应当向中国人民银行报送柜台业务年度报告以及重大事项报告。其中，年度报告应当于每个自然年度结束之日起2个月内报送，内容包括但不限于：柜台业务总体情况、交易、托管、报价质量、结算代理情况、风险及合规管理、投资者数量、投资者保护等情况。

柜台业务发生对业务开展、投资者权益、整体风险等产生重大影响的事项时，如系统重大故障等，开办机构应当在该事项发生后1个交易日内向中国人民银行报告，并尽快提交书面重大事项报告。

开办机构投资者适当性管理制度应当根据实际情况适时更新，并及时向中国人民银行备案。

前款所述报告、备案文件应当同时抄送中国银行间市场交易商协会。

第六章　监督管理

第二十三条　中国人民银行及其分支机构可以对开办机构、全国银行间同业拆借中心和债券登记托管结算机构就柜台业务进行现场检查或者非现场检查，前述机构及相关人员应当予以配合，并按照要求提供有关文件和资料、接受问询。

第二十四条　全国银行间同业拆借中心、债券登记托管结算机构应当按照中国人民银行有关规定，加强柜台业务的监测、统计和分析，定期向中国人民银行提交柜台业务统计分析报告并抄送中国银行间市场交易商协会。

全国银行间同业拆借中心、债券登记托管结算机构对柜台业务进行日常监测，发现异常情况和违规情况应当及时处理，并向中国人民银行报告。

第二十五条　全国银行间同业拆借中心、债券登记托管结算机构应当依据本办法，制定柜台业务细则并规范相关数据交换，向中国人民银行备案后实施。

第二十六条　中国银行间市场交易商协会应当就柜台业务制定主协议文本和具体指引，对投资者适当性管理、开办机构的柜台业务报价、投资者保护、信息披露等行为提出自律要求、进行自律管理并开展定期评估。定期评估情况应向中国人民银行报告。

第二十七条　开办机构有下列行为之一的，中国人民银行根据《中华人民共和国中国人民银行法》第四十六条予以处理：

（一）不符合本办法第四条所规定条件开办柜台业务或者未按本办法规定向中国人民银行备案、报告的；

（二）不了解投资者风险识别和风险承受能力或者向投资者提供与其风险承受能力不相适应的债券销售、交易服务的；

（三）欺诈或者误导投资者的；

（四）未按投资者指令办理债券登记、过户、质押、转托管的；

（五）伪造投资者交易记录或者债券账户记录的；

（六）泄露投资者账户信息的；

（七）挪用投资者债券的；

（八）其他违反本办法规定的行为。

第二十八条　全国银行间同业拆借中心和债券登记托管结算机构有下列行为之一的，中国人民银行根据《中华人民共和国中国人民银行法》第四十六条予以处理：

（一）工作失职造成投资者或者开办机构损失的；

（二）发布虚假信息或者泄露非公开信息的；

（三）为开办机构恶意操纵市场、利益输送或者其他违法违规行为提供便利的；

（四）其他违反本办法规定的行为。

第七章　附　　则

第二十九条　本办法由中国人民银行负责解释。本办法未尽事宜按照中国人民银行相关规定执行。中国人民银行关于柜台业务的其他规定与本办法冲突的，适用本办法。

第三十条　本办法自公布之日起执行。

进一步做好境外机构投资者
投资银行间债券市场有关事宜

2016 年 2 月 17 日　　中国人民银行公告〔2016〕第 3 号

为推动银行间债券市场对外开放，便利符合条件的境外机构投资者依法合规投资银行间债券市场，现就进一步做好境外机构投资者投资银行间债券市场有关事宜公告如下：

一、本公告所称境外机构投资者，是指符合本公告要求，在中华人民共和国境外依法注册成立的商业银行、保险公司、证券公司、基金管理公司及其他资产管理机构等各类金融机构，上述金融机构依法合规面向客户发行的投资产品，以及养老基金、慈善基金、捐赠基金等中国人民银行认可的其他中长期机构投资者。

二、境外机构投资者投资银行间债券市场应当符合以下条件：

（一）依照所在国家或地区相关法律成立；

（二）具有健全的治理结构和完善的内控制度，经营行为规范，近三年未因债券投资业务的违法或违规行为受到监管机构的重大处罚；

（三）资金来源合法合规；

（四）具备相应的风险识别和承担能力，知悉并自行承担债券投资风险；

（五）中国人民银行规定的其他条件。

三、中国人民银行鼓励境外机构投资者作为中长期投资者投资银行间债券市场，并对境外机构投资者的投资行为实施宏观审慎管理。境外机构投资者可按照外汇管理的有关规定办理相关资金的汇兑。

四、符合条件的境外机构投资者可在银行间债券市场开展债券现券等经中国人民银行许可的交易。

五、符合条件的境外机构投资者应当委托具有国际结算业务能力的银行间市场结算代理人（以下简称结算代理人）进行交易和结算，中国人民银行另有规定的除外。委托结算代理人进行交易和结算的，应当与结算代理人签署代理协议。

六、受托为境外机构投资者提供代理交易和结算服务的结算代理人，应当代理境外机构投资者向中国人民银行上海总部递交投资备案表。

七、受托为境外机构投资者提供代理交易和结算服务的结算代理人，应当符合以下条件：

（一）具有专门的代理境外机构投资的业务部门，且与自营投资管理业务在人员、系统、制度、资产等方面完全分离；

（二）代理债券交易与结算业务制度健全，具有完备的代理债券交易与结算业务管理办法、业务操作流程、风险管理制度、员工行为规范等；

（三）具备开展代理债券交易与结算业务所需的信息技术设施、技术支持人员、信息系统管理制度等；

（四）负责代理债券交易与结算管理的部门负责人、业务人员等相关人员已参加银行间债券市场自律组织或中介机构组织的相关培训；

（五）近三年无违法和重大违规行为；

（六）中国人民银行规定的其他条件。

八、受托为境外机构投资者提供交易和结算服务的结算代理人，应当为境外机构投资者提供以下基本服务：

（一）代理境外机构投资者完成银行间债券市场投资备案工作；

（二）根据有关规定，协助境外机构投资者开立、变更和注销人民币专用存款账户、债券账户、结算资金专户、债券交易账户等账户；

（三）根据境外机构投资者指令，代理境外机构投资者进行债券交易和结算；

（四）在债券利息支付、本金兑付中，为境外机构投资者办理相关事宜。

九、受托为境外机构投资者提供交易和结算服务的结算代理人可以为境外机构投资者提供资产保管、会计核算与估值、报表处理等资产托管服务。

十、受托为境外机构投资者提供资产托管服务的结算代理人，还应当符合以下条件：

（一）业务经营规范，有良好的治理结构、完善的内部稽核监控制度、风险控制制度；

（二）具有专门的托管业务部门及良好的托管业务能力，将其自有资产和受托管理的资产严格分开，对受托管理的资产实行分账托管；

（三）分管托管业务的主要负责人、部门负责人、业务人员已参加银行间市场自律组织或中介机构组织的相关培训；

（四）托管业务制度健全，具有完备的托管业务管理办法、业务操作规程、风险管理制度、员工行为规范、会计核算办法等；

（五）具有托管业务所需的技术设施、技术支持人员、信息系统管理制度等；

（六）近三年无违法和重大违规行为；

（七）中国人民银行要求的其他条件。

十一、结算代理人应当按照公平、公正、公开的原则设立服务项目和费用标准。相关服务费用由结算代理人和境外机构投资者根据市场化原则自主商定。

十二、境外机构投资者在银行间债券市场开展投资业务，应当遵循中国法律法规和银行间债券市场的有关规定。

十三、境外机构投资者有下列情形之一的，应当委托结算代理人及时办理退出银行间债券市场相关事宜：

（一）机构依法解散、被责令关闭、被撤销或者破产；

（二）产品终止或合同到期；

（三）中国人民银行规定的其他情形。

十四、结算代理人应当遵守银行间债券市场相关规定，履行以下职责：

（一）根据中国人民银行的规定对境外机构投资者进行资质审核，对符合资质规定的境外机构投资者，方可受理其代理委托；

（二）向代理的境外机构投资者充分介绍银行间债券市场情况，并向其提示风险；

（三）配合中国人民银行、中国银行间市场交易商协会、全国银行间同业拆借中心、债券登记托管结算机构做好相关市场分析、监测工作，按规定及时向中国人民银行上海总部报送代理境外机构投资者的有关信息及投资业务开展情况；

（四）遵守中国人民银行跨境人民币业务相关规定，对代理的境外机构投资者人民币专用存款账户进行实时监测，及时、准确、完整地向人民币跨境收付信息管理系统（RCPMIS）报送有关账户信息以及跨境人民币资金收支信息；

（五）中国人民银行规定的其他职责。

十五、中国人民银行上海总部应当根据本公告制定相应实施细则以及投资备案表，做好境外机构投资者的备案工作，加强对境外机构投资者和结算代理人的事中事后监督管理，定期向中国人民银行报送境外机构投资者备案及投资的相关情况。

十六、全国银行间同业拆借中心、债券登记托管结算机构应当根据各自职责，做好境外机构投资者投资银行间债券市场的服务和监测工作，并定期向中国人民银行上海总部报送境外机构投资者的业务开展情况。发现重大问题和异常情况的，应当及时处理并向中国人民银行报告，同时抄送中国银行间市场交易商协会。

十七、境外机构投资者及结算代理人在银行间债券市场开展业务过程中发生违法、违规行为的，中国人民银行将依法采取相应的监管措施和行政处罚。

十八、香港特别行政区、澳门特别行政区及台湾地区的机构投资者投资银行间债券市场，适用本公告的有关规定。

十九、境外央行、国际金融组织、主权财富基金投资银行间债券市场适用《中国人民银行关于境外央行、国际金融组织、主权财富基金运用人民币投资银行间债券市场试点有关事宜的通知》（银发〔2015〕220 号）的有关规定。

二十、合格境外机构投资者（QFII）、人民币合格境外机构投资者（RQFII）投资银行间债券市场参照本公告执行。

二十一、本公告自发布之日起施行。原有关境外机构投资者投资银行间债券市场的规定与本公告不一致的，以本公告为准。

关于进一步做好合格机构投资者进入银行间债券市场有关工作

2016 年 4 月 27 日 中国人民银行公告〔2016〕第 8 号

为规范发展债券市场、提高市场效率，根据《全国银行间债券市场债券交易管理办法》（中国人民银行令〔2000〕第 2 号发布）、《银行间债券市场债券登记托管结算管理办法》（中国人民银行令〔2009〕第 1 号发布）等规定，现就进一步做好合格机构投资者进入银行间债券市场有关事项公告如下：

一、本公告所称合格机构投资者，是指符合本公告要求的境内法人类合格机构投资者和非法人类合格机构投资者。

法人类合格机构投资者是指符合本公告要求的金融机构法人，包括但不限于：商业银行、信托公司、企业集团财务公司、证券公司、基金管理公司、期货公司、保险公司等经金融监管部门许可的金融机构。金融机构的授权分支机构参照法人类合格机构投资者管理。

非法人类合格机构投资者是指金融机构等作为资产管理人（以下简称管理人），在依法合规的前提下，接受客户的委托或授权，按照与客户约定的投资计划和方式开展资产管理或投资业务所设立的各类投资产品，包括但不限于：证券投资基金、银行理财产品、信托计划等。保险产品，经基金业协会备案的私募投资基金、住房公积金、社会保障基金、企业年金、养老基金、慈善基金等，参照非法人类合格机构投资者管理。

二、法人类合格机构投资者应符合以下条件：

（一）在中华人民共和国境内依法设立；

（二）具有健全的公司治理结构、完善的内部控制、风险管理机制；

（三）债券投资资金来源合法合规；

（四）具有熟悉银行间债券市场的专业人员；

（五）具备相应的风险识别和承担能力，知悉并自行承担债券投资风险；

（六）业务经营合法合规，最近 3 年未因债券业务发生重大违法违规行为；

（七）中国人民银行要求的其他条件。

三、非法人类合格机构投资者应符合以下条件：

（一）产品设立符合有关法律法规和行业监管规定，并已依法在有关管理部门或其授权的行业自律组织获得批准或完成备案；

（二）产品已委托具有托管资格的金融机构（以下简称托管人）进行独立托管，托管人对委托人资金实行分账管理、单独核算；

（三）产品的管理人获金融监管部门许可具有资产管理业务资格，对于经行业自律组织登记的私募基金管理人，其净资产不低于 1000 万元，资产管理实缴规模处于行业前列；

（四）产品的管理人和托管人具有健全的公司治理结构、完善的内部控制、风险管理机制以及相关专业人员；

（五）产品的管理人和托管人业务经营合法合规，最近 3 年未因债券业务发生重大违法违规行为；

（六）中国人民银行要求的其他条件。

四、合格机构投资者进入银行间债券市场应按规定通过电子化方式向中国人民银行上海总部备案，在中国人民银行认可的登记托管结算机构和交易平台办理开户、联网手续。

五、合格机构投资者完成备案、开户、联网手续后，即成为银行间债券市场的参与者。

六、法人类合格机构投资者、非法人类合格机构投资者的管理人和托管人在银行间债券市场开展债券交易、清算、托管、结算等相关业务时，应遵守有关法律法规、行业监管规定，以及银行间债券市场相关管理规定。

七、非法人类合格机构投资者的管理人应遵守与委托人之间的约定，不得投资于超出投资范围或委托人风险承受能力的债券产品。

八、法人类合格机构投资者、非法人类合格机构投资者的管理人和托管人应不断加强内部控制等各类制度建设，完善部门和岗位设置，提高相关人员业务能力，防止有关机构和个人利用职务之便损害投资者和委托人的合法权益。

九、中国人民银行上海总部、中央国债登记结算有限责任公司、银行间市场清算所股份有限公司、全国银行间同业拆借中心应根据本公告制定相应实施细则，明确备案、开户、联网所需的各项材料要求，并应在收到完整材料之日起 3 个工作日内完成办理手续，及时以电子化的方式告知投资者。

十、中央国债登记结算有限公司、银行间市场清算所股份有限公司、全国银行间同业拆借中心应做好合格机构投资者债券交易、清算、托管、结算的一线监测工作，及时披露合格机构投资者投资银行间债券市场的有关信息，并在每月前 10 个工作日内向中国人民银行上海总部报告上月合格机构投资者账户开立、变更、注销、联网及终止联网等情况，并抄送中国银行间市场交易商协会。

十一、中国银行间市场交易商协会应加强对合格机构投资者的自律管理。

十二、中国人民银行依法对合格机构投资者债券业务开展情况进行现场或非现场检查，检查中发现合格机构投资者存在违法违规行为的，由中国人民银行根据有关规定进行处理并通报相关机构监管部门，或者移交有关部门调查处理。

十三、本公告自公布之日起施行。银行间债券市场现行规定与本公告不符的，以本公告为准。

票据交易管理办法

2016 年 12 月 5 日　　中国人民银行公告〔2016〕第 29 号

第一章　总　　则

第一条　为规范票据市场交易行为，防范交易风险，维护交易各方合法权益，促进票据市场健康发展，依据《中华人民共和国中国人民银行法》、《中华人民共和国票据法》、《中华人民共和国电子签名法》等有关法律法规，制定本办法。

第二条　市场参与者从事票据交易应当遵守本办法，本办法所称票据包括但不限于纸质或者电子形式的银行承兑汇票、商业承兑汇票等可交易票据。

第三条　票据交易应当遵循公平自愿、诚信自律、风险自担的原则。

第四条　中国人民银行依法对票据市场进行监督管理，并根据宏观调控需要对票据市场进行宏观审慎管理。

第二章　票据市场参与者

第五条　票据市场参与者是指可以从事票据交易的市场主体，包括：

（一）法人类参与者。指金融机构法人，包括政策性银行、商业银行及其授权的分支机构，农村信用社、企业集团财务公司、信托公司、证券公司、基金管理公司、期货公司、保险公司等经金融监督管理部门许可的金融机构。

（二）非法人类参与者。指金融机构等作为资产管理人，在依法合规的前提下，接受客户的委托或者授权，按照与客户约定的投资计划和方式开展资产管理业务所设立的各类投资产品，包括证券投资基金、资产管理计划、银行理财产品、信托计划、保险产品、住房公积金、社会保障基金、企业年金、养老基金等。

（三）中国人民银行确定的其他市场参与者。

第六条　法人类参与者应当符合以下条件：

（一）依法合规设立。

（二）已制定票据业务内部管理制度和操作规程，具有健全的公司治理结构和完善的内部控制、风险管理机制。

（三）有熟悉票据市场和专门从事票据交易的人员。

（四）具备相应的风险识别和承担能力，知悉并承担票据投资风险。

（五）中国人民银行要求的其他条件。

第七条 非法人类参与者应当符合以下条件：

（一）产品设立符合相关法律法规和监管规定，并已依法在相关金融监督管理部门获得批准或者完成备案。

（二）产品已委托具有托管资格的金融机构（以下简称托管人）进行独立托管，托管人对委托人资金实行分账管理、单独核算。

（三）产品管理人具有相关金融监督管理部门批准的资产管理业务资格。

第八条 法人类参与者开展票据交易，应当遵守有关法律法规，强化内控制度建设，完善部门和岗位设置，并采取切实措施持续提高相关人员业务能力。

第九条 非法人类参与者开展票据交易，由其资产管理人代表其行使票据权利并以受托管理的资产承担相应的民事责任。资产管理人从事资管业务的部门、岗位、人员及其管理的资产应当与其自营业务相互独立。

第三章　票据市场基础设施

第十条 票据市场基础设施是指提供票据交易、登记托管、清算结算、信息服务的机构。

第十一条 票据市场基础设施应当经中国人民银行认可。中国人民银行对票据市场基础设施开展票据相关业务进行监督管理。

第十二条 票据市场基础设施可以为市场参与者提供以下服务：

（一）组织票据交易，公布票据交易即时行情。

（二）票据登记托管。

（三）票据交易的清算结算。

（四）票据信息服务。

（五）中国人民银行认可的其他服务。

第十三条 票据市场基础设施按照金融市场基础设施建设有关标准进行系统建设与管理。

第十四条 票据市场基础设施应当从其业务收入中提取一定比例的金额设

立风险基金并存入开户银行专门账户，用于弥补因违约交收、技术故障、操作失误、不可抗力等造成的相关损失。

第十五条　上海票据交易所是中国人民银行指定的提供票据交易、登记托管、清算结算和信息服务的机构。

第四章　票据信息登记与电子化

第十六条　纸质票据贴现前，金融机构办理承兑、质押、保证等业务，应当不晚于业务办理的次一工作日在票据市场基础设施完成相关信息登记工作。

纸质商业承兑汇票完成承兑后，承兑人开户行应当根据承兑人委托代其进行承兑信息登记。承兑信息未能及时登记的，持票人有权要求承兑人补充登记承兑信息。

纸质票据票面信息与登记信息不一致的，以纸质票据票面信息为准。

第十七条　贴现人办理纸质票据贴现时，应当通过票据市场基础设施查询票据承兑信息，并在确认纸质票据必须记载事项与已登记承兑信息一致后，为贴现申请人办理贴现，贴现申请人无需提供合同、发票等资料；信息不存在或者纸质票据必须记载事项与已登记承兑信息不一致的，不得办理贴现。

本款所称纸质票据必须记载事项指《中华人民共和国票据法》第二十二条规定的票据必须记载事项。

第十八条　贴现人完成纸质票据贴现后，应当不晚于贴现次一工作日在票据市场基础设施完成贴现信息登记。

第十九条　承兑人或者承兑人开户行收到挂失止付通知或者公示催告等司法文书并确认相关票据未付款的，应当于当日依法暂停支付并在票据市场基础设施登记或者委托开户行在票据市场基础设施登记相关信息。

第二十条　金融机构通过票据市场基础设施进行相关业务信息登记，因信息登记错误给他人造成损失的，应当承担赔偿责任。

第二十一条　贴现人办理纸质票据贴现后，应当在票据上记载"已电子登记权属"字样，该票据不再以纸质形式进行背书转让、设立质押或者其他交易行为。贴现人应当对纸质票据妥善保管。

第二十二条　已贴现票据背书通过电子形式办理。电子形式背书是指在票据市场基础设施以数据电文形式记载的背书，和纸质形式背书具有同等法律效力。

第二十三条　纸质票据电子形式背书后，由票据权利人通过票据市场基础设施通知保管人变更寄存人的方式完成交付。

第二十四条　贴现人可以按市场化原则选择商业银行对纸质票据进行保证增信。

保证增信行对纸质票据进行保管并为贴现人的偿付责任进行先行偿付。

第二十五条　已贴现票据应当通过票据市场基础设施办理背书转让、质押、保证、提示付款等票据业务。

第二十六条　纸质票据贴现后，其保管人可以向承兑人发起付款确认。付款确认可以采用实物确认或者影像确认。

实物确认是指票据保管人将票据实物送达承兑人或者承兑人开户行，由承兑人在对票据真实性和背书连续性审查的基础上对到期付款责任进行确认。

影像确认是指票据保管人将票据影像信息发送至承兑人或者承兑人开户行，由承兑人在对承兑信息和背书连续性审查的基础上对到期付款责任进行确认。

承兑人要求实物确认的，银行承兑汇票保管人应当将票据送达承兑人，实物确认后，纸质票据由其承兑人代票据权利人妥善保管；商业承兑汇票保管人应当将票据通过承兑人开户行送达承兑人进行实物确认，实物确认后，纸质票据由商业承兑汇票开户行代票据权利人妥善保管。

第二十七条　实物确认与影像确认具有同等效力。承兑人或者承兑人开户行进行付款确认后，除挂失止付、公示催告等合法抗辩情形外，应当在持票人提示付款后付款。

第二十八条　承兑人收到票据影像确认请求或者票据实物后，应当在三个工作日内做出或者委托其开户行做出同意或者拒绝到期付款的应答。拒绝到期付款的，应当说明理由。

第二十九条　票据保管人应当采取切实措施保证纸质票据不被挪用、污损、涂改和灭失，并承担因保管不善引发的相关法律责任。

第三十条　电子商业汇票签发、承兑、质押、保证、贴现等信息应当通过电子商业汇票系统同步传送至票据市场基础设施。

第三十一条　电子商业汇票一经承兑即视同承兑人已进行付款确认。

第五章　票据登记与托管

第三十二条　票据登记是指金融机构将票据权属在票据市场基础设施电子簿记系统予以记载的行为。

第三十三条　票据托管是指票据市场基础设施根据票据权利人委托对其持有票据的相关权益进行管理和维护的行为。

第三十四条　市场参与者应当在票据市场基础设施开立票据托管账户。

市场参与者开立票据托管账户时，应当向票据市场基础设施提出申请，并保证所提交的开户资料真实、准确、完整。

第三十五条　票据托管账户采用实名制，不得出租、出借或者转让。

第三十六条　一个市场参与者只能开立一个票据托管账户，中国人民银行另有规定的除外。

具有法人资格的市场参与者应当以法人名义开立票据托管账户；经法人授权的分支机构应当以分支机构名义开立票据托管账户；非法人市场参与者应当以产品名义单独开立票据托管账户。

第三十七条　贴现人应当于票据交易前在票据市场基础设施完成纸质票据登记工作，确保其提交的票据登记信息真实、有效，并承担相应法律责任。

第三十八条　票据市场基础设施依据电子商业汇票系统相关信息为持票人完成电子票据登记。

第三十九条　因票据的交易过户、非交易过户等原因引起票据托管账户余额变化的，票据市场基础设施应当为权利人办理票据变更登记。

第六章　票据交易

第四十条　票据交易采取全国统一的运营管理模式，通过票据市场基础设施进行。

第四十一条　票据交易包括转贴现、质押式回购和买断式回购等。

转贴现是指卖出方将未到期的已贴现票据向买入方转让的交易行为。

质押式回购是指正回购方在将票据出质给逆回购方融入资金的同时，双方约定在未来某一日期由正回购方按约定金额向逆回购方返还资金、逆回购方向正回购方返还原出质票据的交易行为。

买断式回购是指正回购方将票据卖给逆回购方的同时，双方约定在未来某一日期，正回购方再以约定价格从逆回购方买回票据的交易行为。

第四十二条　市场参与者完成票据登记后即可以开展交易，或者在付款确认、保证增信后开展交易。贴现人申请保证增信的，应当在首次交易前完成。

第四十三条　票据到期后偿付顺序如下：

（一）票据未经承兑人付款确认和保证增信即交易的，若承兑人未付款，应当由贴现人先行偿付。该票据在交易后又经承兑人付款确认的，应当由承兑人付款；若承兑人未付款，应当由贴现人先行偿付。

（二）票据经承兑人付款确认且未保证增信即交易的，应当由承兑人付款；若承兑人未付款，应当由贴现人先行偿付。

（三）票据保证增信后即交易且未经承兑人付款确认的，若承兑人未付款，应当由保证增信行先行偿付；保证增信行未偿付的，应当由贴现人先行偿付。

（四）票据保证增信后且经承兑人付款确认的，应当由承兑人付款；若承兑人未付款，应当由保证增信行先行偿付；保证增信行未偿付的，应当由贴现人先行偿付。

第四十四条 票据交易应当通过票据市场基础设施进行并生成成交单。成交单应当对交易日期、交易品种、交易利率等要素做出明确约定。

票据成交单、票据交易主协议及补充协议（若有）构成交易双方完整的交易合同。

票据交易合同一经成立，交易双方应当认真履行，不得擅自变更或者解除合同。

第四十五条 票据交易无需提供转贴现凭证、贴现凭证复印件、查询查复书及票面复印件等纸质资料。

第四十六条 票据贴现、转贴现的计息期限，从贴现、转贴现之日起至票据到期日止，到期日遇法定节假日的顺延至下一工作日。

第四十七条 质押式回购和买断式回购最短期限为一天，并应当小于票据剩余期限。

第四十八条 质押式回购的回购金额不得超过质押票据的票面总额。

第七章　票据交易结算与到期处理

第四十九条 票据交易的结算通过票据市场基础设施电子簿记系统进行，包括票款对付和纯票过户。

票款对付是指结算双方同步办理票据过户和资金支付并互为条件的结算方式。

纯票过户是指结算双方的票据过户与资金支付相互独立的结算方式。

第五十条 市场参与者开展票据交易应当采用票款对付，同一法人分支机构间的票据交易可以采用纯票过户。

第五十一条 已在大额支付系统开立清算账户的市场参与者，应当通过其在大额支付系统的清算账户办理票款对付的资金结算。

未在大额支付系统开立清算账户的市场参与者，应当委托票据市场基础设施代理票款对付的资金结算。

第五十二条 票据市场基础设施代理票款对付的资金结算时，应当通过其在大额支付系统的清算账户进行。票据市场基础设施应当在该账户下，为委托其代理资金结算的市场参与者开立票据结算资金专户。

第五十三条 交易双方应当根据合同约定，确保在约定结算日有用于结算的足额票据和资金。

第五十四条 在票据交易达成后结算完成之前，不得动用该笔交易项下用于结算的票据、资金或者担保物。

第五十五条 办理法院强制执行、税收、债权债务承继、赠与等非交易票据过户的，票据市场基础设施应当要求当事人提交合法有效的法律文件。

第五十六条 持票人在提示付款期内通过票据市场基础设施提示付款的，承兑人应当在提示付款当日进行应答或者委托其开户行进行应答。

承兑人存在合法抗辩事由拒绝付款的，应当在提示付款当日出具或者委托其开户行出具拒绝付款证明，并通过票据市场基础设施通知持票人。

承兑人或者承兑人开户行在提示付款当日未做出应答的，视为拒绝付款，票据市场基础设施提供拒绝付款证明并通知持票人。

第五十七条 商业承兑汇票承兑人在提示付款当日同意付款的，承兑人开户行应当根据承兑人账户余额情况予以处理。

（一）承兑人账户余额足够支付票款的，承兑人开户行应当代承兑人做出同意付款应答，并于提示付款日向持票人付款。

（二）承兑人账户余额不足以支付票款的，则视同承兑人拒绝付款。承兑人开户行应当于提示付款日代承兑人做出拒付应答并说明理由，同时通过票据市场基础设施通知持票人。

第五十八条 银行承兑汇票的承兑人已于到期前进行付款确认的，票据市场基础设施应当根据承兑人的委托于提示付款日代承兑人发送指令划付资金至持票人资金账户。

商业承兑汇票的承兑人已于到期前进行付款确认的，承兑人开户行应当根据承兑人委托于提示付款日扣划承兑人账户资金，并将相应款项划付至持票人资金账户。

第五十九条 保证增信行或者贴现人承担偿付责任时，应当委托票据市场基础设施代其发送指令划付资金至持票人资金账户。

第六十条 承兑人或者出票人付款后，票据保管人应当参照会计档案保管要求对票据进行保管。承兑人进行影像确认并付款的，可以凭票据市场基础设施的提示付款通知、划款通知以及留存的票据底卡联作为会计记账凭证。

第六十一条 票据发生法律纠纷时，依据有权申请人的请求，票据市场基础设施应当出具票据登记、托管和交易流转记录；票据保管人应当提供相应票据实物。

第八章 附 则

第六十二条 票据市场基础设施依照本办法及中国人民银行有关规定制定相关业务规则，报中国人民银行同意后施行。

第六十三条 本办法施行前制定的相关规定，与本办法相抵触的，以本办法为准。

第六十四条 本办法由中国人民银行负责解释。

第六十五条 本办法自公布之日起施行，过渡期按照《中国人民银行办公厅关于做好票据交易平台接入准备工作的通知》（银办发〔2016〕224号）执行。

中国人民银行　中国银行业监督管理委员会
中国保险监督管理委员会　财政部
国土资源部　住房和城乡建设部关于印发
《农民住房财产权抵押贷款
试点暂行办法》的通知

2016 年 3 月 15 日　银发〔2016〕78 号

为依法稳妥规范推进农民住房财产权抵押贷款试点，根据《国务院关于开展农村承包土地的经营权和农民住房财产权抵押贷款试点的指导意见》（国发〔2015〕45 号）和《全国人大常委会关于授权国务院在北京市大兴区等232 个试点县（市、区）、天津市蓟县等59 个试点县（市、区）行政区域分别暂时调整实施有关法律规定的决定》精神，现将《农民住房财产权抵押贷款试点暂行办法》（附件1）和《农民住房财产权抵押贷款试点县（市、区）名单》（附件2）印发给你们，请结合实际认真贯彻落实。

　　附件：1. 农民住房财产权抵押贷款试点暂行办法
　　　　　2. 农民住房财产权抵押贷款试点县（市、区）名单

附件 1

农民住房财产权抵押贷款试点暂行办法

　　第一条　为依法稳妥规范推进农民住房财产权抵押贷款试点，加大金融对"三农"的有效支持，保护借贷当事人合法权益，根据《国务院关于开展农村承包土地的经营权和农民住房财产权抵押贷款试点的指导意见》（国发〔2015〕45 号）和《全国人民代表大会常务委员会关于授权国务院在北京市大

兴区等232个试点县（市、区）、天津市蓟县等59个试点县（市、区）行政区域分别暂时调整实施有关法律规定的决定》等政策规定，制定本办法。

第二条　本办法所称农民住房财产权抵押贷款，是指在不改变宅基地所有权性质的前提下，以农民住房所有权及所占宅基地使用权作为抵押、由银行业金融机构（以下称贷款人）向符合条件的农民住房所有人（以下称借款人）发放的、在约定期限内还本付息的贷款。

第三条　本办法所称试点地区是指《全国人民代表大会常务委员会关于授权国务院在北京市大兴区等232个试点县（市、区）、天津市蓟县等59个试点县（市、区）行政区域分别暂时调整实施有关法律规定的决定》明确授权开展农民住房财产权抵押贷款试点的县（市、区）。

第四条　借款人以农民住房所有权及所占宅基地使用权作抵押申请贷款的，应同时符合以下条件：

（一）具有完全民事行为能力，无不良信用记录；

（二）用于抵押的房屋所有权及宅基地使用权没有权属争议，依法拥有政府相关主管部门颁发的权属证明，未列入征地拆迁范围；

（三）除用于抵押的农民住房外，借款人应有其他长期稳定居住场所，并能够提供相关证明材料；

（四）所在的集体经济组织书面同意宅基地使用权随农民住房一并抵押及处置。

以共有农民住房抵押的，还应当取得其他共有人的书面同意。

第五条　借款人获得的农民住房财产权抵押贷款，应当优先用于农业生产经营等贷款人认可的合法用途。

第六条　贷款人应当统筹考虑借款人信用状况、借款需求与偿还能力、用于抵押的房屋所有权及宅基地使用权价值等因素，合理自主确定农民住房财产权抵押贷款抵押率和实际贷款额度。鼓励贷款人对诚实守信、有财政贴息、农业保险或农民住房保险等增信手段支持的借款人，适当提高贷款抵押率。

第七条　贷款人应参考人民银行公布的同期同档次基准利率，结合借款人的实际情况合理自主确定农民住房财产权抵押贷款的利率。

第八条　贷款人应综合考虑借款人的年龄、贷款金额、贷款用途、还款能力和用于抵押的农民住房及宅基地状况等因素合理自主确定贷款期限。

第九条　借贷双方可采取委托第三方房地产评估机构评估、贷款人自评估或者双方协商等方式，公平、公正、客观地确定房屋所有权及宅基地使用权价值。

第十条 鼓励贷款人因地制宜，针对借款人需求积极创新信贷产品和服务方式，简化贷款手续，加强贷款风险控制，全面提高贷款服务质量和效率。在农民住房财产权抵押合同约定的贷款利率之外不得另外或变相增加其他借款费用。

第十一条 借贷双方要按试点地区规定，在试点地区政府确定的不动产登记机构办理房屋所有权及宅基地使用权抵押登记。

第十二条 因借款人不履行到期债务，或者按借贷双方约定的情形需要依法行使抵押权的，贷款人应当结合试点地区实际情况，配合试点地区政府在保障农民基本居住权的前提下，通过贷款重组、按序清偿、房产变卖或拍卖等多种方式处置抵押物，抵押物处置收益应由贷款人优先受偿。变卖或拍卖抵押的农民住房，受让人范围原则上应限制在相关法律法规和国务院规定的范围内。

第十三条 试点地区政府要加快推进行政辖区内房屋所有权及宅基地使用权调查确权登记颁证工作，积极组织做好集体建设用地基准地价制定、价值评估、抵押物处置机制等配套工作。

第十四条 鼓励试点地区政府设立农民住房财产权抵押贷款风险补偿基金，用于分担自然灾害等不可抗力造成的贷款损失和保障抵押物处置期间农民基本居住权益，或根据地方财力对农民住房财产权抵押贷款给予适当贴息，增强贷款人放贷激励。

第十五条 鼓励试点地区通过政府性担保公司提供担保的方式，为农民住房财产权抵押贷款主体融资增信。

第十六条 试点地区人民银行分支机构要对开展农民住房财产权抵押贷款业务取得良好效果的贷款人加大支农再贷款支持力度。

第十七条 银行业监督管理机构要统筹研究，合理确定农民住房财产权抵押贷款的风险权重、资本计提、贷款分类等方面的计算规则和激励政策，支持金融机构开展农民住房财产权抵押贷款业务。

第十八条 保险监督管理机构要加快完善农业保险和农民住房保险政策，通过探索开展农民住房财产权抵押贷款保证保险业务等多种方式，为借款人提供增信支持。

第十九条 各试点地区试点工作小组要加强统筹协调，靠实职责分工，扎实做好辖内试点组织实施、跟踪指导和总结评估。试点期间各省年末形成年度试点总结报告，要于每年 1 月底前（遇节假日顺延）以省级人民政府名义送试点指导小组。

第二十条 人民银行分支机构会同银行业监督管理机构等部门加强试点监测、业务指导和评估总结。试点县（市、区）应提交季度总结报告和政策建议，由人民银行副省级城市中心支行以上分支机构会同银监局汇总于季后20个工作日内报送试点指导小组办公室，印送指导小组各成员单位。

第二十一条 各银行业金融机构可根据本办法有关规定制定农民住房财产权抵押贷款管理制度及实施细则，并抄报人民银行和银行业监督管理机构。

第二十二条 对于以农民住房财产权为他人贷款提供担保的，可参照本办法执行。

第二十三条 本办法由人民银行、银监会会同试点指导小组相关成员单位负责解释。

第二十四条 本办法自发布之日起施行。

附件2

农民住房财产权抵押贷款试点县（市、区）名单

省份	试点县（市、区）
天津市	蓟县
山西省	晋中市榆次区
内蒙古自治区	和林格尔县、乌兰浩特市
辽宁省	铁岭县、开原市
吉林省	长春市九台区
黑龙江省	林甸县、方正县、杜蒙县
江苏省	常州市武进区、仪征市、泗洪县
浙江省	乐清市、青田县、义乌市、瑞安市
安徽省	金寨县、宣城市宣州区
福建省	晋江市、古田县、上杭县、石狮市
江西省	余江县、会昌县、婺源县
山东省	肥城市、滕州市、汶上县
河南省	滑县、兰考县
湖北省	宜城市、武汉市江夏区

续表

省份	试点县（市、区）
湖南省	浏阳市、耒阳市、麻阳县
广东省	五华县、连州市
广西壮族自治区	田阳县
海南省	文昌市、琼中县
重庆市	江津区、开县、酉阳县
四川省	泸县、郫县、眉山市彭山区
贵州省	金沙县、湄潭县
云南省	大理市、丘北县、武定县
西藏自治区	曲水县
陕西省	平利县、西安市高陵区
甘肃省	陇西县
青海省	湟源县
宁夏回族自治区	平罗县
新疆维吾尔自治区	伊宁市

中国人民银行　中国银行业监督管理委员会 中国保险监督管理委员会　财政部 农业部关于印发《农村承包土地的经营权 抵押贷款试点暂行办法》的通知

2016 年 3 月 15 日　银发〔2016〕79 号

为依法稳妥规范推进农村承包土地的经营权抵押贷款试点，根据《国务院关于开展农村承包土地的经营权和农民住房财产权抵押贷款试点的指导意见》（国发〔2015〕45 号）和《全国人大常委会关于授权国务院在北京市大兴区等 232 个试点县（市、区）、天津市蓟县等 59 个试点县（市、区）行政区域分别暂时调整实施有关法律规定的决定》精神，现将《农村承包土地的经营权抵押贷款试点暂行办法》（附件 1）和《农村承包土地的经营权抵押贷款试点县（市、区）名单》（附件 2）印发给你们，请结合实际认真贯彻落实。

　　附件：1. 农村承包土地的经营权抵押贷款试点暂行办法
　　　　　2. 农村承包土地的经营权抵押贷款试点县（市、区）名单

附件 1

农村承包土地的经营权抵押贷款试点暂行办法

　　第一条　为依法稳妥规范推进农村承包土地的经营权抵押贷款试点，加大金融对"三农"的有效支持，保护借贷当事人合法权益，根据《国务院关于开展农村承包土地的经营权和农民住房财产权抵押贷款试点的指导意见》（国发〔2015〕45 号）和《全国人民代表大会常务委员会关于授权国务院在北京市大兴区等 232 个试点县（市、区）、天津市蓟县等 59 个试点县（市、区）

行政区域分别暂时调整实施有关法律规定的决定》等政策规定，制定本办法。

第二条 本办法所称农村承包土地的经营权抵押贷款，是指以承包土地的经营权作抵押、由银行业金融机构（以下称贷款人）向符合条件的承包方农户或农业经营主体发放的、在约定期限内还本付息的贷款。

第三条 本办法所称试点地区是指《全国人民代表大会常务委员会关于授权国务院在北京市大兴区等232个试点县（市、区）、天津市蓟县等59个试点县（市、区）行政区域分别暂时调整实施有关法律规定的决定》明确授权开展农村承包土地的经营权抵押贷款试点的县（市、区）。

第四条 农村承包土地的经营权抵押贷款试点坚持不改变土地公有制性质、不突破耕地红线、不损害农民利益、不层层下达规模指标。

第五条 符合本办法第六条、第七条规定条件，通过家庭承包方式依法取得土地承包经营权和通过合法流转方式获得承包土地的经营权的农户及农业经营主体（以下称借款人），均可按程序向银行业金融机构申请农村承包土地的经营权抵押贷款。

第六条 通过家庭承包方式取得土地承包经营权的农户以其获得的土地经营权作抵押申请贷款的，应同时符合以下条件：

（一）具有完全民事行为能力，无不良信用记录；

（二）用于抵押的承包土地没有权属争议；

（三）依法拥有县级以上人民政府或政府相关主管部门颁发的土地承包经营权证；

（四）承包方已明确告知发包方承包土地的抵押事宜。

第七条 通过合法流转方式获得承包土地的经营权的农业经营主体申请贷款的，应同时符合以下条件：

（一）具备农业生产经营管理能力，无不良信用记录；

（二）用于抵押的承包土地没有权属争议；

（三）已经与承包方或者经承包方书面委托的组织或个人签订了合法有效的经营权流转合同，或依流转合同取得了土地经营权权属确认证明，并已按合同约定方式支付了土地租金；

（四）承包方同意承包土地的经营权可用于抵押及合法再流转；

（五）承包方已明确告知发包方承包土地的抵押事宜。

第八条 借款人获得的承包土地经营权抵押贷款，应主要用于农业生产经营等贷款人认可的合法用途。

第九条 贷款人应当统筹考虑借款人信用状况、借款需求与偿还能力、承包土地经营权价值及流转方式等因素，合理自主确定承包土地的经营权抵押贷款抵押率和实际贷款额度。鼓励贷款人对诚实守信、有财政贴息或农业保险等增信手段支持的借款人，适当提高贷款抵押率。

第十条 贷款人应参考人民银行公布的同期同档次基准利率，结合借款人的实际情况合理自主确定承包土地的经营权抵押贷款的利率。

第十一条 贷款人应综合考虑承包土地经营权可抵押期限、贷款用途、贷款风险、土地流转期内租金支付方式等因素合理自主确定贷款期限。鼓励贷款人在农村承包土地的经营权剩余使用期限内发放中长期贷款，有效增加农业生产的中长期信贷投入。

第十二条 借贷双方可采取委托第三方评估机构评估、贷款人自评估或者借贷双方协商等方式，公平、公正、客观、合理确定农村土地经营权价值。

第十三条 鼓励贷款人因地制宜，针对借款人需求积极创新信贷产品和服务方式，简化贷款手续，加强贷款风险控制，全面提高贷款服务质量和效率。在承包土地的经营权抵押合同约定的贷款利率之外不得另外或变相增加其他借款费用。

第十四条 借贷双方要按试点地区规定，在试点地区农业主管部门或试点地区政府授权的农村产权流转交易平台办理承包土地的经营权抵押登记。受理抵押登记的部门应当对用于抵押的承包土地的经营权权属进行审核、公示。

第十五条 因借款人不履行到期债务，或者按借贷双方约定的情形需要依法行使抵押权的，贷款人可依法采取贷款重组、按序清偿、协议转让、交易平台挂牌再流转等多种方式处置抵押物，抵押物处置收益应由贷款人优先受偿。

第十六条 试点地区政府要依托公共资源管理平台，推进建立县（区）、乡（镇、街道）等多级联网的农村产权流转交易平台，建立承包土地的经营权抵押、流转、评估和处置的专业化服务机制，完善承包土地的经营权价值评估体系，推动承包土地的经营权流转交易公开、公正、规范运行。

第十七条 试点地区政府要加快推进行政辖区内农村土地承包经营权确权登记颁证，鼓励探索通过合同鉴证、登记颁证等方式对流转取得的农村承包土地的经营权进行权属确认。

第十八条 鼓励试点地区政府设立农村承包土地的经营权抵押贷款风险补偿基金，用于分担地震、冰雹、严重旱涝等不可抗力造成的贷款损失，或根据地方财力对农村承包土地的经营权抵押贷款给予适当贴息，增强贷款人放贷激励。

第十九条 鼓励试点地区通过政府性担保公司提供担保、农村产权交易平台提供担保等多种方式,为农村承包土地的经营权抵押贷款主体融资增信。

第二十条 试点地区农业主管部门要组织做好流转合同鉴证评估、农村产权交易平台搭建、承包土地的经营权价值评估、抵押物处置等配套工作。

第二十一条 试点地区人民银行分支机构对开展农村承包土地的经营权抵押贷款业务取得良好效果的贷款人加大支农再贷款支持力度。

第二十二条 银行业监督管理机构要统筹研究,合理确定承包土地经营权抵押贷款的风险权重、资本计提、贷款分类等方面的计算规则和激励政策,支持贷款人开展承包土地的经营权抵押贷款业务。

第二十三条 保险监督管理机构要加快完善农业保险政策,积极扩大试点地区农业保险品种和覆盖范围。通过探索开展农村承包土地的经营权抵押贷款保证保险业务等多种方式,为借款人提供增信支持。

第二十四条 各试点地区试点工作小组要加强统筹协调,靠实职责分工,扎实做好辖内试点组织实施、跟踪指导和总结评估。试点期间各省(区、市)年末形成年度试点总结报告,要于每年1月底前(遇节假日顺延)以省级人民政府名义送试点指导小组。

第二十五条 人民银行分支机构会同银行业监督管理机构等部门加强试点监测、业务指导和评估总结。试点县(市、区)应提交季度总结报告和政策建议,由人民银行副省级城市中心支行以上分支机构会同银监局汇总,于季后20个工作日内报送试点指导小组办公室,印送试点指导小组各成员单位。

第二十六条 各银行业金融机构可根据本办法有关规定制定农村承包土地的经营权抵押贷款业务管理制度及实施细则,并抄报人民银行和银行业监督管理机构。

第二十七条 对于以承包土地的经营权为他人贷款提供担保的以及没有承包到户的农村集体土地(指耕地)的经营权用于抵押的,可参照本办法执行。

第二十八条 本办法由人民银行、银监会会同试点指导小组相关成员单位负责解释。

第二十九条 本办法自发布之日起施行。

附件2

农村承包土地的经营权抵押贷款试点县（市、区）名单

省份	试点县（市、区）
北京市	大兴区、平谷区
天津市	宝坻区、武清区
河北省	玉田县、邱县、张北县、平乡县、威县、饶阳县
山西省	运城市盐湖区、新绛县、潞城市、太谷县、定襄县、曲沃县
内蒙古自治区	呼伦贝尔市阿荣旗、兴安盟扎赉特旗、开鲁县、锡林郭勒盟镶黄旗、鄂尔多斯市达拉特旗、巴彦淖尔市临河区、赤峰市克什克腾旗、包头市土默特右旗
辽宁省	海城市、东港市、辽阳县、盘山县、昌图县、瓦房店市、沈阳市于洪区
吉林省	榆树市、农安县、永吉县、敦化市、梨树县、柳河县、洮南市、东辽县、前郭县、抚松县、梅河口市、公主岭市、珲春市、龙井市、延吉市
黑龙江省	克山县、方正县、讷河市、延寿县、五常市、哈尔滨市呼兰区、桦川县、克东县、富锦市、汤原县、兰西县、庆安县、密山市、绥滨县、宝清县
江苏省	东海县、泗洪县、沛县、金湖县、泰州市姜堰区、太仓市、如皋市、东台市、无锡市惠山区、南京市高淳区
浙江省	龙泉市、长兴县、海盐县、慈溪市、温岭市、衢州市衢江区、缙云县、嵊州市、嘉善县、德清县
安徽省	宿州市埇桥区、金寨县、铜陵县、庐江县、阜阳市颍泉区、黄山市黄山区、定远县、涡阳县、宿松县、凤台县
福建省	漳浦县、建瓯市、沙县、仙游县、福清市、武平县、永春县、屏南县、邵武市、古田县
江西省	安义县、乐平市、铜鼓县、修水县、金溪县、新干县、信丰县、吉安县、贵溪市、赣县
山东省	东营市河口区、青州市、平度市、沂南县、武城县、枣庄市台儿庄区、沂源县、寿光市、莘县、乐陵市
河南省	长垣县、安阳县、宝丰县、邓州市、济源市、长葛市、遂平县、固始县、浚县
湖北省	钟祥市、武汉市黄陂区、宜昌市夷陵区、鄂州市梁子湖区、随县、南漳县、大冶市、公安县、武穴市、云梦县
湖南省	汉寿县、岳阳县、新田县、桃江县、洞口县、沅陵县、慈利县、双峰县

续表

省份	试点县（市、区）
广东省	蕉岭县、阳山县、德庆县、郁南县、廉江市、罗定市、英德市
广西壮族自治区	田阳县、田东县、玉林市玉州区、来宾市象州县、南宁市武鸣区、东兴市、北流市、兴业县
海南省	东方市、屯昌县、文昌市
重庆市	永川区、梁平县、潼南区、荣昌区、忠县、铜梁区、南川区、巴南区、武隆县、秀山县
四川省	成都市温江区、崇州市、眉山市彭山区、内江市市中区、蓬溪县、西充县、巴中市巴州区、武胜县、井研县、苍溪县
贵州省	德江县、水城县、湄潭县、兴仁县、盘县、普定县、安龙县、开阳县、六盘水市六枝特区
云南省	开远市、砚山县、剑川县、鲁甸县、景谷县、富民县
西藏自治区	曲水县、米林县
陕西省	杨陵区、平利县、西安市高陵区、富平县、千阳县、南郑县、宜川县、铜川市耀州区
甘肃省	西和县、金昌市金川区、武威市凉州区、陇西县、临夏县、金塔县
青海省	大通县、互助县、门源县、海晏县、海东市乐都区
宁夏回族自治区	平罗县、中卫市沙坡头区、同心县、永宁县、贺兰县
新疆维吾尔自治区	呼图壁县、沙湾县、博乐市、阿克苏市、克拉玛依市克拉玛依区

五、支付体系方面的规范性文件

支付结算违法违规行为举报奖励办法

2016 年 4 月 5 日　中国人民银行公告〔2016〕第 7 号

第一章　总　　则

第一条　为鼓励举报支付结算违法违规行为，维护支付结算市场秩序，根据《中华人民共和国中国人民银行法》、《中华人民共和国商业银行法》、《支付结算办法》（银发〔1997〕393 号文印发）、《非金融机构支付服务管理办法》（中国人民银行今〔2010〕第 2 号发布）等法律制度，制定本办法。

第二条　本办法所称支付结算违法违规行为是指违反支付结算有关法律制度和行业自律规范，违法违规开展有关银行账户、支付账户、支付工具、支付系统等领域支付结算业务的行为。

违法违规主体为银行业金融机构、非银行支付机构、清算机构或者非法从事支付结算业务的单位和个人。

第三条　任何单位和个人均有权举报支付结算违法违规行为。举报应当采用实名举报方式。

第四条　中国支付清算协会（以下简称协会）负责支付结算违法违规行为举报奖励的具体实施，包括举报的受理、调查、处理、奖励等。

第五条　协会依照本办法组织获准从事支付结算业务的各银行业金融机构、非银行支付机构、清算机构设立专项奖励基金，并建立对支付结算违法违规行为的行业自律惩戒机制。

第六条　举报奖励的实施应当遵循为举报人保密原则。未经举报人同意，不得以任何方式将举报人姓名、身份及举报材料公开或泄露给被举报单位和其他无关人员。

第二章　奖励条件与标准

第七条　举报人实名向协会举报支付结算违法违规行为，并同时符合以下条件的，依照本办法给予奖励：

（一）有明确的举报对象、具体的举报事实及证据；

（二）举报内容事先未被监管部门和协会掌握；

（三）举报内容经查证属实且经协会认定对规范市场有积极作用。

第八条 有下列情形之一的，不予奖励：

（一）举报人采取盗窃、欺诈或者法律、法规禁止的其他手段获取支付结算违法违规行为证据；

（二）国家机关工作人员利用工作便利获取信息用以举报支付结算违法违规行为；

（三）协会规定不予奖励的其他情形。

第九条 同一行为由两个以上举报人分别举报的，奖励第一时间举报人。其他举报人提供的举报内容对举报事项查处有帮助的，可以酌情给予奖励。

两人以上联名举报同一事项的，按同一举报奖励，奖金由举报人协商分配，由实名举报的第一署名人领取奖金。

第十条 举报奖励标准根据举报事项的违法违规性质及程度、举报人所提供线索和证据对举报事项查处所起的作用等因素综合评定，具体举报奖励标准由协会制定并对外公布。

第三章　举报奖励程序

第十一条 举报人可以通过书面、电子邮件、网络举报平台等方式进行举报。具体举报方式由协会制定并对外公布。

第十二条 举报人应当提交举报材料，至少包括以下内容：

（一）能够证明被举报人违法违规行为的相关证据，包括书面证据、电子证据及其他形式证据等；

（二）举报情况说明，包括支付结算违法违规行为发生的时间、地点、主要事实等；

（三）举报人对举报事项、内容和证据的真实性承诺；

（四）举报人的姓名、有效身份证明与联系方式等。

第十三条 协会收到举报材料后，应当在 5 个工作日内决定是否受理并告知举报人。不予受理的，应当向举报人说明理由。

第十四条 协会受理举报后，应当及时组织对举报事项调查核实，被调查单位应当予以配合。

举报事项应当自受理之日起 30 个工作日内完成调查。案情复杂的，经协会负责人批准，可以适当延长，但最长不得超过 60 个工作日。

第十五条 协会根据调查情况，依据本办法和行业自律管理规范对被举报事项作出处理，对违规主体采取自律惩戒措施。

对于可能涉及行政处罚或刑事犯罪的，分别移交人民银行或公安机关。

第十六条 协会应当在作出处理结果之日起 10 个工作日内告知举报人。符合本办法奖励条件的，还应当通知举报人领取奖励。

无正当理由逾期未领取奖励的，视为放弃奖励权利。

第十七条 协会应当建立公开、透明、高效的举报奖励实施机制，公布举报受理、调查处理结果等举报事项。

第四章 纪律监督

第十八条 协会应当建立举报奖励档案，存储举报材料、举报受理、举报核实、举报处理、奖励领取等记录。

第十九条 协会应当严格执行举报奖励制度，加强资金管理。因玩忽职守、徇私舞弊致使奖金被骗取的，移送司法机关依法追究有关人员的法律责任。

第二十条 协会工作人员有下列情况的，视情节轻重给予纪律处分；涉嫌构成犯罪的，移送司法机关依法追究法律责任：

（一）未经举报人同意，擅自对外透露举报人身份、举报内容和奖励等情况；

（二）对举报人或举报情况敷衍了事，未认真核实查处；

（三）向被举报人通风报信，帮助其逃避查处。

第二十一条 举报人不得捏造、歪曲事实，不得诬告、陷害他人，或者弄虚作假骗取奖励资金。涉嫌构成犯罪的，移送司法机关依法追究法律责任；尚不构成犯罪的，移送公安机关依法给予治安管理处罚。

第五章 附　　则

第二十二条 协会应当根据本办法，制定支付结算违法违规行为举报奖励实施细则和举报奖励基金管理办法。

第二十三条 本办法由中国人民银行负责解释和修订。

第二十四条 本办法自 2016 年 7 月 1 日起施行。

国内信用证结算办法

2016 年 4 月 27 日　中国人民银行
中国银行业监督管理委员会公告〔2016〕第 10 号

第一章　总　　则

第一条　为适应国内贸易活动需要，促进经济发展，依据《中华人民共和国中国人民银行法》、《中华人民共和国银行业监督管理法》、《中华人民共和国商业银行法》以及有关法律法规，制定本办法。

第二条　本办法所称国内信用证（以下简称信用证），是指银行（包括政策性银行、商业银行、农村合作银行、村镇银行和农村信用社）依照申请人的申请开立的、对相符交单予以付款的承诺。

前款规定的信用证是以人民币计价、不可撤销的跟单信用证。

第三条　本办法适用于银行为国内企事业单位之间货物和服务贸易提供的信用证服务。服务贸易包括但不限于运输、旅游、咨询、通信、建筑、保险、金融、计算机和信息、专有权利使用和特许、广告宣传、电影音像等服务项目。

第四条　信用证业务的各方当事人应当遵守中华人民共和国的法律、法规以及本办法的规定，遵守诚实信用原则，认真履行义务，不得利用信用证进行欺诈等违法犯罪活动，不得损害社会公共利益。

第五条　信用证的开立和转让，应当具有真实的贸易背景。

第六条　信用证只限于转账结算，不得支取现金。

第七条　信用证与作为其依据的贸易合同相互独立，即使信用证含有对此类合同的任何援引，银行也与该合同无关，且不受其约束。

银行对信用证作出的付款、确认到期付款、议付或履行信用证项下其他义务的承诺，不受申请人与开证行、申请人与受益人之间关系而产生的任何请求或抗辩的制约。

受益人在任何情况下，不得利用银行之间或申请人与开证行之间的契约关系。

第八条　在信用证业务中，银行处理的是单据，而不是单据所涉及的货物或服务。

第二章　定　　义

第九条　信用证业务当事人

（一）申请人指申请开立信用证的当事人，一般为货物购买方或服务接受方。

（二）受益人指接受信用证并享有信用证权益的当事人，一般为货物销售方或服务提供方。

（三）开证行指应申请人申请开立信用证的银行。

（四）通知行指应开证行的要求向受益人通知信用证的银行。

（五）交单行指向信用证有效地点提交信用证项下单据的银行。

（六）转让行指开证行指定的办理信用证转让的银行。

（七）保兑行指根据开证行的授权或要求对信用证加具保兑的银行。

（八）议付行指开证行指定的为受益人办理议付的银行，开证行应指定一家或任意银行作为议付信用证的议付行。

第十条　信用证的有关日期和期限

（一）开证日期指开证行开立信用证的日期。信用证未记载生效日的，开证日期即为信用证生效日期。

（二）有效期指受益人向有效地点交单的截止日期。

（三）最迟货物装运日或服务提供日指信用证规定的货物装运或服务提供的截止日期。最迟货物装运日或服务提供日不得晚于信用证有效期。信用证未作规定的，有效期视为最迟货物装运日或服务提供日。

（四）付款期限指开证行收到相符单据后，按信用证条款规定进行付款的期限。信用证按付款期限分为即期信用证和远期信用证。

即期信用证，开证行应在收到相符单据次日起五个营业日内付款。

远期信用证，开证行应在收到相符单据次日起五个营业日内确认到期付款，并在到期日付款。远期的表示方式包括单据日后定期付款、见单后定期付款、固定日付款等可确定到期日的方式。信用证付款期限最长不超过一年。

（五）交单期指信用证项下所要求的单据提交到有效地的有效期限，以当次货物装运日或服务提供日开始计算。未规定该期限的，默认为货物装运日或服务提供日后十五天。任何情况下，交单不得迟于信用证有效期。

第十一条　信用证有效地点

信用证有效地点指信用证规定的单据提交地点，即开证行、保兑行（转让、议付行）所在地。如信用证规定有效地点为保兑行（转让行、议付行）所在地，则开证行所在地也视为信用证有效地点。

第十二条　转运、分批装运或分次提供服务、分期装运或分期提供服务

（一）转运指信用证项下货物在规定的装运地（港到卸货地、港）的运输途中，将货物从一运输工具卸下再装上另一运输工具。

（二）分批装运或分次提供服务指信用证规定的货物或服务在信用证规定的数量、内容或金额内部分或分次交货或部分或分次提供。

（三）分期装运或分期提供服务指信用证规定的货物或服务在信用证规定的分期时间表内装运或提供。任何一期未按信用证规定期限装运或提供的，信用证对该期及以后各期均告失效。

第三章　信用证业务办理

第一节　开　　证

第十三条　开证

银行与申请人在开证前应签订明确双方权利义务的协议。开证行可要求申请人交存一定数额的保证金，并可根据申请人资信情况要求其提供抵押、质押、保证等合法有效的担保。

开证申请人申请开立信用证，须提交其与受益人签订的贸易合同。

开证行应根据贸易合同及开证申请书等文件，合理、审慎设置信用证付款期限、有效期、交单期、有效地点。

第十四条　信用证的基本条款

信用证应使用中文开立，记载条款包括：

（一）表明"国内信用证"的字样。

（二）开证申请人名称及地址。

（三）开证行名称及地址。

（四）受益人名称及地址。

（五）通知行名称。

（六）开证日期。开证日期格式应按年、月、日依次书写。

（七）信用证编号。

（八）不可撤销信用证。

（九）信用证有效期及有效地点。

（十）是否可转让。可转让信用证须记载"可转让"字样并指定一家转让行。

（十一）是否可保兑。保兑信用证须记载"可保兑"字样并指定一家保兑行。

（十二）是否可议付。议付信用证须记载"议付"字样并指定一家或任意银行作为议付行。

（十三）信用证金额。金额须以大、小写同时记载。

（十四）付款期限。

（十五）货物或服务描述。

（十六）溢短装条款（如有）。

（十七）货物贸易项下的运输交货或服务贸易项下的服务提供条款。

货物贸易项下运输交货条款：

1. 运输或交货方式。

2. 货物装运地（港），目的地、交货地（港）。

3. 货物是否分批装运、分期装运和转运，未作规定的，视为允许货物分批装运和转运。

4. 最迟货物装运日。

服务贸易项下服务提供条款：

1. 服务提供方式。

2. 服务提供地点。

3. 服务是否分次提供、分期提供，未作规定的，视为允许服务分次提供。

4. 最迟服务提供日。

5. 服务贸易项下双方认为应记载的其他事项。

（十八）单据条款，须注明据以付款或议付的单据，至少包括发票，表明货物运输或交付、服务提供的单据，如运输单据或货物收据、服务接受方的证明或服务提供方或第三方的服务履约证明。

（十九）交单期。

（二十）信用证项下相关费用承担方。未约定费用承担方时，由业务委托人或申请人承担相应费用。

（二十一）表明"本信用证依据《国内信用证结算办法》开立"的开证行保证文句。

（二十二）其他条款。

第十五条　信用证开立方式

开立信用证可以采用信开和电开方式。信开信用证，由开证行加盖业务用章（信用证专用章或业务专用章，下同），寄送通知行，同时应视情况需要以双方认可的方式证实信用证的真实有效性；电开信用证，由开证行以数据电文发送通知行。

第十六条　开证行的义务

开证行自开立信用证之时起，即受信用证内容的约束。

第二节　保　　兑

第十七条　保兑是指保兑行根据开证行的授权或要求，在开证行承诺之外做出的对相符交单付款、确认到期付款或议付的确定承诺。

第十八条　保兑行自对信用证加具保兑之时起即不可撤销地承担对相符交单付款、确认到期付款或议付的责任。

第十九条　指定银行拒绝按照开证行授权或要求对信用证加具保兑时，应及时通知开证行，并可仅通知信用证而不加具保兑。

第二十条　开证行对保兑行的偿付义务不受开证行与受益人关系的约束。

第三节　修　　改

第二十一条　信用证的修改

（一）开证申请人需对已开立的信用证内容修改的，应向开证行提出修改申请，明确修改的内容。

（二）增额修改的，开证行可要求申请人追加增额担保；付款期限修改的，不得超过本办法规定的信用证付款期限的最长期限。

（三）开证行发出的信用证修改书中应注明本次修改的次数。

（四）信用证受益人同意或拒绝接受修改的，应提供接受或拒绝修改的通知。如果受益人未能给予通知，当交单与信用证以及尚未接受的修改的要求一致时，即视为受益人已做出接受修改的通知，并且该信用证修改自此对受益人形成约束。

对同一修改的内容不允许部分接受，部分接受将被视作拒绝接受修改。

（五）开证行自开出信用证修改书之时起，即不可撤销地受修改内容的约束。

第二十二条 保兑行有权选择是否将其保兑扩展至修改。保兑行将其保兑扩展至修改的，自作出此类扩展通知时，即不可撤销地受其约束；保兑行不对修改加具保兑的，应及时告知开证行并在给受益人的通知中告知受益人。

第四节 通 知

第二十三条 信用证及其修改的通知

（一）通知行的确定。

通知行可由开证申请人指定，如开证申请人没有指定，开证行有权指定通知行。通知行可自行决定是否通知。通知行同意通知的，应于收到信用证次日起三个营业日内通知受益人；拒绝通知的，应于收到信用证次日起三个营业日内告知开证行。

开证行发出的信用证修改书，应通过原信用证通知行办理通知。

（二）通知行的责任。

1. 通知行收到信用证或信用证修改书，应认真审查内容表面是否完整、清楚，核验开证行签字、印章、所用密押是否正确等表面真实性，或另以电讯方式证实。核验无误的，应填制信用证通知书或信用证修改通知书，连同信用证或信用证修改书正本交付受益人。

通知行通知信用证或信用证修改的行为，表明其已确信信用证或修改的表面真实性，而且其通知准确反映了其收到的信用证或修改的内容。

2. 通知行确定信用证或信用证修改书签字、印章、密押不符的，应即时告知开证行；表面内容不清楚、不完整的，应即时向开证行查询补正。

3. 通知行在收到开证行回复前，可先将收到的信用证或信用证修改书通知受益人，并在信用证通知书或信用证修改通知书上注明该通知仅供参考，通知行不负任何责任。

第二十四条 开证行应于收到通知行查询次日起两个营业日内，对通知行做出答复或提供其所要求的必要内容。

第二十五条 通知行应于收到受益人同意或拒绝修改通知书次日起三个营业日内告知开证行，在受益人告知通知行其接受修改或以交单方式表明接受修改之前，原信用证（或含有先前被接受的修改的信用证）条款对受益人仍然有效。

开证行收到通知行发来的受益人拒绝修改的通知，信用证视为未做修改，开证行应于收到通知次日起两个营业日内告知开证申请人。

第五节　转　　让

第二十六条　转让是指由转让行应第一受益人的要求，将可转让信用证的部分或者全部转为可由第二受益人兑用。

可转让信用证指特别标注"可转让"字样的信用证。

第二十七条　对于可转让信用证，开证行必须指定转让行，转让行可为开证行。转让行无办理信用证转让的义务，除非其明确同意。转让行仅办理转让，并不承担信用证项下的付款责任，但转让行是保兑行或开证行的除外。

第二十八条　可转让信用证只能转让一次，即只能由第一受益人转让给第二受益人，已转让信用证不得应第二受益人的要求转让给任何其后的受益人，但第一受益人不视为其后的受益人。

已转让信用证指已由转让行转为可由第二受益人兑用的信用证。

第二十九条　第二受益人拥有收取转让后信用证款项的权利并承担相应的义务。

第三十条　已转让信用证必须转载原证条款，包括保兑（如有），但下列项目除外：

可用第一受益人名称替代开证申请人名称；如果原信用证特别要求开证申请人名称应在除发票以外的任何单据中出现时，转让行转让信用证时须反映该项要求。

信用证金额、单价可以减少，有效期、交单期可以缩短，最迟货物装运日或服务提供日可以提前。

投保比例可以增加。

有效地点可以修改为转让行所在地。

第三十一条　转让交单

（一）第一受益人有权以自己的发票替换第二受益人的发票后向开证行或保兑行索偿，以支取发票间的差额，但第一受益人以自己的发票索偿的金额不得超过原信用证金额。

（二）转让行应于收到第二受益人单据次日起两个营业日内通知第一受益人换单，第一受益人须在收到转让行换单通知次日起五个营业日内且在原信用证交单期和有效期内换单。

（三）若第一受益人提交的发票导致了第二受益人的交单中本不存在的不符点，转让行应在发现不符点的下一个营业日内通知第一受益人在五个营业日内且在原信用证交单期和有效期内修正。

（四）如第一受益人未能在规定的期限内换单，或未对其提交的发票导致的第二受益人交单中本不存在的不符点予以及时修正的，转让行有权将第二受益人的单据随附已转让信用证副本、信用证修改书副本及修改确认书（如有）直接寄往开证行或保兑行，并不再对第一受益人承担责任。

开证行或保兑行将依据已转让信用证副本、信用证修改书副本及修改确认书（如有）来审核第二受益人的交单是否与已转让信用证相符。

（五）第二受益人或者代表第二受益人的交单行的交单必须交给转让行，信用证另有规定的除外。

第三十二条 部分转让

若原信用证允许分批装运或分次提供服务，则第一受益人可将信用证部分或全部转让给一个或数个第二受益人，并由第二受益人分批装运或分次提供服务。

第三十三条 第一受益人的任何转让要求须说明是否允许以及在何条件下允许将修改通知第二受益人。已转让信用证须明确说明该项条款。

如信用证转让的第二受益人为多名，其中一名或多名第二受益人对信用证修改的拒绝不影响其他第二受益人接受修改。对接受者而言，该已转让信用证即被相应修改，而对拒绝修改的第二受益人而言，该信用证未被修改。

第三十四条 开证行或保兑行对第二受益人提交的单据不得以索款金额与单价的减少，投保比例的增加，以及受益人名称与原信用证规定的受益人名称不同而作为不符交单予以拒付。

转让行应在收到开证行付款、确认到期付款函（电）次日起两个营业日内对第二受益人付款、发出开证行已确认到期付款的通知。

转让行可按约定向第一受益人收取转让费用，并在转让信用证时注明须由第二受益人承担的费用。

第六节 议 付

第三十五条 议付指可议付信用证项下单证相符或在开证行或保兑行已确认到期付款的情况下，议付行在收到开证行或保兑行付款前购买单据、取得信用证项下索款权利，向受益人预付或同意预付资金的行为。

议付行审核并转递单据而没有预付或没有同意预付资金不构成议付。

第三十六条　信用证未明示可议付，任何银行不得办理议付；信用证明示可议付，如开证行仅指定一家议付行，未被指定为议付行的银行不得办理议付，被指定的议付行可自行决定是否办理议付。

保兑行对以其为议付行的议付信用证加具保兑，在受益人请求议付时，须承担对受益人相符交单的议付责任。

指定议付行非保兑行且未议付时，保兑行仅承担对受益人相符交单的付款责任。

第三十七条　受益人可对议付信用证在信用证交单期和有效期内向议付行提示单据、信用证正本、信用证通知书、信用证修改书正本及信用证修改通知书（如有），并填制交单委托书和议付申请书，请求议付。

议付行在受理议付申请的次日起五个营业日内审核信用证规定的单据并决定议付的，应在信用证正本背面记明议付日期、业务编号、议付金额、到期日并加盖业务用章。

议付行拒绝议付的，应及时告知受益人。

第三十八条　索偿

议付行将注明付款提示的交单面函（寄单通知书）及单据寄开证行或保兑行索偿资金。除信用证另有约定外，索偿金额不得超过单据金额。

开证行、保兑行负有对议付行符合本办法的议付行为的偿付责任，该偿付责任独立于开证行、保兑行对受益人的付款责任并不受其约束。

第三十九条　追索权的行使

议付行议付时，必须与受益人书面约定是否有追索权。若约定有追索权，到期不获付款议付行可向受益人追索。若约定无追索权，到期不获付款议付行不得向受益人追索，议付行与受益人约定的例外情况或受益人存在信用证欺诈的情形除外。

保兑行议付时，对受益人不具有追索权，受益人存在信用证欺诈的情形除外。

第七节　寄单索款

第四十条　受益人委托交单行交单，应在信用证交单期和有效期内填制信用证交单委托书，并提交单据和信用证正本及信用证通知书、信用证修改书正本及信用证修改通知书（如有）。交单行应在收单次日起五个营业日内对其审核相符的单据寄单。

第四十一条 交单行应合理谨慎地审查单据是否相符，但非保兑行的交单行对单据相符性不承担责任，交单行与受益人另有约定的除外。

第四十二条 交单行在交单时，应附寄一份交单面函（寄单通知书），注明单据金额、索偿金额、单据份数、寄单编号、索款路径、收款账号、受益人名称、申请人名称、信用证编号等信息，并注明此次交单是在正本信用证项下进行并已在信用证正本背面批注交单情况。

受益人直接交单时，应提交信用证正本及信用证通知书、信用证修改书正本及信用证修改通知书（如有）、开证行（保兑行、转让行、议付行）认可的身份证明文件。

第四十三条 交单行在确认受益人交单无误后，应在发票的"发票联"联次批注"已办理交单"字样或加盖"已办理交单"戳记，注明交单日期及交单行名称。

交单行寄单后，须在信用证正本背面批注交单日期、交单金额和信用证余额等交单情况。

第八节　付　款

第四十四条 开证行或保兑行在收到交单行寄交的单据及交单面函（寄单通知书）或受益人直接递交的单据的次日起五个营业日内，及时核对是否为相符交单。单证相符或单证不符但开证行或保兑行接受不符点的，对即期信用证，应于收到单据次日起五个营业日内支付相应款项给交单行或受益人（受益人直接交单时，本节下同）；对远期信用证，应于收到单据次日起五个营业日内发出到期付款确认书，并于到期日支付款项给交单行或受益人。

第四十五条 开证行或保兑行付款后，应在信用证相关业务系统或信用证正本或副本背面记明付款日期、业务编号、来单金额、付款金额、信用证余额，并将信用证有关单据交开证申请人或寄开证行。

若受益人提交了相符单据或开证行已发出付款承诺，即使申请人交存的保证金及其存款账户余额不足支付，开证行仍应在规定的时间内付款。对申请人提供抵押、质押、保函等担保的，按《中华人民共和国担保法》、《中华人民共和国物权法》的有关规定索偿。

第四十六条 开证行或保兑行审核单据发现不符并决定拒付的，应在收到单据的次日起五个营业日内一次性将全部不符点以电子方式或其他快捷方式通知交单行或受益人。如开证行或保兑行未能按规定通知不符点，则无权宣称交单不符。

开证行或保兑行审核单据发现不符并拒付后，在收到交单行或受益人退单的要求之前，开证申请人接受不符点的，开证行或保兑行独立决定是否付款、出具到期付款确认书或退单；开证申请人不接受不符点的，开证行或保兑行可将单据退交单行或受益人。

第四十七条　开证行或保兑行拒付时，应提供书面拒付通知。拒付通知应包括如下内容：

（一）开证行或保兑行拒付。

（二）开证行或保兑行拒付所依据的每一个不符点。

（三）开证行或保兑行拒付后可选择以下意见处理单据：

1. 开证行或保兑行留存单据听候变单行或受益人的进一步指示。

2. 开证行留存单据直到其从开证申请人处收到放弃不符点的通知并同意接受该放弃，或者其同意接受对不符点的放弃之前从交单行或受益人处收到进一步指示。

3. 开证行或保兑行将退回单据。

4. 开证行或保兑行将按之前从交单行或受益人处获得的指示处理。

第四十八条　开证行或保兑行付款后，对受益人不具有追索权，受益人存在信用证欺诈的情形除外。

第九节　注　销

第四十九条　信用证注销是指开证行对信用证未支用的金额解除付款责任的行为。

（一）开证行、保兑行、议付行未在信用证有效期内收到单据的，开证行可在信用证逾有效期一个月后予以注销。具体处理办法由各银行自定。

（二）其他情况下，须经开证行、已办理过保兑的保兑行、已办理过议付的议付行、已办理过转让的转让行与受益人协商同意，或受益人、上述保兑行（议付行、转让行）声明同意注销信用证，并与开证行就全套正本信用证收回达成一致后，信用证方可注销。

第四章　单据审核标准

第五十条　银行收到单据时，应仅以单据本身为依据，认真审核信用证规定的所有单据，以确定是否为相符交单。

相符交单指与信用证条款、本办法的相关适用条款、信用证审单规则及单据之内、单据之间相互一致的交单。

第五十一条 银行只对单据进行表面审核。

银行不审核信用证没有规定的单据。银行收到此类单据，应予退还或将其照转。

如信用证含有一项条件，却未规定用以表明该条件得到满足的单据，银行将视为未作规定不予理会，但提交的单据中显示的相关信息不得与上述条件冲突。

第五十二条 信用证要求提交运输单据、保险单据和发票以外的单据时，应对单据的出单人及其内容作出明确规定。未作规定的，只要所提交的单据内容表面形式满足单据功能且与信用证及其他规定单据不矛盾，银行可予接受。

除发票外，其他单据中的货物或服务或行为描述可使用统称，但不得与信用证规定的描述相矛盾。

发票须是税务部门统一监制的原始正本发票。

第五十三条 信用证要求某种单据提交多份的，所提交的该种单据中至少应有一份正本。

除信用证另有规定外，银行应将任何表面上带有出单人的原始签名或印章的单据视为正本单据（除非单据本身表明其非正本），但此款不适用于增值税发票或其他类型的税务发票。

第五十四条 所有单据的出单日期均不得迟于信用证的有效期、交单期截止日以及实际交单日期。

受益人和开证申请人的开户银行、账号和地址出现在任何规定的单据中时，无须与信用证或其他规定单据中所载相同。

第五十五条 信用证审单规则由行业协会组织会员单位拟定并推广执行。行业协会应根据信用证业务开展实际，适时修订审单规则。

第五章 附 则

第五十六条 信用证凭证、信用证修改书、交单面函（寄单通知书）等格式、联次由行业协会制定并推荐使用，各银行参照其范式制作。

第五十七条 银行办理信用证业务的各项手续费收费标准，由各银行按照服务成本、依据市场定价原则制定，并遵照《商业银行服务价格管理办法》

（中国银监会 国家发展改革委令 2014 年第 1 号）相关要求向客户公示并向管理部门报告。

第五十八条 本办法规定的各项期限的计算，适用民法通则关于计算期间的规定。期限最后一日是法定节假日的，顺延至下一个营业日，但信用证规定的装运日或服务提供日不得顺延。

本办法规定的营业日指可办理信用证业务的银行工作日。

第五十九条 本办法由中国人民银行会同中国银行业监督管理委员会解释。

第六十条 本办法自 2016 年 10 月 8 日起施行。

中国人民银行　工业和信息化部　公安部 工商总局关于建立电信网络新型违法犯罪 涉案账户紧急止付和快速冻结机制的通知

2016 年 3 月 18 日　银发〔2016〕86 号

为提高公安机关冻结诈骗资金效率，切实保护社会公众财产安全，中国人民银行、工业和信息化部、公安部、工商总局决定建立电信网络新型违法犯罪涉案账户紧急止付和快速冻结机制。现就有关事项通知如下：

一、开通管理平台紧急止付、快速冻结功能

自 2016 年 6 月 1 日起，各银行业金融机构（以下简称银行）、公安机关通过接口方式与电信网络新型违法犯罪交易风险事件管理平台（以下简称管理平台）连接，实现对涉案账户的紧急止付、快速冻结、信息共享和快速查询功能。获得网络支付业务许可的非银行支付机构（以下简称支付机构）应于 2016 年 12 月 31 日前，通过接口方式与管理平台连接，实现上述功能。

二、规范紧急止付、快速冻结业务流程

公安机关、银行、支付机构依托管理平台收发电子报文，对涉案账户采取紧急止付、快速冻结措施。

（一）止付流程。

1. 被害人申请紧急止付。被害人被骗后，可拨打报警电话（110），直接向公安机关报案；也可向开户行所在地同一法人银行的任一网点举报。涉案账户为支付账户的向公安机关报案。

被害人向银行举报的，应出示本人有效身份证件，填写《紧急止付申请表》（见附件），详细说明资金汇出账户、收款人开户行名称、收款人账户（以下简称止付账户）、汇出金额、汇出时间、汇出渠道、疑似诈骗电话或短信内容等，承诺承担相关的法律责任并签名确认。同时，银行应当告知被害人拨打当地 110 报警电话。公安机关 110 报警服务台应立即指定辖区内的公安机关受理并告知被害人。被害人将 110 指定的受案公安机关名称告知银行。银行应当立即将《紧急止付申请表》以及被害人身份证件扫描件，通过管理平台发送至受案公安机关。

2. 紧急止付。公安机关应将加盖电子签章的紧急止付指令，以报文形式通过管理平台发送至止付账户开户行总行或支付机构，止付账户开户行总行或支付机构通过本单位业务系统，对相关账户的户名、账号、汇款金额和交易时间进行核对。核对一致的，立即进行止付操作，止付期限为自止付时点起 48 小时；核对不一致的，不得进行止付操作。止付银行或支付机构完成相关操作后，立即通过管理平台发送"紧急止付结果反馈报文"。公安机关可根据办案需要对同一账户再次止付，但止付次数以两次为限。

3. 冻结账户。公安机关应当在止付期限内，对被害人报案事项的真实性进行审查。报案事项属实的，经公安机关负责人批准，予以立案，并通过管理平台向止付账户开户行总行或支付机构发送"协助冻结财产通知报文"。银行或支付机构收到"协助冻结财产通知报文"后，对相应账户进行冻结。在止付期限内，未收到公安机关"协助冻结财产通知报文"的，止付期满后账户自动解除止付。

4. 同一法人银行特殊情形处理。如被害人开户行和止付账户开户行属于同一法人银行的，在情况紧急时，止付账户开户行可先行采取紧急止付，同时告知被害人立即报案，公安机关应在 24 小时内将紧急止付指令通过管理平台补送到止付银行。

（二）延伸止付。

如被害人被骗资金已被转出，止付账户开户行总行或支付机构应当将资金划转信息通过管理平台反馈给公安机关，由公安机关决定是否延伸止付。若公安机关选择延伸止付，应通过管理平台将"延伸紧急止付报文"发送到相关银行或支付机构采取延伸止付。止付时间从止付操作起计算，止付期限为 48 小时。

延伸止付账户开户行或支付机构应根据"延伸紧急止付报文"，对涉案账户立即采取延伸止付，并将"延伸紧急止付结果反馈报文"通过管理平台反馈至发起延伸止付的公安机关。

如资金被多次转移的，应当进行多次延伸止付。多次延伸止付流程同上。

（三）明确责任。

客户恶意举报或因客户恶意举报采取的紧急止付措施对开户银行、开户支付机构、止付银行、止付支付机构以及止付账户户主等相关当事人造成损失和涉及法律责任的，应依法追究报案人责任。

三、限制涉案及可疑账户业务

银行、支付机构应对涉案账户或可疑账户采取业务限制措施。

（一）信息报送。

公安机关将涉案账户信息通过"涉案账户信息统计报文"发送到管理平台；银行、支付机构、公安机关将可疑账户信息通过"可疑账户信息统计报文"发送到管理平台。

（二）限制银行账户业务。

对于纳入"涉案账户信息"的账户（卡），开户银行应中止其业务，及时封停涉案账户（卡）在境内和境外的转账、取现等功能；银行不得向纳入"涉案账户信息"的账户（卡）办理转账汇款、存现业务。对于纳入"涉案账户信息"的支付账户，支付机构应中止其转账支付业务。对于纳入"可疑账户信息"的账户，开户银行应取消其网上银行、手机银行、境内和境外自动柜员机（ATM）取现功能；汇入银行或支付机构客户账户（卡）纳入"可疑账户信息"的，汇出银行或支付机构应向汇款人提示"收款账户可疑，谨防诈骗"。

（三）加强对涉案账户的监测。

对于纳入"涉案账户信息"和"可疑账户信息"的客户，银行、支付机构应对其采取重新识别客户身份的措施，加强对其交易活动的监测；对于认定存在诈骗洗钱行为的客户信息应及时报送中国反洗钱监测分析中心。

四、相关要求

（一）人民银行、公安机关、电信主管部门、工商行政管理部门和银行、支付机构应加强沟通、密切配合，积极推进信息共享，建立高效运转的紧急止付和快速冻结工作机制，推动紧急止付和快速冻结顺利实施，最大限度挽回社会公众的财产损失。

（二）银行、支付机构和公安机关应根据本通知要求细化并制定本单位紧急止付和快速冻结操作规范，规范电信网络新型违法犯罪报案流程，核实报案人的身份信息，明确相关法律责任；完成系统改造，按期接入管理平台，及时上报和同步更新涉案账户信息库，实现对涉案账户的紧急止付、快速冻结。同时，银行、支付机构应对账户的网上交易记录IP地址进行集中管理，便于公安机关查询取证。

（三）公安机关应当积极受理电信网络新型违法犯罪报案，核实情况属实后应当立即予以立案，及时向银行、支付机构发送冻结指令并出具冻结法律文书。银行、支付机构应畅通本单位内部紧急止付和快速冻结通道，认真核实涉案账户流转情况，对涉案账户实现业务控制。

（四）各银行、支付机构、公安机关、电信主管部门应加强电信网络新型违法犯罪的宣传教育，及时通报电信网络新型违法犯罪案例，总结作案手段和特点，交流防堵经验做法，展示宣传资料，提高一线人员的防范和识别能力，加强社会公众风险防范意识，有效劝阻、提示社会公众谨防诈骗。

请人民银行上海总部，各分行、营业管理部、省会（首府）城市中心支行，深圳市中心支行会同各省、自治区、直辖市及计划单列市通信管理局、公安厅（局）、工商行政管理局（市场监督管理部门），新疆生产建设兵团公安局及时将本通知转发至辖区内相关机构。

　　附件：紧急止付申请表

附件

紧急止付申请表

编号：

申请人信息		
申请人（被害人）姓名：	身份证件号码：	开户银行名称：
汇出金额：	账号：	汇出时间：　年　月　日　时　分
汇出渠道：		联系电话：
止付账户（收款人账户）信息		
止付账户户名（收款人姓名）：		止付银行（收款银行）名称：
止付账户账号：		
止付事由	接到诈骗电话或短信的时间： 来电或者短信号码： 发现被骗时间： 虚假网站网址或 QQ 号： 柜台转账或自助设备转账具体地点： 诈骗内容详情：	
本人承诺上述紧急止付事由属实，因紧急止付行为造成对止付账户开户银行、止付银行、止付账户户主造成严重损失的，由本人承担全部责任（另附详细声明）。 申请人签字： 　　　　　　　　年　月　日	被害人开户银行意见 经核实，申请人的资金汇出情况属实。 负责人签字： 经办人及联系电话： 　　　　　　　　　（银行印章） 　　　　　　年　月　日	
受案公安机关主管部门意见 主管负责人签字： 　　　　　　经办人及联系电话：　（部门印章） 　　　　　　　　　　　　　　　年　月　日		

填表说明：

1. 本表用于被害人向其开户银行举报，要求紧急止付账户时填写。

2. 本表编号由受案公安机关填写。

3. "汇出渠道"填写汇款方式，包括柜台、网上银行、手机银行、电话银行、ATM 等具体情况；对于以现金方式汇出的，申请人还应提供存款业务凭证或能证明资金交易为本人操作的其他资料原件。

4. "经办人"为专门负责紧急止付业务的工作人员。

5. 被害人对相关法律责任的承诺书，可以由银行根据通知要求自行制定。

6. 被害人直接向公安机关报案的，"被害人开户银行意见"栏不用填写。

中国人民银行　民政部关于规范全国性社会组织开立临时存款账户有关事项的通知

2016 年 3 月 29 日　银发〔2016〕99 号

中国人民银行上海总部，各分行、营业管理部、省会（首府）城市中心支行，深圳市中心支行；各省、自治区、直辖市民政厅（局），新疆生产建设兵团民政局；国家开发银行，各政策性银行、国有商业银行、股份制商业银行，中国邮政储蓄银行：

为规范全国性社会团体、基金会和民办非企业单位（以下统称全国性社会组织）登记验资工作，根据《人民币银行结算账户管理办法》（中国人民银行令〔2003〕第 5 号发布）、《社会团体登记管理条例》（中华人民共和国国务院令第 250 号）、《基金会管理条例》（中华人民共和国国务院令第 400 号）和《民办非企业单位登记管理暂行条例》（中华人民共和国国务院令第 251 号）的规定，现就有关事项通知如下：

一、全国性社会组织发起人因登记验资申请开立临时存款账户，由民政部签发《关于开立临时存款账户的通知》（附件 1），其中应明确社会组织名称、拟任法定代表人、捐资人、捐资金额，并加盖社会组织登记专用章。

二、全国性社会组织开立临时存款账户，应出具《关于开立临时存款账户的通知》，提交所有捐资人签字或签章确认的开户申请。登记资金由个人捐资的，应出具所有捐资人身份证件；由单位捐资的，应出具所有捐资单位的证明文件、法定代表人或单位负责人身份证件。单位证明文件包括旧版或加载统一社会信用代码的新版企业法人营业执照、企业营业执照、社会组织法人登记证书、事业单位法人证书等。临时存款账户预留印鉴为拟任法定代表人名章。

银行业金融机构应对开户证明文件的真实性、完整性、合规性进行审核，按照《人民币银行结算账户管理办法》等相关账户制度规定，为社会组织开立临时存款账户。临时存款账户只收不付。

三、全国性社会组织完成登记验资后办理临时存款账户销户的，应出具社会组织法定代表人身份证件、社会组织法人登记证书正本及银行基本存款账户开户许可证。临时存款账户资金必须转入同户名基本存款账户。

因未获批准、终止办理或捐资人变更等原因办理临时存款账户销户的，应出具民政部《关于注销临时存款账户的通知》（附件2）、拟任法定代表人身份证件，提交所有捐资人签字或签章确认的退款申请。账户资金按入资比例原路退回捐资人账户。

四、全国性社会组织办理临时存款账户开立、变更、展期、销户等业务，可由社会组织拟任法定代表人直接办理，也可授权他人办理。授权他人办理的，应提供拟任法定代表人的身份证件、授权委托书，以及被授权人的身份证件。

拟任法定代表人发生变更的，应出具民政部《关于变更临时存款账户预留印签的通知》（附件3），办理临时存款账户预留印鉴变更事宜。

五、对于使用加载统一社会信用代码企业法人登记证书的全国性社会组织办理人民币银行结算账户业务的，银行业金融机构参照《中国人民银行　工商总局关于"三证合一"登记制度改革有关支付结算业务管理事项的通知》（银发〔2015〕401号）中关于企业办理人民币银行结算账户业务相关规定执行。

六、人民银行分支机构、民政厅（局）可参照本通知，结合本地实际，制定地方性社会组织开立登记验资临时存款账户的具体办法。

请人民银行上海总部，各分行、营业管理部，各省会（首府）城市中心支行，深圳市中心支行将本通知转发至辖区内人民银行分支机构，城市商业银行、农村商业银行、农村合作银行、农村信用社、村镇银行和外资银行；各省、自治区、直辖市民政厅（局），新疆生产建设兵团民政局将本通知转发至辖内各民政部门。

附件：1. 关于开立临时存款账户的通知
　　　2. 关于注销临时存款账户的通知
　　　3. 关于变更临时存款账户预留印签的通知

附件 1

关于开立临时存款账户的通知

民社登（××××）××号

×××发起人：

　　根据你们提交的申请，请持本通知开立临时存款账户，按照捐资承诺书的内容办理验资事宜。该组织拟任法定代表人为×××，注册资金×××元，分别由×××捐赠×××元，×××捐赠×××元，×××捐赠×××元。

　　本通知有效期至×××年×月×日。

民政部民间组织管理局

×××年×月×日

附件 2

关于注销临时存款账户的通知

民社登（××××）××号

×××发起人：

　　你们关于发起成立×××的申请，由于××××（申请未获批准/终止办理/捐资人变更等原因），注销用于登记验资的临时存款账户，账号为××××，开户银行为××××。

　　请你们持本通知办理临时存款账户注销和退资相关事宜。

　　本通知有效期至×××年×月×日。

民政部民间组织管理局

×××年×月×日

附件3

关于变更临时存款账户预留印签的通知

民社登（××××）××号

×××发起人：

　　根据你们提交的申请，你组织的拟任法定代表人由×××变更为×××，请持本通知办理临时存款账户预留印鉴变更事宜。临时存款账户账号为××××，开户银行为××××。

　　本通知有效期至××××年×月×日。

民政部民间组织管理局

××××年×月×日

中国人民银行关于信用卡
业务有关事项的通知

2016 年 4 月 12 日　银发〔2016〕111 号

中国人民银行上海总部，各分行、营业管理部，各省会（首府）城市中心支行，深圳市中心支行；各国有商业银行、股份制商业银行，中国邮政储蓄银行；中国银联股份有限公司；中国支付清算协会：

　　为完善信用卡业务市场化机制，提高信用卡服务水平，保障持卡人合法权益，促进信用卡市场健康发展，现就有关事项通知如下：

　　一、利率标准

　　对信用卡透支利率实行上限和下限管理，透支利率上限为日利率万分之五，透支利率下限为日利率万分之五的 0.7 倍。信用卡透支的计结息方式，以及对信用卡溢缴款是否计付利息及其利率标准，由发卡机构自主确定。

　　二、免息还款期和最低还款额

　　持卡人透支消费享受免息还款期和最低还款额待遇的条件和标准等，由发卡机构自主确定。

　　三、违约金和服务费用

　　取消信用卡滞纳金，对于持卡人违约逾期未还款的行为，发卡机构应与持卡人通过协议约定是否收取违约金，以及相关收取方式和标准。发卡机构向持卡人提供超过授信额度用卡服务的，不得收取超限费。发卡机构对向持卡人收取的违约金和年费、取现手续费、货币兑换费等服务费用不得计收利息。

　　四、信用卡预借现金业务

　　信用卡预借现金业务包括现金提取、现金转账和现金充值。其中，现金提取，是指持卡人通过柜面和自动柜员机（ATM）等自助机具，以现钞形式获得信用卡预借现金额度内资金；现金转账，是指持卡人将信用卡预借现金额度内资金划转到本人银行结算账户；现金充值，是指持卡人将信用卡预借现金额度内资金划转到本人在非银行支付机构开立的支付账户。

　　持卡人通过 ATM 等自助机具办理现金提取业务，每卡每日累计不得超过人民币 1 万元；持卡人通过柜面办理现金提取业务、通过各类渠道办理现金转账业务的每卡每日限额，由发卡机构与持卡人通过协议约定；发卡机构可自主确定是否提供现金充值服务，并与持卡人协议约定每卡每日限额。发卡机构不得将持卡人信用卡预借现金额度内资金划转至其他信用卡，以及非持卡人的银行结算账户或支付账户。

五、交易信息

银行卡清算机构应会同发卡机构和收单机构，严格按照银行卡业务相关监管规定，进一步完善信用卡交易业务规则和技术标准。各发卡机构、收单机构应真实反映、准确标识现金提取、现金转账和现金充值等业务类型，完整传输交易信息，确保交易信息的真实性、完整性、可追溯性以及在支付过程中的一致性，便利发卡机构识别与判断风险，保障信用卡交易安全。

六、信息披露义务

（一）发卡机构应通过本机构网站等渠道，充分披露信用卡申请条件、产品功能、收费项目与标准、安全用卡知识和信用卡标准协议与章程等内容，并及时进行更新。

（二）发卡机构应在信用卡协议中以显著方式提示信用卡利率标准和计结息方式、免息还款期和最低还款额待遇的条件和标准，以及向持卡人收取违约金的详细情形和收取标准等与持卡人有重大利害关系的事项，确保持卡人充分知悉并确认接受。其中，对于信用卡利率标准，应注明日利率和年利率。

（三）发卡机构调整信用卡利率标准的，应至少提前 45 个自然日按照约定方式通知持卡人。持卡人有权在新利率标准生效之日前选择销户，并按照已签订的协议偿还相关款项。

七、非本人授权交易的处理

持卡人提出伪卡交易和账户盗用等非本人授权交易时，发卡机构应及时引导持卡人留存证据，按照相关规则进行差错争议处理，并定期向持卡人反馈处理进度。鼓励发卡机构通过商业保险合作和计提风险补偿基金等方式，依法对持卡人损失予以合理补偿，切实保障持卡人合法权益。

八、利率信息报送

发卡机构调整信用卡透支利率、免息还款期、最低还款额等相关标准的，应提前 60 天向人民银行报告。信用卡利率纳入人民银行利率监测报备系统按月进行填报（详见附件），应于每月 9 日前完成对上月数据的报送工作，起始报送时间为 2017 年 2 月 9 日前，填报 2017 年 1 月相关信用卡利率信息。其中，全国性银行报送人民银行总行；其他银行业金融机构按属地化管理原则，报送法人所在地人民银行分支机构。

九、信用卡业务自律管理

充分发挥市场利率定价自律机制作用，对信用卡利率确定和计息规则等实施自律管理，维护市场正当竞争秩序。

中国支付清算协会应按照信用卡业务相关监管制度要求和本通知规定，建立健全信用卡发卡流程、使用管理和客户服务等自律机制，制定信用卡协议与章程推荐范本，保障持卡人合法权益，促进信用卡市场有序发展。

本通知自 2017 年 1 月 1 日起实施。此前人民银行发布的银行卡业务有关规定与本通知不一致的，以本通知为准。

请人民银行分支机构将本通知转发至辖区内城市商业银行、农村商业银行、农村合作银行、农村信用社、村镇银行、外资银行和非银行支付机构。

附件：1. 信用卡透支利率分类统计表
　　　2. 信用卡透支利率区间分布表

附件 1

制表：中国人民银行总行

表号：银统 438 表

信用卡透支利率分类统计表

（月报）

填报单位：　　　　　填报时间：　　年　月　日

	透支利率				计息积数（亿元）	在用发卡量（万张）	期末应偿信贷余额（亿元）	备注
	最高年利率（％）	最低年利率（％）	加权平均年利率 1（全部在用卡，％）	加权平均年利率 2（实际计收利息的在用卡，％）				
透支消费						—	—	
预借现金						—	—	
合计	—	—						

注：1. 信用卡年利率 = 信用卡日利率 × 365。

2. 最高年利率，是指发卡机构发行的全部在用信用卡在未违约情形下适用的循环信用利率中的最大值。其中，"在用信用卡"，是指发卡机构累计发行的、已经激活、未注销且未过有效期的信用卡。

3. 加权平均年利率 1 = 全部在用信用卡在未违约情形下适用的循环信用利率之和 ÷ 在用发卡量。例如，统计期末某发卡机构信用卡在用发卡量为 n + m，其中，n 张信用卡的透支消费循环信用利率均为 a，m 张信用卡的透支消费循环信用利率均为 b，则透支消费加权平均年利率 1 = （a × n + b × m） ÷ （n + m）。

4. 加权平均年利率 2 = 实际计收利息 ÷ 计收利息对应的计息积数 × 365 = （在统计期内出账单的计息信用卡的当期账单计收利息之和 ÷ 当期账单计收利息所对应的计息积数之和） × 365。其中，"计息积数"，是指在统计期内出账单且计收利息的信用卡当期账单利息所对应的计息周期每日计息本金之和。

5. 期末应偿信贷余额，是指发卡机构发行的信用卡的透支余额，包含已出账单未偿还和未出账单部分（含分期付款未出账单部分），不含利息、手续费及已转表外资产。

6. 备注栏填写最高年利率和最低年利率的具体情形等事项。

附件 2

制表：中国人民银行总行

表号：银统 439 表

信用卡透支利率区间分布表

（月报）

填报单位：　　　　　填报时间：　　年　　月　　日　　　　　单位：万张

	日利率					
	5‰ 0.7 倍以下	5‰ [0.7，0.8）倍	5‰ [0.8，1）倍	5‰	5‰ 1 倍以上	合计
在用发卡量						

注：日利率，是指统计期末，发卡机构发行的全部在用信用卡的透支消费循环信用利率。

中国人民银行 中国银行业监督管理委员会
关于加强票据业务监管
促进票据市场健康发展的通知

2016 年 4 月 26 日 银发〔2016〕126 号

中国人民银行上海总部，各分行、营业管理部，各省会（首府）城市中心支行，深圳市中心支行；各省（自治区、直辖市）银监局；国家开发银行，各政策性银行、国有商业银行、股份制商业银行，中国邮政储蓄银行：

近年来，基于商业汇票的各类票据市场业务快速增长，为拓宽企业融资渠道、优化银行业金融机构（以下简称银行）资产负债管理发挥了积极作用。但也存在部分票据业务发展不规范，部分银行有章不循、内控失效等问题，已引发系列票据案件，造成重大资金损失，业务风险不容忽视。为落实金融支持实体经济发展的要求，有效防范和控制票据业务风险，促进票据市场健康有序发展，现就加强票据业务监管、规范业务开展等事项通知如下：

一、本通知所称的票据业务，是指中华人民共和国境内依法设立的银行，为客户办理的商业汇票承兑、贴现业务和银行之间办理的买断式转贴现业务，以及《中国人民银行 中国银行业监督管理委员会 中国证券监督管理委员会 中国保险监督管理委员会 国家外汇管理局关于规范金融机构同业业务的通知》（银发〔2014〕127 号）中以票据类金融资产为基础资产的买入返售（卖出回购）业务。

二、强化票据业务内控管理

（一）按业务实质建立审慎性考核机制。银行应建立科学的考核激励机制，按照《银行业金融机构绩效考评监管指引》（银监发〔2012〕34 号文印发）的要求，合规经营类指标和风险管理类指标权重应当明显高于其他类指标，将承兑费率与垫款率等票据业务经营效益指标与风险管理类指标纳入考核，确保票据业务规模合理增长。

（二）加强实物票据保管。银行应建立监督有力、制约有效的票据保管制度，严格执行票据实物清点交接登记、出入库制度，加强定期查账、查库，做到账实相符，防范票据传递和保管风险。

（三）严格规范同业账户管理。银行应严格执行《中国人民银行关于加强银行业金融机构人民币同业银行结算账户管理的通知》（银发〔2014〕178号）要求。开户银行必须通过大额支付系统向存款银行一级法人进行核实。严格规范异地同业账户的开立和使用管理，加强预留印鉴管理，不得出租、出借账户，严禁将本银行同业账户委托他人代为管理。开户银行和存款银行应按月对账，对账发现同业账户属于虚假开立或者资金流水异常的，应立即排查原因，对存在可疑情形的应在 2 个工作日内向监管部门报告。

（四）强化风险防控。银行应严格按照监管部门票据业务管理制度和本通知要求，认真梳理内部各项制度，规范业务流程设计，坚持关键岗位、职能部门分离制约。加强员工行为管控和行为排查，开展内部业务培训、道德教育，提升员工专业素养和合规意识。建立和持续优化票据业务系统，实现流程控制系统化，加强内控检查和业务审计，确保内控制度和监管要求落实到位，防范道德风险和操作风险。

三、坚持贸易背景真实性要求，严禁资金空转

（一）严格贸易背景真实性审查。银行应加强对相关交易合同、增值税发票或普通发票的真实性审查，并可增验运输单据、出入库单据等，确保相关票据反映的交易内容与企业经营范围、真实经营状况以及相关单据内容的一致性。通过对已承兑、贴现商业汇票所附发票、单据等凭证原件正面加注的方式，防范虚假交易或相关资料的重复使用。严禁为票据业务量与其实际经营情况明显不符的企业办理承兑和贴现业务。

（二）加强客户授信调查和统一授信管理。银行应科学核定客户表内外票据业务授信规模，并将其纳入总体授信管理框架中。根据票据业务具体的授信种类搜集客户资料，包含但不限于基本信息、财务信息和非财务信息等，杜绝超额授信。银行应按照《商业银行授信工作尽职指引》（银监发〔2004〕51号文印发）的要求做好对不同票据业务授信品种的分析评价。在客户原有信用等级和业务评价水平的有效期内，发生影响客户授信等的重大事项，银行应及时调整相关风险分析与评价。

（三）加强承兑保证金管理。银行应确保承兑保证金为货币资金，比例适当且及时足额到位，保证金未覆盖部分所要求的抵押、质押或第三方保证必须严格依法落实。应识别承兑保证金的资金来源，不得办理将贷款和贴现资金转

存保证金后滚动申请银行承兑汇票的业务。保证金账户应独立设置，不得与银行其他资金合并存放。保证金管理应通过系统控制，不得挪用或随意提前支取。

（四）不得掩盖信用风险。银行不得利用贴现资金借新还旧，调节信贷质量指标；不得发放贷款偿还银行承兑汇票垫款，掩盖不良资产。

四、规范票据交易行为

（一）严格执行同业业务的统一管理要求。银行应严格按照《中国人民银行　中国银行业监督管理委员会　中国证券监督管理委员会　中国保险监督管理委员会　国家外汇管理局关于规范金融机构同业业务的通知》和《中国银监会办公厅关于规范商业银行同业业务治理的通知》（银监办发〔2014〕140号）要求，将银行承兑汇票买入返售（卖出回购）业务纳入全面风险管理，严格实施集中统一授权、授信、审批，完善前、中、后台分设的内部控制机制，强化业务管理。按照会计准则要求，采用正确的会计处理方法，对买入返售（卖出回购）业务单独列立会计科目，严格按照业务合同（协议）规定进行会计核算。

（二）加强交易对手资质管理。银行应对买入返售（卖出回购）的交易对手由法人总部进行集中统一的名单制管理，定期评估交易对手信用风险，动态调整交易对手名单，不得与交易对手名单之外的机构开展买入返售（卖出回购）票据等同业业务。

（三）规范纸质票据背书要求。受理转贴现业务时，拟贴入银行必须确认交易对手已记载背书，禁止无背书买卖票据；已贴入银行必须于转贴现业务当日在本手背书的被背书人栏记载本机构名称，保障自身票据权利。受理买入返售业务时，拟买入返售银行必须确认交易对手是最后一手票据背书记载的被背书人。

（四）禁止离行离柜办理纸质票据业务。转贴现、买入返售（卖出回购）的交易双方应在交易一方营业场所内逐张办理票据审验和交接。买入返售（卖出回购）交易对应的票据资产需要封包的，交易双方应在买入方营业场所内办理票据审验和交接。票据实物应由买入方保管。

（五）严格资金划付要求。办理转贴现贴入和买入返售（卖出回购）业务时，转入行应将资金划入票据转出行在中国人民银行开立的存款准备金账户，或票据转出行在本银行开立的账户，防止资金体外循环。通过被代理方式办理电子商业汇票业务的金融机构，可以使用在代理行开立的、与电子商业汇票业务关联的同业账户办理资金收付。

（六）禁止各类违规交易。严禁银行与非法"票据中介"、"资金掮客"开展业务合作，不得开展以"票据中介"、"资金掮客"为买方或卖方的票据交易。禁止跨行清单交易、一票多卖。

五、开展风险自查，强化监督检查

（一）全面开展票据业务风险自查。银行应于 2016 年 6 月 30 日前，在全系统开展票据业务风险排查，对存在的风险隐患，立即采取有效措施堵塞漏洞。重点排查将公章、印鉴、同业账户出租、出借行为，与交易对手名单之外机构开展交易的行为，以及为他行"做通道"、"消规模"，不按规定进行会计核算的行为。对违规开立和使用的同业账户，应予撤销；对疑似"票据中介"、"资金掮客"等客户或交易对手，应及时审慎处置；对已形成资金损失或涉嫌违法犯罪的，应及时向监管部门报告，移交公安部门处理。银行应于 2016 年 7 月 15 日前，将风险自查情况同时报送中国人民银行和银行业监督管理部门，全国性银行报送中国人民银行总行和中国银行业监督管理委员会，其他银行报送法人所在地中国人民银行上海总部、各分行、营业管理部、省会（首府）城市中心支行、深圳市中心支行（以下统称人民银行副省级城市中心支行以上分支机构）和各省（自治区、直辖市）银监局。

（二）加大监督检查力度，增强监管实效。中国人民银行总行和副省级城市中心支行以上分支机构，中国银行业监督管理委员会和各省（自治区、直辖市）银监局，要依照法定职责加大对票据业务的现场和非现场检查力度，增强监管实效，强化制度执行，整顿市场秩序；严肃票据业务纪律，公布咨询举报电话、畅通举报渠道。对接受举报和执法检查中，发现银行存在违规操作的，依法严肃查处并督促及时整改。对违规情节严重的，视情况采取暂停市场准入、暂停票据业务等监管措施，依法追究直接责任人员和相关高管人员责任。

请中国人民银行副省级城市中心支行以上分支机构，各省（自治区、直辖市）银监局将本通知联合转发至辖区内各城市商业银行、农村商业银行、农村合作银行、外资银行、农村信用社和村镇银行。

执行中如遇问题，请及时报告中国人民银行、中国银行业监督管理委员会。

中国人民银行关于规范和促进
电子商业汇票业务发展的通知

2016 年 8 月 27 日　银发〔2016〕224 号

中国人民银行上海总部，各分行、营业管理部，各省会（首府）城市中心支行，深圳市中心支行；国家开发银行，各政策性银行、国有商业银行、股份制商业银行，中国邮政储蓄银行；城市商业银行资金清算中心、农信银资金清算中心：

为充分发挥电子商业汇票（以下简称电票）系统和电票业务优势，防范纸质商业汇票（以下简称纸票）业务风险，加快票据市场电子化进程，现就规范和促进电票业务发展有关事项通知如下：

一、扩大系统覆盖率，扩充系统功能

（一）扩大系统覆盖率，优化电票流通环境。

尚未接入电票系统的银行业金融机构、财务公司（以下统称金融机构）应加快接入，已接入电票系统的金融机构在风险可控的前提下应尽可能提高网点开通率。

各金融机构要完善内部业务系统的电票业务处理功能，支持发起和接收跨行承兑、跨行贴现等业务，支持向被代理接入机构发起和接收各类票据业务，不得对电票的跨行流转设置障碍。各银行业金融机构应同时支持线上、线下两种资金清算方式。已开通线上清算功能的金融机构间开展票据转贴现业务，原则上应采用票款对付（DVP）结算方式。

人民银行上海总部、各分行、营业管理部、省会（首府）城市中心支行、深圳市中心支行（以下统称人民银行省级分支机构）应支持尚未开通电票再贴现业务的人民银行地市中心支行接入电票系统，提供电票再贴现服务。

（二）持续开放电票模拟运行环境，提供测试便利。

人民银行清算总中心应持续开放电票系统模拟运行环境，提高模拟运行环境的容纳量，为金融机构业务测试提供有力支持。需接入模拟运行环境开展测试的金融机构应向清算总中心报送测试需求及计划，清算总中心应在收到金融机构测试申请之日起 1 个月内安排测试，测试周期不得短于 2 个月（金融机构主动结束测试周期的除外）。

（三）全面推广财务公司线上清算功能。

自 2016 年 9 月 1 日起，分批组织符合条件的财务公司开通线上清算功能。拟开通线上清算功能的财务公司应及时将业务需求连同《财务公司线上清算功能权限开通申请表》（见附件）以正式文件通过法人所在地人民银行省级分支机构上报人民银行总行。

（四）增加电票交易主体。

自 2016 年 9 月 1 日起，除银行业金融机构和财务公司以外的、作为银行间债券市场交易主体的其他金融机构可以通过银行业金融机构代理加入电票系统，开展电票转贴现（含买断式和回购式）、提示付款等规定业务。此类被代理机构在电票系统中的主体识别码采用"RC03"，代理机构应通过系统控制，限制被代理非银行金融机构的承兑、贴现和再贴现等业务权限。

二、提高服务水平，简化业务操作

（一）提高服务水平，便利企业使用电票。

各银行业金融机构应着力提升客户服务水平，通过官方网站、宣传折页等途径公布开通电票业务的机构网点、咨询电话，制作简明易懂的业务申请和操作指南，根据客户需求提供集中培训、上门指导等服务。各金融机构应以上下游关系密切的产业链龙头企业或集团企业为重点，带动产业链上下游企业使用电票；可以采取提高综合营销力度、优先办理电票贴现、给予费率优惠等方式，鼓励和引导企业签发、收受、转让电票。有条件的金融机构还应为企业办理柜面电票业务、批量电票业务和集团企业集中管理电票业务提供便利。鼓励金融机构基于协议代理客户发起出票（含提示承兑和交付申请）、转让背书、贴现申请等行为并作出电子签名。中国支付清算协会应组织制定统一的电票客户端功能标准与操作规范，指导金融机构进一步统一和完善网银客户界面应显示的基本功能和操作服务，便利企业办理电票业务。

（二）增强商业信用，发展电子商业承兑汇票。

金融机构应选择资信状况良好、产供销关系稳定的企业，鼓励其签发、收受和转让电子商业承兑汇票；探索采用保函、保证与保贴业务等形式，增强电子商业承兑汇票信用，促进电子商业承兑汇票流通。鼓励电子商业承兑汇票的出票人、承兑人进行信用评级，充分利用电票系统的评级信息登记功能，提高票据信用保障，并严格遵守"恪守信用、履约付款"的结算原则，及时足额兑付到期电子商业承兑汇票。电子商业承兑汇票的收受人可利用电票系统的支付信用查询功能了解出票人和承兑人的资信状况。

（三）提高贸易背景真实性审查效率。

对资信良好的企业申请电票承兑的，金融机构可通过审查合同、发票等材料的影印件，企业电子签名的方式，对电票的真实交易关系和债权债务关系进行在线审核。对电子商务企业申请电票承兑的，金融机构可通过审查电子订单或电子发票的方式，对电票的真实交易关系和债权债务关系进行在线审核。企业申请电票贴现的，无须向金融机构提供合同、发票等资料。

（四）简化转贴现操作。

金融机构办理电票转贴现业务（含买断式和回购式）时，无需再签订线下协议，如有需约定的事项，金融机构可以通过电票系统合同模块签订协议，或在备注栏内加注约定有关事项。

三、规范操作，确保业务有序开展

（一）规范录入组织机构代码。

持加载统一社会信息代码营业执照的企业，在电票系统开展业务时，"组织机构代码"字段应录入统一社会信用代码的第 9～17 位主体识别码，录入规则仍按照电票系统报文格式标准中组织机构代码的要求录入 10 位，第 9 位固定录入"－"。对未换发统一社会信用代码营业执照的企业，仍按照原业务规则录入组织机构代码。

（二）有效审核电票背书连续性。

对于电票前手被背书人与后手背书人的账号、开户行行号、组织机构代码和身份类别均相同但名称有所不同的，不影响票据背书连续性的认定，承兑人应及时给付票据款项。如确需相关当事人说明的，承兑人应及时通过大额支付系统查询查复报文或其他方式联系相关当事人或当事人开户行予以证实。

（三）严格履行电票付款责任。

持票人在电子银行承兑汇票提示付款期内提示付款的，如提示付款指令于中午 12：00 前发出，承兑人应在收到提示付款请求的当日（遇法定休假日、大额支付系统非营业日、电票系统非营业日顺延，下同）付款或拒绝付款；如提示付款指令于中午 12：00 后发出，承兑人应在收到提示付款请求的当日至迟次日付款或拒绝付款。电子商业承兑汇票承兑人的接入机构应及时将持票人的提示付款请求通知承兑人，承兑人在收到请求次日起第三日仍未应答的，接入机构应按协议约定代为应答。

（四）强化电票系统代理接入真实性审核。

直连接入电票系统的金融机构提供电票代理接入服务时，应对被代理机构基本信息及身份的真实性进行审核，且须通过大额支付系统向被代理机构进行核实确认（查询报文内容至少包括申请人全称、法定代表人姓名、营业执照编号、金融许可证编号、查询事项等），被代理机构应给予同意接入或不同意接入的明确答复。

（五）严格落实纸质商业汇票登记制度。

人民银行省级分支机构在办理银行业金融机构票据制版批复时，应按要求审核其加入电票系统开通纸票登记查询功能或委托其他银行业金融机构代理登记纸票业务的相关证明文件。各金融机构应严格落实《纸质商业汇票登记查询管理办法》（银发〔2009〕328 号文印发）相关要求。未实现纸票登记信息由系统自动导入或法人机构统一登记的金融机构，应加强对其分支机构登记情况的管理和审查，确保其及时、准确、完整登记相关信息。纸票买入返售（卖出回购）业务的转入行按照转贴现业务登记要求办理登记；原转出行办理纸票赎回业务应参照转贴现业务登记要求办理登记，其中转贴现日期填写纸票赎回日，备注栏注明"赎回"字样。

（六）完善票据业务查询查复制度。

根据《最高人民法院关于人民法院发布公示催告程序中公告有关问题的通知》（法〔2016〕109 号）有关规定，各金融机构应在办理票据（含纸票）贴现、转贴现、质押等业务时，通过查询电票系统以及中国法院网、法院公告网、人民法院报网站等方式，及时掌握票据是否被挂失止付或公示催告等信息；应严格执行支付系统查询查复有关规定，全面、如实地向查询行回复票据司法涉诉、冻结等信息，切实防范风险。

四、健全考评机制，强化业务监管

（一）明确工作目标，有效提升电票业务占比。

各金融机构应严格落实电票业务各项制度规定，采取有效措施，规范有序开展电票业务，有效提升电票业务占比，确保办理的电票承兑业务在本机构办理的全部商业汇票承兑业务中金额占比逐年提高。自 2017 年 1 月 1 日起，单张出票金额在 300 万元以上的商业汇票应全部通过电票办理；自 2018 年 1 月 1 日起，原则上单张出票金额在 100 万元以上的商业汇票应全部通过电票办理。

（二）建立考核通报机制。

各金融机构应结合本机构实际和本通知要求，制定本机构推广电票应用的细化措施和推进时间表，并对本机构内部系统支持跨行业务和被代理机构业务的功能进行自查，不符合要求的应及时整改优化，于 2016 年 10 月 15 日前以正式文件向人民银行报送细化措施、推进时间表和系统功能改造情况，并于每年 1 月 20 日前报送上一年度电票业务推进情况。其中，国家开发银行，各政策性银行、国有商业银行、股份制商业银行，中国邮政储蓄银行，城市商业银行资金清算中心、农信银资金清算中心报送人民银行总行，城市商业银行、农村商业银行、农村合作银行、农村信用社、村镇银行、外资银行、财务公司报送法人所在地人民银行省级分支机构。人民银行总行和省级分支机构建立对金融机构电票业务推广情况的考核评价机制，按年度进行考核督促，对年度考核中未达标的金融机构，予以通报并督促整改。

人民银行省级分支机构应结合辖区实际和本通知要求，制定本辖区推广电票的细化措施和推进时间表，于 2016 年 10 月 15 日前以正式文件报送人民银行总行，并于每年 1 月 20 日前报送上一年度电票业务推进情况。人民银行总行建立对各省级分支机构电票业务推广情况的考核评价机制，按年度进行考核督促，完成情况纳入支付结算工作年度考核。

（三）畅通举报渠道，加大执法检查力度。

人民银行省级分支机构应严肃电票结算和纸票业务登记纪律，公布咨询举报电话、畅通举报机制；在支付结算执法检查中，应重点检查金融机构电票业务开展和推广的情况。对接受举报和执法检查中，发现金融机构存在纸票登记不规范、内部电票系统功能不符合跨行业务要求等违规行为的，应依法严肃查处并督促其及时整改。

请人民银行省级分支机构将本通知转发至辖区内人民银行地市中心支行，各城市商业银行、农村商业银行、农村合作银行、农村信用社、村镇银行、外资银行、财务公司。执行中如遇问题，请及时向人民银行总行反映。

附件：财务公司线上清算功能权限开通申请表

附件

财务公司线上清算功能权限开通申请表

财务公司 名称		接入点 代码	
行号		联系人和 联系方式	
申请人 基本情况	（包括申请开通的理由、人员配备、业务情况、内部管理等内容） 法人申请机构签章 　　年　　月　　日		
人民银行 省级分支 机构初步意见	 人民银行省级分支机构签章 　　年　　月　　日		

中国人民银行关于加强支付结算管理
防范电信网络新型违法犯罪有关事项的通知

2016 年 9 月 30 日　银发〔2016〕261 号

中国人民银行上海总部，各分行、营业管理部，各省会（首府）城市中心支行，深圳市中心支行；国家开发银行，各政策性银行、国有商业银行、股份制商业银行，中国邮政储蓄银行；中国银联股份有限公司，中国支付清算协会；各非银行支付机构：

为有效防范电信网络新型违法犯罪，切实保护人民群众财产安全和合法权益，现就加强支付结算管理有关事项通知如下：

一、加强账户实名制管理

（一）全面推进个人账户分类管理。

1. 个人银行结算账户。自 2016 年 12 月 1 日起，银行业金融机构（以下简称银行）为个人开立银行结算账户的，同一个人在同一家银行（以法人为单位，下同）只能开立一个 I 类户，已开立 I 类户，再新开户的，应当开立 II 类户或 III 类户。银行对本银行行内异地存取现、转账等业务，收取异地手续费的，应当自本通知发布之日起三个月内实现免费。

个人于 2016 年 11 月 30 日前在同一家银行开立多个 I 类户的，银行应当对同一存款人开户数量较多的情况进行摸排清理，要求存款人作出说明，核实其开户的合理性。对于无法核实开户合理性的，银行应当引导存款人撤销或归并账户，或者采取降低账户类别等措施，使存款人运用账户分类机制，合理存放资金，保护资金安全。

2. 个人支付账户。自 2016 年 12 月 1 日起，非银行支付机构（以下简称支付机构）为个人开立支付账户的，同一个人在同一家支付机构只能开立一个 III 类账户。支付机构应当于 2016 年 11 月 30 日前完成存量支付账户清理工作，联系开户人确认需保留的账户，其余账户降低类别管理或予以撤并；开户人未按规定时间确认的，支付机构应当保留其使用频率较高和金额较大的账户，后续可根据其申请进行变更。

（二）暂停涉案账户开户人名下所有账户的业务。自 2017 年 1 月 1 日起，对于不法分子用于开展电信网络新型违法犯罪的作案银行账户和支付账户，经设区的市级及以上公安机关认定并纳入电信网络新型违法犯罪交易风险事件管理平台"涉案账户"名单的，银行和支付机构中止该账户所有业务。

银行和支付机构应当通知涉案账户开户人重新核实身份，如其未在 3 日内向银行或者支付机构重新核实身份的，应当对账户开户人名下其他银行账户暂停非柜面业务，支付账户暂停所有业务。银行和支付机构重新核实账户开户人身份后，可以恢复除涉案账户外的其他账户业务；账户开户人确认账户为他人冒名开立的，应当向银行和支付机构出具被冒用身份开户并同意销户的声明，银行和支付机构予以销户。

（三）建立对买卖银行账户和支付账户、冒名开户的惩戒机制。自 2017 年 1 月 1 日起，银行和支付机构对经设区的市级及以上公安机关认定的出租、出借、出售、购买银行账户（含银行卡，下同）或者支付账户的单位和个人及相关组织者，假冒他人身份或者虚构代理关系开立银行账户或者支付账户的单位和个人，5 年内暂停其银行账户非柜面业务、支付账户所有业务，3 年内不得为其新开立账户。人民银行将上述单位和个人信息移送金融信用信息基础数据库并向社会公布。

（四）加强对冒名开户的惩戒力度。银行在办理开户业务时，发现个人冒用他人身份开立账户的，应当及时向公安机关报案并将被冒用的身份证件移交公安机关。

（五）建立单位开户审慎核实机制。对于被全国企业信用信息公示系统列入"严重违法失信企业名单"，以及经银行和支付机构核实单位注册地址不存在或者虚构经营场所的单位，银行和支付机构不得为其开户。银行和支付机构应当至少每季度排查企业是否属于严重违法企业，情况属实的，应当在 3 个月内暂停其业务，逐步清理。

对存在法定代表人或者负责人对单位经营规模及业务背景等情况不清楚、注册地和经营地均在异地等异常情况的单位，银行和支付机构应当加强对单位开户意愿的核查。银行应当对法定代表人或者负责人面签并留存视频、音频资料等，开户初期原则上不开通非柜面业务，待后续了解后再审慎开通。支付机构应当留存单位法定代表人或者负责人开户时的视频、音频资料等。

支付机构为单位开立支付账户，应当参照《人民币银行结算账户管理办法》（中国人民银行令〔2003〕第 5 号发布）第十七条、第二十四条、第二十六条等相关规定，要求单位提供相关证明文件，并自主或者委托合作机构以面对面方式核实客户身份，或者以非面对面方式通过至少三个合法安全的外部渠道对单位基本信息进行多重交叉验证。对于本通知发布之日前已经开立支付账户的单位，支付机构应当于 2017 年 6 月底前按照上述要求核实身份，完成核实前不得为其开立新的支付账户；逾期未完成核实的，支付账户只收不付。支付机构完成核实工作后，将有关情况报告法人所在地人民银行分支机构。

支付机构应当加强对使用个人支付账户开展经营性活动的资金交易监测和持续性客户管理。

（六）加强对异常开户行为的审核。有下列情形之一的，银行和支付机构有权拒绝开户：

1. 对单位和个人身份信息存在疑义，要求出示辅助证件，单位和个人拒绝出示的。

2. 单位和个人组织他人同时或者分批开立账户的。

3. 有明显理由怀疑开立账户从事违法犯罪活动的。

银行和支付机构应当加强账户交易活动监测，对开户之日起 6 个月内无交易记录的账户，银行应当暂停其非柜面业务，支付机构应当暂停其所有业务，银行和支付机构向单位和个人重新核实身份后，可以恢复其业务。

（七）严格联系电话号码与身份证件号码的对应关系。银行和支付机构应当建立联系电话号码与个人身份证件号码的一一对应关系，对多人使用同一联系电话号码开立和使用账户的情况进行排查清理，联系相关当事人进行确认。对于成年人代理未成年人或者老年人开户预留本人联系电话等合理情形的，由相关当事人出具说明后可以保持不变；对于单位批量开户，预留财务人员联系电话等情形的，应当变更为账户所有人本人的联系电话；对于无法证明合理性的，应当对相关银行账户暂停非柜面业务，支付账户暂停所有业务。

二、加强转账管理

（八）增加转账方式，调整转账时间。自 2016 年 12 月 1 日起，银行和支付机构提供转账服务时应当执行下列规定：

1. 向存款人提供实时到账、普通到账、次日到账等多种转账方式选择，存款人在选择后才能办理业务。

2. 除向本人同行账户转账外，个人通过自助柜员机（含其他具有存取款功能的自助设备，下同）转账的，发卡行在受理 24 小时后办理资金转账。在发卡行受理后 24 小时内，个人可以向发卡行申请撤销转账。受理行应当在受理结果界面对转账业务办理时间和可撤销规定作出明确提示。

3. 银行通过自助柜员机为个人办理转账业务的，应当增加汉语语音提示，并通过文字、标识、弹窗等设置防诈骗提醒；非汉语提示界面应当对资金转出等核心关键字段提供汉语提示，无法提示的，不得提供转账。

（九）加强银行非柜面转账管理。自 2016 年 12 月 1 日起，银行在为存款人开通非柜面转账业务时，应当与存款人签订协议，约定非柜面渠道向非同名银行账户和支付账户转账的日累计限额、笔数和年累计限额等，超出限额和笔数的，应当到银行柜面办理。

除向本人同行账户转账外，银行为个人办理非柜面转账业务，单日累计金额超过 5 万元的，应当采用数字证书或者电子签名等安全可靠的支付指令验证方式。单位、个人银行账户非柜面转账单日累计金额分别超过 100 万元、30万元的，银行应当进行大额交易提醒，单位、个人确认后方可转账。

（十）加强支付账户转账管理。自 2016 年 12 月 1 日起，支付机构在为单位和个人开立支付账户时，应当与单位和个人签订协议，约定支付账户与支付账户、支付账户与银行账户之间的日累计转账限额和笔数，超出限额和笔数的，不得再办理转账业务。

（十一）加强交易背景调查。银行和支付机构发现账户存在大量转入转出交易的，应当按照"了解你的客户"原则，对单位或者个人的交易背景进行调查。如发现存在异常的，应当按照审慎原则调整向单位和个人提供的相关服务。

（十二）加强特约商户资金结算管理。银行和支付机构为特约商户提供 T + 0 资金结算服务的，应当对特约商户加强交易监测和风险管理，不得为入网不满 90 日或者入网后连续正常交易不满 30 日的特约商户提供 T + 0 资金结算服务。

三、加强银行卡业务管理

（十三）严格审核特约商户资质，规范受理终端管理。任何单位和个人不得在网上买卖 POS 机（包括 MPOS）、刷卡器等受理终端。银行和支付机构应当对全部实体特约商户进行现场检查，逐一核对其受理终端的使用地点。对于违规移机使用、无法确认实际使用地点的受理终端一律停止业务功能。银行和支付机构应当于 2016 年 11 月 30 日前形成检查报告备查。

（十四）建立健全特约商户信息管理系统和黑名单管理机制。中国支付清算协会、银行卡清算机构应当建立健全特约商户信息管理系统，组织银行、支付机构详细记录特约商户基本信息、启动和终止服务情况、合规风险状况等。对同一特约商户或者同一个人控制的特约商户反复更换服务机构等异常状况的，银行和支付机构应当审慎为其提供服务。

中国支付清算协会、银行卡清算机构应当建立健全特约商户黑名单管理机制，将因存在重大违规行为被银行和支付机构终止服务的特约商户及其法定代表人或者负责人、公安机关认定为违法犯罪活动转移赃款提供便利的特约商户及相关个人、公安机关认定的买卖账户的单位和个人等，列入黑名单管理。中国支付清算协会应当将黑名单信息移送金融信用信息基础数据库。银行和支付机构不得将黑名单中的单位以及由相关个人担任法定代表人或者负责人的单位拓展为特约商户；已经拓展为特约商户的，应当自该特约商户被列入黑名单之日起 10 日内予以清退。

四、强化可疑交易监测

（十五）确保交易信息真实、完整、可追溯。支付机构与银行合作开展银行账户付款或者收款业务的，应当严格执行《银行卡收单业务管理办法》（中国人民银行令〔2013〕第 9 号发布）、《非银行支付机构网络支付业务管理办法》（中国人民银行公告〔2015〕第 43 号公布）等制度规定，确保交易信息的真实性、完整性、可追溯性以及在支付全流程中的一致性，不得篡改或者隐匿交易信息，交易信息应当至少保存 5 年。银行和支付机构应当于 2017 年 3 月 31 日前按照网络支付报文相关金融行业技术标准完成系统改造，逾期未完成改造的，暂停有关业务。

（十六）加强账户监测。银行和支付机构应当加强对银行账户和支付账户的监测，建立和完善可疑交易监测模型，账户及其资金划转具有集中转入分散转出等可疑交易特征的（详见附件1），应当列入可疑交易。

对于列入可疑交易的账户，银行和支付机构应当与相关单位或者个人核实交易情况；经核实后银行和支付机构仍然认定账户可疑的，银行应当暂停账户非柜面业务，支付机构应当暂停账户所有业务，并按照规定报送可疑交易报告或者重点可疑交易报告；涉嫌违法犯罪的，应当及时向当地公安机关报告。

（十七）强化支付结算可疑交易监测的研究。中国支付清算协会、银行卡清算机构应当根据公安机关、银行、支付机构提供的可疑交易情形，构建可疑交易监测模型，向银行和支付机构发布。

五、健全紧急止付和快速冻结机制

（十八）理顺工作机制，按期接入电信网络新型违法犯罪交易风险事件管理平台。2016 年 11 月 30 日前，支付机构应当理顺本机构协助有权机关查询、止付、冻结和扣划工作流程；实现查询账户信息和交易流水以及账户止付、冻结和扣划等；指定专人专岗负责协助查询、止付、冻结和扣划工作，不得推诿、拖延。银行、从事网络支付的支付机构应当根据有关要求，按时完成本单位核心系统的开发和改造工作，在 2016 年底前全部接入电信网络新型违法犯罪交易风险事件管理平台。

六、加大对无证机构的打击力度

（十九）依法处置无证机构。人民银行分支机构应当充分利用支付机构风险专项整治工作机制，加强与地方政府以及工商部门、公安机关的配合，及时出具相关非法从事资金支付结算的行政认定意见，加大对无证机构的打击力度，尽快依法处置一批无证经营机构。人民银行上海总部，各分行、营业管理部、省会（首府）城市中心支行应当按月填制《无证经营支付业务专项整治工作进度表》（见附件 2），将辖区工作进展情况上报总行。

七、建立责任追究机制

（二十）严格处罚，实行责任追究。人民银行分支机构、银行和支付机构应当履职尽责，确保打击治理电信网络新型违法犯罪工作取得实效。

凡是发生电信网络新型违法犯罪案件的，应当倒查银行、支付机构的责任落实情况。银行和支付机构违反相关制度以及本通知规定的，应当按照有关规定进行处罚；情节严重的，人民银行依据《中华人民共和国中国人民银行法》第四十六条的规定予以处罚，并可采取暂停 1 个月至 6 个月新开立账户和办理支付业务的监管措施。

凡是人民银行分支机构监管责任不落实，导致辖区内银行和支付机构未有效履职尽责，公众在电信网络新型违法犯罪活动中遭受严重资金损失，产生恶劣社会影响的，应当对人民银行分支机构进行问责。

人民银行分支机构、银行、支付机构、中国支付清算协会、银行卡清算机构应当按照规定向人民银行总行报告本通知执行情况并填报有关统计表（具体报送方式及内容见附件 3）。

请人民银行上海总部，各分行、营业管理部、省会（首府）城市中心支行，深圳市中心支行及时将该通知转发至辖区内各城市商业银行、农村商业银行、农村合作银行、村镇银行、城市信用社、农村信用社和外资银行等。

各单位在执行中如遇问题，请及时向人民银行报告。

附件：1. 涉电信诈骗犯罪可疑特征报送指引
　　　　2. 无证经营支付业务专项整治工作进度表
　　　　3. 报告模板

附件1

涉电信诈骗犯罪可疑特征报送指引

涉电信诈骗资金的交易环节复杂、交易层级较多，从开立账户接收诈骗资金，到转移赃款直至最终清洗完毕（多为取现），其间涉及众多账户。在每个交易环节，所涉账户均存在诸多不同的可疑特征。要有效发现相关涉案账户，不能简单依靠某一个可疑特征作出判断，必须在客户尽职调查的基础上，结合多种可疑特征，进行综合判断。

一、开户环节

（一）开户人无合理理由执意开立多个个人账户；

（二）开户人持非居民身份证（如军官证、士兵证、护照、港澳台地区证件等）、伪造的证件开立账户；

（三）开户代理人持他人证件开立账户，尤其是代理相对特殊人群开立账户，如持他人异地身份证件、偏远地区身份证件代理开立账户，或者代理未成年人、老年人、学生、无职业者等开立账户；

（四）陪同他人集中开立账户，尤其是陪同相对特殊人群集中开立账户，如陪同他人持异地身份证件、偏远地区身份证件集中开立账户，或者陪同未成年人、老年人、学生、无职业者等开立账户；

（五）不填写个人信息或开户资料信息虚假，如联系地址为公共场所、电话号码已停机或为空号；

（六）不同主体账户开户资料存在较密切关联，如不同主体的开户时间、地点、联系地址相同或相近且交易对手相同，不同主体留存的开户电话相同；

（七）开户资金较小，且开户后随即将资金取走；

（八）开户时或办理业务过程中回避客户身份调查或掩饰面貌；

（九）开户人频繁开户、销户。

二、转账交易环节

（一）资金集中转入、分散转出，尤其是资金汇往多个地区且汇款人看似无关联；

（二）资金分散转入、集中转出，尤其是资金来源于多个地区，汇款人看似无关联且多为单次交易；

（三）账户资金快进快出、过渡性质明显，尤其是资金在极短时间内通过多个账户划转；

（四）账户无余额或余额相对于交易额比例较低；

（五）账户交易笔数短期内明显增多；

（六）存在构造性资金交易，意图规避限额交易；

（七）跨行收款并跨行转账；

（八）账户在发生小额试探性交易后即出现频繁或大额交易；

（九）长期未使用的账户突然发生频繁或大额交易；

（十）账户短期内发生频繁或大额交易后突然停止使用；

（十一）机构账户资金交易与其经营范围、规模明显不符；

（十二）同一主体在极短时间内在境内不同地区或在境内、境外发生资金业务；

（十三）不同主体账户使用同一 IP 或 MAC 地址，尤其是 IP 地址涉及境外地区；

（十四）账户交易多为网银、自助柜员机等非柜面交易方式。

三、取现交易环节

（一）银行卡在境外自助设备上按照取现标准限额频繁支取现金；

（二）境内同一自助设备在极短时间内集中发生多张银行卡（尤其是异地卡或他行卡）连续按照取现标准限额频繁支取现金的交易。

四、其他

人民银行通过印发《洗钱风险提示》、《可疑交易类型和识别点对照表》等提示的可疑交易特征。

附件 2

无证经营支付业务专项整治工作进度表

阶段任务	工作内容	完成时间	进展情况	存在问题
阶段一：摸底排查	1. 收集、摸排无证机构线索。 2. 核查线索，认定情况，确认无证经营支付业务行为。 3. 分类施策，确定整治工作方案。	—	—	—
阶段二：整治清理	1. 责令无证机构立即停止无证经营支付业务行为，切断无证机构交易处理和资金结算通道。 2. 及时出具非法从事资金支付结算业务的行政认定意见，移交工商部门、公安机关，并依法予以查处、取缔。 3. 稳妥做好相关资金风险处置与维稳预案，保障客户合法权益，防范社会群体性事件。	2016.11.30		
阶段三：总结巩固	1. 对本地区专项整治工作进行总结，形成总结报告。 2. 研究完善制度措施，推动建立无证机构常态化整治工作机制。	2017.1.31		

附件 3

报告模板

一、工作开展基本情况

罗列本通知各项规定的执行情况及有关数据。

二、采取的主要做法

三、存在的主要问题

四、下一步工作安排及建议

附：1. 账户清理情况统计表
　　2. 账户异常业务处理及可疑交易监测情况统计表
　　3. 特约商户黑名单统计表

报告说明：

1. 本报告按季度报送，首次报送时间为 2017 年 1 月 9 日前，末次报送日期为 2018 年 1 月 5 日。

2. 人民银行上海总部，各分行、营业管理部、省会（首府）城市中心支行，深圳市中心支行汇总辖区内地方性银行法人和支付机构法人的情况报送。

附 1

账户清理情况统计表

年　　　月　　　日

银行/支付机构名称	个人大量开立银行账户清理核实情况			存量支付账户清理情况			一电话号码对多人账户清理核实情况		
	涉及个人数量	撤销账户数量	使用功能作出限制的账户数量	涉及个人数量	降级账户数量	撤销账户数量	对应多人的电话号码数量	撤销银行账户数量	暂停非柜面业务银行账户数量

填表说明：本表按季度报送，首次报送时间为 2017 年 1 月 9 日前，末次报送时间为 2018 年 1 月 5 日。期间，国有商业银行、股份制商业银行、中国邮政储蓄银行于每个季度初 5 个工作日内将本表发送至 yqing@ pbc. gov. cn；人民银行上海总部，各分行、营业管理部、省会（首府）城市中心支行、深圳市中心支行于每个季度初 7 个工作日内汇总报送辖区内地方性银行法人、支付机构法人统计表，发送至人民银行支付结算司杨青业务网邮箱。

附 2

账户异常业务处理及可疑交易监测情况统计表

年　　月　　日

银行/支付机构名称	异常账户业务处理情况			账户可疑交易监测情况	
	拒绝异常开户行为人次	暂停非柜面业务的6个月无交易记录的银行账户数量	暂停全部业务的6个月无交易记录的支付账户数量	暂停非柜面业务的银行账户数量	暂停业务的支付账户数量

填表说明：同附1。

附 3

特约商户黑名单统计表

年　　月　　日

报送机构名称	单位数量	个人数量

填表说明：本表由中国支付清算协会、银行卡清算机构按季度报送，首次报送时间为2017年1月9日前，末次报送时间为2018年1月5日。期间应于每个季度初5个工作日内将本表发送至 yqing @ pbc. gov. cn。

中国人民银行关于落实
个人银行账户分类管理制度的通知

2016 年 11 月 25 日　银发〔2016〕302 号

中国人民银行上海总部，各分行、营业管理部、省会（首府）城市中心支行，深圳市中心支行；国家开发银行，各政策性银行、国有商业银行、股份制商业银行，中国邮政储蓄银行：

为进一步落实个人银行账户分类管理制度，现将有关事项通知如下：

一、关于Ⅱ、Ⅲ类个人银行账户的开立、变更和撤销

（一）个人开立Ⅱ类、Ⅲ类银行账户（以下简称Ⅱ、Ⅲ类户）可以绑定本人Ⅰ类银行账户（以下简称Ⅰ类户）或者信用卡账户进行身份验证，不得绑定非银行支付机构（以下简称支付机构）开立的支付账户进行身份验证。

（二）个人可以凭有效身份证件通过银行业金融机构（以下简称银行）柜面开立Ⅰ、Ⅱ、Ⅲ类户。个人在银行柜面开立的Ⅱ、Ⅲ类户，无须绑定Ⅰ类户或者信用卡账户进行身份验证。

银行依托自助机具为个人开立Ⅰ类户的，应当经银行工作人员现场面对面审核开户人身份。

（三）银行开办Ⅱ、Ⅲ类户业务，应当遵守银行账户实名制规定和反洗钱客户身份资料保存制度要求，留存开户申请人身份证件的复印件、影印件或者影像等。有条件的银行，可以通过视频或者人脸识别等安全有效的技术手段作为辅助核实个人身份信息的方式。

（四）银行通过电子渠道非面对面为个人开立Ⅱ类户，应当向绑定账户开户行验证Ⅱ类户与绑定账户为同一人开立且绑定账户为Ⅰ类户或者信用卡账户，第三方机构只能作为验证信息传输通道。验证的信息应当至少包括开户申请人姓名、居民身份证号码、手机号码、绑定账户账号（卡号）、绑定账户是否为Ⅰ类户或者信用卡账户等 5 个要素。人民银行小额支付系统已增加对手机号码和信用卡账户的验证功能（具体接口报文见附件），银行应当于 2016 年 12 月底前完成相关接口开发和修改工作。

银行通过电子渠道非面对面为个人开立Ⅲ类户，应当向绑定账户开户行验证Ⅲ类户与绑定账户为同一人开立，验证的信息应当至少包括开户申请人姓名、居民身份证号码、手机号码、绑定账户账号（卡号）等4个要素。

银行通过电子渠道非面对面为个人开立Ⅱ、Ⅲ类户时，应当要求开户申请人登记验证的手机号码与绑定账户使用的手机号码保持一致。

（五）银行可以通过柜面或者电子渠道为个人办理Ⅱ、Ⅲ类户变更业务。

银行通过电子渠道非面对面为个人办理Ⅱ、Ⅲ类户的姓名、居民身份证号码、手机号码、绑定账户变更业务时，应当按照新开户要求重新验证信息，并采取措施核实个人变更信息的真实意愿。

银行通过电子渠道非面对面为个人办理Ⅱ、Ⅲ类户姓名、居民身份证号码变更，且绑定账户为他行账户的，应当要求个人先将Ⅱ类户所有投资理财等金融产品赎回、提前支取定期存款，将Ⅱ、Ⅲ类户资金全部转回绑定账户后再予以变更。

（六）银行可以通过柜面或者电子渠道为个人办理Ⅱ、Ⅲ类户销户业务。

银行通过电子渠道非面对面为个人办理Ⅱ、Ⅲ类户销户时，绑定账户已销户的，个人可按照银行新开户要求重新验证个人身份信息后绑定新的账户，将Ⅱ、Ⅲ类户资金转回新绑定账户后再办理销户。

（七）银行在联网核查公民身份信息系统运行时间以外办理Ⅱ、Ⅲ类户开户业务的，可以采取以下两种方式对开户申请人身份进行联网核查：一是银行可先为开户申请人开立Ⅱ、Ⅲ类户，该账户只收不付，在银行按规定联网核查个人身份信息后账户才能正常使用；二是银行可以通过公安部认可的其他查询渠道联网核查。

（八）银行应按照《中国人民银行办公厅关于发布〈全国集中银行账户管理系统接入接口规范——个人银行账户部分〉的通知》（银办发〔2016〕168号）要求，对Ⅰ、Ⅱ、Ⅲ类户和信用卡账户有效区分、标识，并按规定向人民币银行结算账户管理系统报备（报备时间另行通知）。

（九）银行为个人开立Ⅱ、Ⅲ类户时，应在与客户签订的账户管理协议中约定长期不动户、零余额账户处置方法。

（十）社会保障卡、军人保障卡管理事项另行通知。

二、关于Ⅱ、Ⅲ类户的使用

（一）银行应当积极引导个人使用Ⅱ、Ⅲ类户办理小额网络支付业务，在移动支付中便捷应用，建立个人银行账户资金保护机制。

（二）Ⅱ类户可以办理存款、购买投资理财产品等金融产品、限额消费和缴费、限额向非绑定账户转出资金业务。经银行柜面、自助设备加以银行工作人员现场面对面确认身份的，Ⅱ类户还可以办理存取现金、非绑定账户资金转入业务，可以配发银行卡实体卡片。其中，Ⅱ类户非绑定账户转入资金、存入现金日累计限额合计为 1 万元，年累计限额合计为 20 万元；消费和缴费、向非绑定账户转出资金、取出现金日累计限额合计为 1 万元，年累计限额合计为 20 万元。

Ⅲ类户可以办理限额消费和缴费、限额向非绑定账户转出资金业务。经银行柜面、自助设备加以银行工作人员现场面对面确认身份的，Ⅲ类户还可以办理非绑定账户资金转入业务。其中，Ⅲ类户账户余额不得超过 1000 元；非绑定账户资金转入日累计限额为 5000 元，年累计限额为 10 万元；消费和缴费支付、向非绑定账户转出资金日累计限额合计为 5000 元，年累计限额合计为 10 万元。

银行可以根据自身风险管理能力和客户需求，在规定限额下设定本银行的具体限额。在确保支付指令的唯一性、完整性及交易的不可抵赖性的前提下，Ⅱ类户向绑定账户转账可以不采用数字证书或者电子签名的支付指令验证方式。Ⅱ类户购买投资理财产品是指购买银行自营或代理销售的投资理财等金融产品。

（三）银行可以通过Ⅱ、Ⅲ类户开展基于主机的卡模拟（HCE）、手机安全单元（SE）、支付标记化（Tokenization）等技术的移动支付业务。

（四）个人可以将在支付机构开立的支付账户绑定本人同名Ⅱ、Ⅲ类户使用。

（五）银行可以向Ⅱ类户发放本银行贷款资金并通过Ⅱ类户还款，Ⅱ类户不得透支。发放贷款和贷款资金归还，不受转账限额规定。

（六）银行可以在确保个人账户资金安全的前提下，通过Ⅱ、Ⅲ类户向绑定账户发送指令扣划资金。

三、建立健全绑定账户信息验证机制

（一）人民银行上海总部，各分行、营业管理部、省会（首府）城市中心支行，深圳市中心支行应当发挥协调作用，推动辖区内地方性法人银行积极利用小额支付系统或者其他渠道，协助建立辖区内地方性法人银行的绑定账户互验机制，实现对绑定账户的客户账户信息查验。

（二）除小额支付系统外，银行可以使用中国银联等机构提供的验证通道，实现 II 类户开户银行与绑定账户开户银行间的信息验证，并严格按照《中国人民银行关于进一步加强银行卡风险管理的通知》（银发〔2016〕170号）规定，加强账户信息安全保护。

四、相关要求

（一）人民银行分支机构应当督促辖区内银行全面落实个人银行账户分类管理制度，指导银行加快行内系统的改造，开办 II、III 类户业务，实现账户分类标识。

（二）银行应当以个人银行账户分类管理为契机提升银行服务水平，加大对网点柜员的培训和对社会公众的宣传力度，使社会公众充分了解并积极利用 II、III 类户来满足多样化支付需求和资金保护需求。

（三）银行应当按照本通知要求规范存量 II、III 类户的开立和使用管理，不符合本通知要求的，应当立即整改。对未按照规定验证绑定账户信息的 II、III 类户，自 2017 年 4 月 1 日起暂停业务办理。

请人民银行上海总部，各分行、营业管理部、省会（首府）城市中心支行，深圳市中心支行将本通知转发至辖区内人民银行分支机构、城市商业银行、农村商业银行、农村合作银行、农村信用社、村镇银行和外资银行。

附件：批量客户账户信息查询及查询应答报文

附件

批量客户账户信息查询及查询应答报文

1.1 批量客户账户信息查询报文 < beps. 394. 001. 01 >

1.1.1 报文功能

授权参与者（例如代收付中心、国库、金融机构）可以通过该报文查询他行客户的账户状态信息。

参与者发起批量客户账户信息查询报文，经由 CNAPS2 转发给待查询客户的开户行（清算行），开户行（清算行）再将待查询客户的账户状态信息组成批量客户账户信息应答报文返回给原查询报文发起行。

1.1.2 报文结构

序号	或	报文要素	<XML Tag>	属性	类型	备注	加签要素
1.		Message root	<BtchCstmrsAcctQry>	[1..1]		BatchCustomersAccountQuery	
2.		GroupHeader	<GrpHdr>	[1..1]	【业务头组件】		✓
3.		BatchCustomersAccountQueryInformation	<BtchCstmrsAcctQryInf>	[1..1]			
4.		—AccountCount 查询账户数目	<AcctCnt>	[1..1]	Max8NumericText		✓
5.		—AccountDetails 查询账户清单	<AcctDtls>	[1..n]			
6.		—Identification 账户账号（卡号）	<Id>	[1..1]	Max32Text		✓
7.		—Name 账户名称	<Nm>	[1..1]	Max60Text	允许中文	✓
8.		—AccountBank 开户银行行号	<AcctBk>	[1..1]	Max14Text		✓
9.		—CitizenIDNumber 公民身份号码	<CtznIDNb>	[0..1]	Max18Text		✓
10.		—Telephone 电话/电挂	<Tel>	[0..1]	Max50Text		✓

1.1.3　报文说明

（1）本报文报文头中的"发送系统号"填写为"BEPS"，"接收系统号"填写为"BEPS"。

（2）【业务头组件】中的"发起直接参与机构"和"发起参与机构"要素必须填写一致，均填写发起直参机构号。

（3）【业务头组件】中的"接收直接参与机构"和"接收参与机构"要素必须填写一致，均填写接收直参机构号。

（4）【业务头组件】中的"系统编号"填写为"BEPS"。

（5）"电话/电挂"填写预留手机号码。

1.2　批量客户账户查询应答报文 < beps. 395. 001. 01 >

1.2.1　报文功能

参见"批量客户账户信息查询报文"。

1.2.2　报文结构

序号	或	报文要素	<XML Tag>	属性	类型	备注	加签要素
1.		Message root	<BtchCstmrsAcctQryRspn>	[1..1]		BatchCustomersAccountQueryResponse	
2.		GroupHeader	<GrpHdr>	[1..1]	[业务头组件]		✓
3.		OriginalGroupHeader 原报文主键	<OrgnlGrpHdr>	[1..1]	[原报文主键]		✓
4.		BatchCustomersAccountQueryResponseInformation	<BtchCstmrsAcctQryRspnInf>	[1..1]			
5.		—AccountCount 查询账户数目	<AcctCnt>	[1..1]	Max8NumericText		✓
6.		—AccountDetails 查询结果清单	<AcctDtls>	[1..n]			
7.		—Identification 账户账号（卡号）	<Id>	[1..1]	Max32Text		✓
8.		—Name 账户名称	<Nm>	[1..1]	Max60Text	允许中文	✓
9.		—ResponseInformation 应答信息	<RspnInf>	[1..1]	[业务应答信息]		✓
10.		—AccountStatus 账户状态	<AcctSts>	[0..1]	AccountStatusCode		✓
11.		—AccountBank 开户行行号	<AcctBk>	[1..1]	Max14Text		✓
12.		—CitizenIDNumberVerificationResult 公民身份号码校验结果	<CtznIDNmVrfctnRslt>	[0..1]	VerificationResultCode		✓
13.		—TelephoneVerificationResult 电话/电话校验结果	<TelVrfctnRslt>	[0..1]	VerificationResultCode		✓

1.2.3 报文说明

（1）"业务回执状态"：PR05 - 已成功；PR09 - 已拒绝。

当"业务回执状态"为"PR09：已拒绝"时，"业务拒绝处理码"必须填写拒绝码。

（2）应答标识为"PR05：成功"时，必须填写"账户状态"。

（3）本报文报文头中的"发送系统号"填写为"BEPS"，"接收系统号"填写为"BEPS"。

（4）【业务头组件】中的"发起直接参与机构"和"发起参与机构"要素必须填写一致，均填写发起直参机构号。

（5）【业务头组件】中的"接收直接参与机构"和"接收参与机构"要素必须填写一致，均填写接收直参机构号。

（6）【业务头组件】中的"系统编号"填写为"BEPS"。

（7）账户状态的"AS01 已开户"不再使用。

1.3 备注

1.3.1 AccountStatusCode 修改

AccountStatusCode	用来表示账户状态	AS00：待开户 AS01：已开户 AS02：待销户 AS03：已销户 AS04：借记控制 AS05：贷记控制 AS06：冻结 AS07：已开户为Ⅰ类户 AS08：已开户为Ⅱ类户 AS09：已开户为Ⅲ类户 AS10：无此户 AS11：已开户为信用卡账户

1.3.2 新增 VerificationResultCode

VerificationResultCode	用来表示校验结果	CV00：校验成功 CV01：校验失败 CV02：未校验

1.3.3 新增字段均为可选加签字段。

中国人民银行办公厅关于规范在支票上
使用支付密码有关事项的通知

2016 年 3 月 11 日　银办发〔2016〕59 号

中国人民银行上海总部，各分行、营业管理部、省会（首府）城市中心支行，深圳市中心支行；国家开发银行，各政策性银行、国有商业银行、股份制商业银行，中国邮政储蓄银行：

为进一步规范银行业金融机构（以下简称银行）支票业务，引导企事业单位和个人正确办理支票业务，现就在支票上使用支付密码有关事项通知如下：

一、使用支付密码遵循自愿原则

（一）银行向客户推荐使用支付密码办理支票业务时，应当遵循客户自愿原则。

（二）客户自愿在支票上使用支付密码的，银行应在支票领用协议中与客户约定双方责任、权利和义务，业务规则和流程、争议纠纷处理等内容。同时，明确约定：

1. 除出票人预留银行签章是银行审核支票付款的依据外，支付密码也作为银行审核支付支票金额的条件。

2. 对一定时期内多次发生支付密码不符或漏填支付密码造成退票的客户，银行可停止客户在支票上使用支付密码或停止为客户办理支票业务。

二、规范办理使用支付密码的支票业务

（一）在向已签约使用支付密码的客户出售支票时，银行应在支票票面加注"加验密码"的字样。

（二）对已加注"加验密码"字样但未填写支付密码的支票，持票人委托其开户银行收款的，持票人开户银行应拒绝受理；持票人直接向付款银行提示付款的，付款银行应拒绝付款。持票人开户行银或付款银行应做好对持票人的沟通解释工作，并按规定出具拒绝受理通知书或退票理由书。

（三）对未加注"加验密码"字样但密码栏已填写支付密码的支票，持票人开户银行和付款银行应予受理。

（四）付款银行审核支票付款依据和条件时，对出票人已签约使用支付密码的，付款银行核验支付密码不符的，不予付款。

三、银行应指导客户充分了解相关业务规范

（一）出票人与银行约定使用支付密码的，除按《票据法》、《支付结算办法》等规定在支票上签章外，还应在支票正面密码栏正确填写支付密码。

（二）出票人在出票环节支付密码填写错误的，可在划掉错误的支付密码后填写正确的支付密码并在更正处签章确认。

（三）收款人或被背书人在受理支票时，应确认加注"加验密码"字样的支票正面密码栏已填写支付密码；对加注"加验密码"字样但未填写支付密码的支票，收款人或被背书人应拒绝接受。

本通知自 2016 年 6 月 1 日起施行。请人民银行上海总部、各分行、营业管理部，各省会（首府）城市中心支行，深圳市中心支行将本通知转发至辖区内各城市商业银行、农业商业银行、农村合作银行、外资银行、城市信用社、农村信用社和村镇银行。

中国人民银行办公厅关于
修订支付系统相关管理制度的通知

2016 年 4 月 28 日　银办发〔2016〕112 号

中国人民银行上海总部，各分行、营业管理部，各省会（首府）城市中心支行，深圳市中心支行；国家开发银行，各政策性银行、国有商业银行、股份制商业银行，中国邮政储蓄银行；中国外汇交易中心，中央国债登记结算有限责任公司，中国银联股份有限公司，银行间市场清算所股份有限公司，城市商业银行资金清算中心：

　　根据近年来中国人民银行支付系统建设发展的实际情况，中国人民银行对支付系统相关管理制度进行了修订。现将修订后的管理制度印发给你们，请遵照执行。

　　请中国人民银行上海总部，各分行、营业管理部，各省会（首府）城市中心支行，深圳市中心支行将本通知转发至辖区内各支付系统直接参与者，并做好相关管理制度的贯彻落实工作。

　　执行中如遇情况和问题，请及时告知中国人民银行支付结算司。

　　附件：1. 大额支付系统业务处理办法
　　　　　2. 大额支付系统业务处理手续
　　　　　3. 小额支付系统业务处理办法
　　　　　4. 小额支付系统业务处理手续
　　　　　5. 中国人民银行支付系统运行管理办法
　　　　　6. 中国人民银行支付系统数字证书管理办法

附件 1

大额支付系统业务处理办法

第一章　总　　则

第一条　为规范大额支付系统的业务处理，确保大额支付系统安全、高效运行，加速资金周转，防范支付风险，依据《中华人民共和国中国人民银行法》及有关法律法规的规定，制定本办法。

第二条　大额支付系统逐笔实时处理支付业务，全额清算资金。

第三条　本办法适用于大额支付系统的参与者和运行者。

中国人民银行授权清算总中心运行大额支付系统。

第四条　大额支付系统的参与者包括：

（一）中华人民共和国境内的银行业金融机构；

（二）中国人民银行营业部门和国库部门；

（三）中华人民共和国境内的金融市场基础设施运营机构；

（四）中国人民银行同意接入的其他机构。

第五条　大额支付系统的参与者分为直接参与者和间接参与者。

直接参与者，是指直接接入大额支付系统办理业务的机构。

间接参与者，是指通过直接参与者接入大额支付系统办理业务的机构。

第六条　大额支付系统直接参与者应开设清算账户。

本办法所称清算账户，是指直接参与者在所在地中国人民银行分支机构开设的用于办理资金清算的存款账户，集中摆放在大额支付系统。

第七条　参与者发起的支付业务应符合中国人民银行规定的业务及技术标准，经大额支付系统受理后即具有支付效力。

第八条　支付业务在大额支付系统完成资金清算后即具有最终性。

第九条　大额支付系统运行工作日为国家法定工作日，运行时间由中国人民银行统一规定。中国人民银行根据管理需要可以调整运行工作日及运行时间。

第十条　中国人民银行对大额支付系统实行统一管理。

第二章　支付业务

第十一条　大额支付系统处理以下支付业务：

（一）贷记支付业务；

（二）即时转账业务；

（三）中国人民银行营业部门发起涉及清算账户的业务；

（四）小额支付系统、网上支付跨行清算系统、同城清算系统轧差净额的资金清算业务；

（五）城市商业银行银行汇票资金移存和兑付业务；

（六）中国人民银行规定的其他业务。

第十二条　贷记支付业务由付款行发起，经发起清算行发送大额支付系统，大额支付系统完成资金清算后，将支付业务信息经接收清算行转发收款行。

发起清算行和接收清算行均为大额支付系统的直接参与者。

第十三条　发起行发起贷记支付业务，应根据发起人的要求确定支付业务的优先级次。优先级次按下列标准确定：

（一）发起人要求的救灾、战备款项为特急支付；

（二）发起人要求的紧急款项为紧急支付；

（三）其他支付为普通支付。

第十四条　即时转账业务由金融市场基础设施运营机构向大额支付系统发起，大额支付系统借、贷记指定清算账户后，将支付业务信息经付款清算行和收款清算行转发至付款行和收款行。

即时转账业务专用于支持金融市场交易等的资金清算。直接参与者发起即时转账业务须经中国人民银行批准，并取得相关直接参与者的授权。

第十五条　经中国人民银行批准办理特定业务的直接参与者，可根据与成员机构的约定，发起以下即时转账业务：

（一）中国人民银行公开市场操作室发起公开市场操作和自动质押融资的资金清算业务；

（二）中央国债登记结算公司发起债券交易和发行兑付相关资金清算业务；

（三）中国银联股份有限公司发起银行卡跨行支付净额资金清算业务；

（四）银行间市场清算所发起外汇和债券交易相关资金清算业务；

（五）中国人民银行规定的其他即时转账业务。

第十六条 中国人民银行营业部门发起的涉及清算账户的转账业务，将借记或贷记指令发送大额支付系统，大额支付系统完成资金清算后通知中国人民银行营业部门及清算账户所属直接参与者。

第十七条 城市商业银行签发银行汇票，应通过大额支付系统将汇票资金移存至城市商业银行资金清算中心（以下称汇票处理中心）。

代理兑付行兑付银行汇票，应通过大额支付系统向汇票处理中心发送银行汇票资金清算请求。汇票处理中心确认无误后，应及时将兑付资金和多余款项通过大额支付系统分别汇划至代理兑付行和签发行。

第十八条 中国人民银行可以设置贷记支付业务的金额起点，并根据管理需要进行调整。

第十九条 中国人民银行在大额支付系统中对参与者发起、接收的支付业务种类实行控制管理。

参与者发起支付业务时应根据付款人的委托选择正确的业务种类。

第二十条 大额支付系统收到支付业务后，如清算账户头寸充足，立即进行资金清算；如清算账户头寸不足，将支付业务纳入排队处理。

第二十一条 参与者对有疑问的支付业务和其他需要查询的事项，应及时发出查询。查复行应在收到查询信息的下一个工作日 12:00 前予以查复。

第二十二条 参与者发起的支付业务需要撤销的，应通过大额支付系统发送撤销请求。大额支付系统未清算资金的，立即办理撤销；已清算资金的，不能撤销。

第二十三条 发起行对发起的支付业务需要退回的，应通过大额支付系统发送退回请求。接收行应于收到退回请求的下一个工作日 12:00 前发出应答。

接收行收到发起行的退回请求，对未贷记收款人账户的，立即办理退回；已贷记收款人账户的，应通知发起行由发起人与收款人协商解决。

第三章 资金清算

第二十四条 直接参与者应在其清算账户存有足够资金，用于本机构及其间接参与者支付业务的资金清算。

第二十五条 大额支付系统对于清算账户头寸不足清算的业务，按以下级次排队等待清算，同一级次的业务按照接收时间顺次排列：

（一）中国人民银行营业部门发起的错账冲正；

（二）特急贷记支付（救灾、战备款）业务；

（三）中国人民银行营业部门发起的同城清算系统轧差净额；

（四）小额支付系统、网上支付跨行清算系统轧差净额；

（五）中国人民银行营业部门发起的转账业务；

（六）紧急贷记支付业务；

（七）普通贷记支付业务和即时转账业务。

第二十六条 直接参与者可以调整在其清算账户排队的贷记支付业务和即时转账业务在相应队列中的顺序。

直接参与者可以撤销其发起的正在排队的贷记支付业务和即时转账业务。

第二十七条 中国人民银行根据协议和管理需要，可以对直接参与者的清算账户设置质押融资额度。质押融资管理办法由中国人民银行另行制定。

第二十八条 大额支付系统接收的小额支付系统、网上支付跨行清算系统和同城清算系统轧差净额业务，必须在当日完成资金清算。

第二十九条 大额支付系统设置清算窗口时间，用于处理弥补清算账户头寸不足的支付业务，以及中国人民银行规定的其他业务。

清算窗口的开启和关闭时间由中国人民银行规定，并可根据管理需要进行调整。

第三十条 清算账户禁止隔夜透支。在预定的清算窗口关闭时间，大额支付系统退回排队的贷记支付业务和即时转账业务；对仍未完成资金清算的其他排队业务，由中国人民银行启动相关风险处置程序解决。

第三十一条 中国人民银行及其分支机构可查询所辖直接参与者的清算账户余额，并可通过设定余额警戒线，监视清算账户余额情况。

第三十二条 中国人民银行及其分支机构根据管理需要，可对直接参与者清算账户实行余额控制、借记控制和贷记控制。

实行余额控制时，清算账户不足控制金额的，该清算账户不得被借记；超过该控制金额的部分可以被借记。

实行借记控制时，除错账冲正，小额支付系统、网上支付跨行清算系统和同城清算系统轧差净额外，其他借记该清算账户的支付业务均不能被清算。

实行贷记控制时，除错账冲正，小额支付系统、网上支付跨行清算系统和同城清算系统轧差净额外，其他贷记该清算账户的支付业务均不能被清算。

第三十三条 直接参与者可以通过其清算账户圈存资金作为抵押品，用于获取小额支付系统、网上支付跨行清算系统的净借记限额。圈存资金不得用于日常清算。

第三十四条 清算账户的开立和变更，由中国人民银行营业部门向大额支付系统发送相关指令办理；清算账户撤销由大额支付系统根据业务管理部门的指令办理。

第四章 日终和年终处理

第三十五条 大额支付系统在每个工作日日终，将当日有关账务信息发送中国人民银行营业部门和国库部门。

中国人民银行营业部门和国库部门核对不符的，可向大额支付系统申请下载账务明细信息进行核对，以下载的账务明细信息为准进行调整。

第三十六条 直接参与者在每个工作日日终与大额支付系统核对当日处理的业务信息。核对不符的，以大额支付系统为准进行调整。

第三十七条 大额支付系统在每年最后一个工作日完成日终处理后，将大额支付往来账户、小额支付往来账户余额结转支付清算往来账户，并将支付清算往来账户余额发送至中国人民银行营业部门进行核对。

第五章 纪律与责任

第三十八条 大额支付系统的参与者和运行者应遵守本办法以及其他相关规定，不得拖延支付、截留、挪用客户和其他参与者资金。直接参与者不得因清算账户头寸不足影响客户和其他参与者资金使用。不得疏于系统管理，影响系统安全、稳定运行。不得伪造、篡改大额支付业务信息，盗用资金。

第三十九条 大额支付系统的参与者和运行者因工作差错延误大额支付业务的处理，影响客户和其他参与者资金使用的，可按中国人民银行规定的金融机构人民币短期贷款基准利率计付赔偿金。当事双方另有约定的，从其约定。

第四十条 大额支付系统的参与者和运行者的工作人员在办理大额支付业务中玩忽职守，或出现重大失误，造成资金损失的，应当受到惩戒；有涉嫌伪造、篡改大额支付业务盗用资金等犯罪行为的，移送司法机关依法追究刑事责任。

第四十一条 大额支付系统出现重大故障，造成业务无法正常处理，影响资金使用的，系统运行者应按超额准备金存款利率对延误的资金向有关参与者赔付利息。

第四十二条 因不可抗力造成大额支付系统无法正常运行的，有关当事人均有及时排除障碍和采取补救措施的义务，但不承担赔付责任。

第六章　附　　则

第四十三条　直接参与者通过大额支付系统办理业务，应按规定缴纳费用。

第四十四条　大额支付系统支付信息的保存时间比照同类会计档案处理。

第四十五条　本办法由中国人民银行负责解释。

第四十六条　本办法自发布之日起实施。

附件 2

大额支付系统业务处理手续

壹　会计科目及账户

一、会计科目

（一）负债类科目。

1. 准备金存款。

本科目核算各银行业金融机构存放在中国人民银行（以下简称人民银行）的准备金。

2. 其他存款。

本科目核算银行业金融机构以外的其他直接参与者用于清算的资金和支付业务收费的归集、划拨等。

（二）资产负债共同类科目。

1. 大额支付往来。

本科目核算发起清算行和接收清算行通过大额支付系统办理的支付结算往来款项，余额轧差反映。

年终，本科目余额全额转入"支付清算资金往来"科目，余额为零。

2. 支付清算资金往来。

本科目核算发起清算行和接收清算行通过大额支付系统办理的支付结算汇差款项。

年终，"大额支付往来"科目余额对清后，结转至本科目，余额轧差反映。

（三）汇总平衡科目。

本科目用于平衡大额支付系统代理人民银行营业部门和国库部门账务处理，不纳入人民银行营业部门和国库部门的核算。

二、账户设置

（一）"大额支付往来"、"支付清算资金往来"、"汇总平衡"科目按人民银行营业部门和国库部门分设账户。

（二）负债类科目按直接参与者（不包括人民银行营业部门和国库部门）分设清算账户。

贰　清算账户开设、使用和撤销

一、清算账户开设

直接参与者在大额支付系统开设清算账户前，须在其所在地人民银行分支机构开设存款账户，账户的开立、使用、撤销遵从中央银行会计核算数据集中系统（以下简称 ACS）有关规定。

人民银行营业部门根据支付系统业务管理部门关于开设支付系统清算账户的通知，将参与者行号和账户余额等信息通过"清算账户开户申请报文"发送大额支付系统，大额支付系统确认无误后，进行开户处理并结转清算账户初始余额。会计分录为：

借：汇总平衡科目——人民银行 ACS 户

　贷：××存款——××行户

开户处理成功后，大额支付系统将回执信息分别发送申请开户的直接参与者和人民银行营业部门，清算账户当日生效。

清算账户物理摆放在大额支付系统，人民银行营业部门根据支付系统下发的日终下载账务信息完成记账处理。

二、清算账户使用

（一）自动质押融资设置。

人民银行业务管理部门根据与各银行业金融机构签订的自动质押融资协议，通过公开市场操作室（OMO）客户端向大额支付系统发送"质押融资管理报文"；大额支付系统收到报文确认无误后，进行相应设置，向公开市场操作室（OMO）返回设定成功的回执信息，并向人民银行营业部门和清算账户所属直接参与者发送"账户管理通知报文"。自动质押融资设置成功后次日生效。

自动质押融资的修改比照设置处理。

（二）清算账户信息维护。

清算账户名称需要变更的，人民银行营业部门向大额支付系统发送"清算账户维护申请报文"，大额支付系统收到后进行相关信息的维护处理，将处理的回执信息返回人民银行营业部门，并向清算账户所属直接参与者发送"账户管理通知报文"。

（三）清算账户控制。

1. 清算账户借记控制。

人民银行营业部门收到需要对某清算账户进行借记控制的授权指令时，向大额支付系统发送"清算账户维护申请报文"。大额支付系统收到后立即停止借记该清算账户，退回正在排队需借记该清算账户的贷记支付业务和即时转账业务，但已提交清算的同城清算系统、小额支付系统、网上支付跨行清算系统轧差净额和错账冲正等业务正常清算。

清算账户借记控制的解除比照设定处理。

2. 清算账户贷记控制。

人民银行营业部门收到需要对某清算账户进行贷记控制的授权指令时，向大额支付系统发送"清算账户维护申请报文"。大额支付系统收到报文后立即停止贷记该清算账户，但已提交清算的同城清算系统、小额支付系统、网上支付跨行清算系统轧差净额和错账冲正等业务正常清算。

清算账户贷记控制的解除比照设定处理。

3. 清算账户余额控制。

人民银行营业部门收到需要对某清算账户进行余额控制的授权指令时，向大额支付系统发送"清算账户维护申请报文"。大额支付系统收到报文后立即进行处理。对清算账户余额不足控制金额的，只接收贷记该清算账户的支付业务，不接收借记该清算账户的支付业务；清算账户余额超过控制金额的部分，可以用于正常清算。

清算账户余额控制的解除比照设定处理。

（四）清算账户的监视。

人民银行营业部门对管辖的清算账户，直接参与者对其清算账户余额需要监视的，向大额支付系统发送"清算账户余额警戒值设置申请报文"，大额支付系统收到报文自动进行处理。当清算账户余额低于或等于余额预警值时，系统自动向设置行发送"余额告警通知报文"。

（五）清算账户的查询。

1. 清算账户信息查询。

人民银行营业部门和直接参与者均可根据需要查询清算账户状态，以及圈存资金、余额最低控制金额、账户余额、可用头寸、预期头寸等信息。其中人民银行营业部门可以查询所管辖清算账户上述信息，直接参与者只可查询自身清算账户上述信息。查询时，人民银行营业部门或直接参与者向大额支付系统发送"清算账户信息查询申请报文"，大额支付系统收到并确认后，将查询结果返回申请查询机构。

2. 清算账户全面流动性查询。

直接参与者需要查询清算账户及其分支机构在人民银行营业部门开立的非清算账户余额时，向大额支付系统发送"开户单位全面流动性查询报文"，大额支付系统收到并确认后进行相应处理。对仅查询清算账户流动性的，将清算账户余额、可用头寸和预期头寸等信息返回申请查询机构；对查询清算账户和非清算账户余额的，将清算账户查询结果转发 ACS，由 ACS 将清算账户和非清算账户查询结果汇总后，经大额支付系统返回申请查询机构。

人民银行营业部门需要查询所辖清算账户的余额、可用头寸和预期头寸等信息时，向大额支付系统发送"开户单位全面流动性查询报文"，大额支付系统收到并确认后，将查询结果返回人民银行营业部门。

三、清算账户撤销的处理

直接参与者申请撤销支付系统行号和变更为间接参与者，大额支付系统在行名行号变更信息生效前一工作日日终处理时，确认该参与者所有支付业务处理完毕，且人民银行营业部门已取消对其借记控制、贷记控制、余额控制和自动质押融资资格设置后，自动撤销该清算账户，将销户结果通知人民银行营业部门和该直接参与者。

人民银行营业部门收到大额支付系统销户通知，在核对本地该清算账户余额无误后，将该清算账户修改为非清算账户。

叁 贷记支付业务

贷记支付业务由发起（清算）行发送大额支付系统，大额支付系统完成资金清算后，转发接收（清算）行。该业务适用于付款人向收款人主动支付款项。银行业金融机构接受客户委托的跨行汇兑（含现金汇款）、委托收款

（划回）、托收承付（划回）、国库汇款、票据（包括支票、本票、汇票）兑付或付款，以及银行业金融机构主动发起的资金调拨、外汇清算、资金拆借、国库贷记资金划拨等均可通过该业务处理。

办理贷记支付业务可使用"客户发起汇兑业务报文"或"金融机构发起汇兑业务报文"（以下统称贷记支付报文）。其中，收款人和付款人均为银行业金融机构或人民银行的，使用"金融机构发起汇兑业务报文"；收款人和付款人中有一方不是银行业金融机构或人民银行的，使用"客户发起汇兑业务报文"。

一、发起（清算行）的处理

发起（清算）行根据付款人要求，确定支付业务的优先级次（包括普通和紧急。其中，救灾战备款为特急），向大额支付系统发送贷记支付报文。待大额支付系统清算资金后接收回执。

二、大额支付系统的处理

大额支付系统收到发起（清算）行发来的贷记支付报文，确认无误后，分别情况进行账务处理：

（一）发起清算行、接收清算行均为银行业金融机构（含其他有清算账户的直接参与者，下同）的，会计分录为：

借：××存款——××行户
　　贷：大额支付往来——人民银行 ACS 户
借：大额支付往来——人民银行 ACS 户
　　贷：××存款——××行户

（二）发起清算行为银行业金融机构，接收清算行为人民银行营业部门或国库部门的，会计分录为：

借：××存款——××行户
　　贷：大额支付往来——人民银行 ACS 户
借：大额支付往来——人民银行 ACS（TCBS）户
　　贷：汇总平衡科目——人民银行 ACS（TCBS）户

（三）发起清算行为人民银行营业部门或国库部门，接收清算行为银行业金融机构的，会计分录为：

借：汇总平衡科目——人民银行 ACS（TCBS）户
　　贷：大额支付往来——人民银行 ACS（TCBS）户
借：大额支付往来——人民银行 ACS 户

贷：××存款——××行户

（四）发起清算行、接收清算行均为人民银行营业部门或国库部门的，会计分录为：

借：汇总平衡科目——人民银行 ACS（TCBS）户

　贷：大额支付往来——人民银行 ACS（TCBS）户

借：大额支付往来——人民银行 TCBS（ACS）户

　贷：汇总平衡科目——人民银行 TCBS（ACS）户

（五）发起清算行清算账户头寸不足时，大额支付系统将该笔支付业务进行排队处理。

大额支付系统账务处理完成后，将支付业务转发接收（清算）行，并将清算回执发送发起（清算）行。

三、接收（清算）行的处理

接收（清算）行收到大额支付系统转发的贷记支付报文，对于收款人账号、户名均正确的业务，应立即完成相应账务处理；对于有疑问或发生差错的业务，应按要求进行确认后进行相应处理。

肆　即时转账业务

即时转账业务专用于支持金融市场等交易的资金清算，通过支付系统与相关金融市场基础设施连接完成。直接参与者发起即时转账业务须经人民银行批准，并取得相关直接参与者的授权。直接参与者以第三方身份发起即时转账业务，大额支付系统直接借记和贷记指定清算账户后，将业务信息转发相关清算账户所属直接参与者。

经人民银行批准通过大额支付系统办理的即时转账业务包括：

（一）人民银行公开市场操作室发起公开市场操作和自动质押融资的资金清算业务；

（二）中央国债登记结算公司发起债券交易和发行兑付相关资金清算业务；

（三）中国银联股份有限公司发起银行卡跨行支付净额资金清算业务；

（四）银行间市场清算所发起外汇和债券交易相关资金清算业务；

（五）人民银行规定的其他即时转账业务。

一、即时转账业务的处理

（一）直接参与者（第三方身份）的处理。

直接参与者（第三方身份）根据金融市场交易等业务的需要，根据相关管理规定以及与成员机构的约定，向大额支付系统发出"即时转账报文"，办理资金清算。

（二）大额支付系统的处理。

1. 大额支付系统收到即时转账报文确认无误后，先对借记行进行账务处理。

被借记行为人民银行的，会计分录为：

借：汇总平衡科目——人民银行 ACS（TCBS）户

　　贷：大额支付往来——人民银行 ACS（TCBS）户

被借记行为银行业金融机构的，会计分录为：

借：××存款——××行户

　　贷：大额支付往来——人民银行 ACS 户

2. 大额支付系统在完成被借记行账务处理后，对被贷记行进行账务处理，会计分录为：

被贷记行为人民银行的，会计分录为：

借：大额支付往来——人民银行 ACS（TCBS）户

　　贷：汇总平衡科目——人民银行 ACS（TCBS）户

被贷记行为银行业金融机构的，会计分录为：

借：大额支付往来——人民银行 ACS 户

　　贷：××存款——××行户

大额支付系统账务处理完成后，向直接参与者（第三方身份）发送"清算回执报文"，通知其资金清算成功结果，并向被借记行和被贷记行转发即时转账报文。

如清算账户头寸不足支付，大额支付系统将该笔支付业务作排队处理，并将不足支付的信息通知直接参与者（第三方身份）和被借记行。清算窗口关闭时，如清算账户仍不足支付，将排队的即时转账业务作退回处理。

（三）直接参与者（第三方身份）的处理。

直接参与者（第三方身份）收到已清算回执后，相应修改有关业务状态，进行后续处理。

对即时转账业务处于排队的，暂不做处理，待接到已清算的即时转账回应报文后再进行后续处理。

支付系统清算窗口关闭时，付款清算行清算账户仍不足支付的，直接参与者（第三方身份）根据大额支付系统即时转账报文退回通知，进行后续处理。

（四）被借（贷）记行的处理。

被借记行和被贷记行收到已清算的即时转账报文后，进行相应账务处理。

二、自动质押融资和还款解押业务的处理

（一）发起融资请求。

自动质押融资业务包括自动触发和人工触发两种模式。

在自动触发模式下，当具备办理自动质押融资业务资格的银行业金融机构清算账户头寸不足支付，且缺款金额大于自动质押融资起点金额，以及无未销记的需要融资记录时，大额支付系统向人民银行公开市场操作室发送"融资需要通知报文"。

在人工触发模式下，当具备办理自动质押融资业务资格的银行业金融机构清算账户头寸不足支付时，通过中央债券综合业务系统向人民银行公开市场操作室发送人工质押融资指令。人民银行公开市场操作室对人工质押融资指令核验无误后，向大额支付系统发起"人工质押融资申请报文"。大额支付系统确认该银行业金融机构缺款金额大于自动质押融资起点金额，且无未销记的需要融资记录后，向人民银行公开市场操作室发送"融资需要通知报文"。

（二）办理质押融资。

1. 人民银行公开市场操作室的处理。

人民银行公开市场操作室收到"融资需要通知报文"，检查融资行自动质押融资业务资格，办理债券质押后，向大额支付系统发送"即时转账报文"。

2. 大额支付系统的处理。

大额支付系统收到即时转账报文确认无误后，进行账务处理。会计分录为：

借：汇总平衡科目——人民银行 ACS 户

　贷：大额支付往来——人民银行 ACS 户

借：大额支付往来——人民银行 ACS 户

　贷：××存款——××行户

大额支付系统账务处理完成后，将清算回执发送人民银行公开市场操作室，并将即时转账报文转发人民银行营业部门和融资行。

3. 人民银行营业部门的处理。

人民银行营业部门收到已清算的即时转账报文后，进行账务处理。

4. 融资行的处理。

融资行收到已清算的即时转账报文后，进行账务处理。

（三）还款解押。

1. 人民银行公开市场操作室的处理。

人民银行公开市场操作室在预先设定的扣款时点，向大额支付系统发送即时转账报文，进行扣款处理。

2. 大额支付系统的处理。

大额支付系统收到即时转账报文并确认后，进行账务处理。会计分录为：

借：××存款——××行户
  贷：大额支付往来——人民银行 ACS 户
借：大额支付往来——人民银行 ACS 户
  贷：汇总平衡科目——人民银行 ACS 户

大额支付系统账务处理成功后，将清算回执发送人民银行公开市场操作室，并将即时转账报文发送人民银行营业部门和融资行。

融资行清算账户头寸不足支付的，作拒绝处理，并将回执信息发送人民银行公开市场操作室和融资行。

3. 人民银行公开市场操作室的处理。

人民银行公开市场操作室收到已清算的清算回执报文后，通过中央债券综合业务系统办理债券解押，并由中央债券综合业务系统通知人民银行公开市场操作室和融资行。

人民银行公开市场操作室收到已拒绝的清算回执报文，将本次扣款作失败处理，在下一个扣款时点重新计息后再向大额支付系统发起即时转账报文，直至扣款成功。在大额支付系统日终时，仍扣款失败的，人民银行公开市场操作室将该融资业务作隔夜处理，并通知融资行。在大额支付系统下一运行工作日日初，中央债券综合业务系统根据估值计算融资行质押债券是否足额，如债券足额，不作处理；如债券不足额，要求融资行补足债券，并向人民银行营业部门发起"质押融资债券调整通知报文"进行调整。

4. 人民银行营业部门的处理。

人民银行营业部门收到即时转账报文后，进行账务处理。

5. 融资行的处理。

融资行收到即时转账报文后，进行账务处理；收到债券调整通知后，通过中央债券综合业务系统补足债券。

伍 人民银行营业部门发起的转账业务
和同城清算系统轧差净额的资金清算

一、人民银行营业部门发起的转账业务的处理

人民银行营业部门发起的涉及清算账户的转账业务，将借记或贷记指令发送大额支付系统。

（一）人民银行营业部门需要贷记管辖的清算账户的，通过 ACS 系统向大额支付系统发送贷记清算账户的"单边业务报文"，大额支付系统收到报文确认无误后，进行账务处理，会计分录为：

借：汇总平衡科目——人民银行 ACS 户

　贷：××存款——××行户

处理完成后，大额支付系统将处理成功信息发送人民银行营业部门及被贷记清算账户所属直接参与者。

（二）人民银行营业部门需要借记管辖的清算账户的，通过 ACS 系统向大额支付系统发送借记清算账户的"单边业务报文"，大额支付系统收到报文确认无误后，进行账务处理，会计分录为：

借：××存款——××行户

　贷：汇总平衡科目——人民银行 ACS 户

处理完成后，大额支付系统将处理成功信息发送人民银行营业部门及被借记清算账户所属直接参与者。

人民银行营业部门在大额支付系统日间发送的单边业务报文，如付款清算行清算账户头寸不足支付，该业务作清算排队处理；在清算窗口期间发送的单边业务报文，如付款清算行清算账户头寸不足支付，该业务作拒绝处理。

二、人民银行营业部门发起的同城清算系统轧差净额的资金清算

（一）同城清算轧差净额资金清算的基本原则。

1. 同城清算系统轧差净额只能在大额支付系统日间状态提交大额支付系统处理；

2. 一场同城清算系统轧差净额，不论借记方是否清算，对所有应贷记的清算账户作贷记处理；

3. 清算窗口关闭前，所有排队待清算的同城清算系统轧差净额必须完成清算。

（二）同城清算系统轧差净额的处理。

人民银行营业部门将涉及清算账户（不涉及清算账户的，由中央银行会计核算数据集中系统处理）的同城清算系统轧差净额，通过"同城轧差净额清算业务报文"提交大额支付系统，大额支付系统收到报文检查无误后，进行账务处理。

属于贷记清算账户的，会计分录为：

借：汇总平衡科目——人民银行 ACS 户

　贷：××存款——××行户

属于借记清算账户，且头寸足以支付的，大额支付系统立即进行账务处理。会计分录为：

借：××存款——××行户

　贷：汇总平衡科目——人民银行 ACS 户

头寸不足以支付的，作排队处理，通知该清算账户所属参与者筹措资金，并通知人民银行营业部门。待该参与者筹足资金后，立即借记该清算账户。清算窗口预定关闭时间，仍未筹足资金的，由人民银行启动相关风险处置程序。

（三）国库部门同城清算系统轧差净额的处理。

人民银行国库部门属于应收差额的，由人民银行营业部门主动向国库部门发起"金融机构发起贷记支付报文"（业务种类为国库同城交换净额清算，并在附言中注明交换场次）；属于应付差额的，由人民银行国库部门主动向人民银行营业部门发起"金融机构发起汇兑业务报文"（业务种类为国库同城交换净额清算，并在附言中注明交换场次）。业务流程比照大额支付系统贷记支付业务的处理流程办理。

三、小额支付系统和网上支付跨行清算系统轧差净额的处理

小额支付系统和网上支付跨行清算系统在大额支付系统日间将轧差净额发送大额支付系统，大额支付系统收到后进行相关账务处理。相关处理手续比照同城清算系统轧差净额的资金清算。

四、错账冲正和补记的处理

人民银行营业部门涉及清算账户的转账业务或同城清算系统轧差净额业务发生错账需要冲正时，按会计制度的有关规定处理。需要红字冲正时，向大额支付系统发送"错账冲正报文"（原记载方向不变，原记载金额前加"－"符号）。大额支付系统收到冲账报文后，对该清算账户进行冲账处理。

人民银行营业部门需要补记清算账户账务时，向大额支付系统发送"错账冲正报文"（同方向补记）。大额支付系统收到补记报文后，对该清算账户

进行补记处理。

在大额支付系统日间，人民银行营业部门提交的错账冲正和补记业务，如付款清算行清算账户头寸不足支付的，大额支付系统将该业务作清算排队处理；在大额支付系统业务截止后，人民银行营业部门提交的错账冲正和补记业务，如遇付款清算行清算账户头寸不足支付的，大额支付系统对该业务作拒绝处理。

陆　城市商业银行银行汇票业务

一、银行汇票资金移存业务的处理

（一）发起行（发起清算行）的处理。

签发行签发银行汇票，进行账务处理后，向大额支付系统发送"客户发起汇兑业务报文"（业务种类为城市商业银行汇票资金移存）。在银行汇票资金移存业务中，接收行为城市商业银行资金清算中心（以下称汇票处理中心）。

（二）大额支付系统的处理。

大额支付系统收到直接参与者发来的"客户发起汇兑业务报文"，逐笔确认无误后，进行账务处理。会计分录为：

借：××存款——××行户
　　贷：大额支付往来——人民银行 ACS 户
借：大额支付往来——人民银行 ACS 户
　　贷：××存款——汇票处理中心户

账务处理完成后，大额支付系统向发起清算行发送清算回执。如清算账户头寸不足支付时，大额支付系统将该笔支付业务作排队处理。

（三）汇票处理中心的处理。

汇票处理中心收到大额支付系统发来的"客户发起汇兑业务报文"，确认无误后，进行账务处理。

二、银行汇票兑付的处理

（一）兑付申请的处理。

代理兑付行收到兑付银行汇票申请，暂不作账务处理，经大额支付系统向汇票处理中心发送"申请清算城市商业银行汇票资金报文"。

（二）汇票兑付资金清算的处理。

1. 汇票处理中心的处理。

汇票处理中心办理资金划拨时，应分别情况进行处理：全额兑付的，生成"客户发起汇兑业务报文"（业务种类为城市商业银行汇票资金清算）及"城市商业银行汇票全额兑付通知报文"，发送大额支付系统；部分兑付的，生成客户发起汇兑业务报文（业务种类为城市商业银行汇票资金清算）及"客户发起汇兑业务报文"（业务种类为城市商业银行汇票多余资金划回），发送大额支付系统。

2. 大额支付系统的处理。

大额支付系统收到汇票处理中心发来的"城市商业银行汇票全额兑付通知报文"，逐笔确认无误后发送收款清算行；收到"客户发起汇兑业务报文"（业务种类为城市商业银行汇票资金清算）和"客户发起汇兑业务报文"（业务种类为城市商业银行汇票多余资金划回），逐笔确认无误后进行账务处理。

会计分录为：

借：××存款——汇票处理中心户（兑付款）

　　贷：大额支付往来——人民银行 ACS 户

借：大额支付往来——人民银行 ACS 户

　　贷：××存款——××行户（兑付行）

对汇票多余款划回报文进行账务处理，会计分录为：

借：××存款——汇票处理中心户（多余款）

　　贷：大额支付往来—人民银行 ACS 户

借：大额支付往来——人民银行 ACS 户（多余款）

　　贷：××存款——××行户（签发行）

大额支付系统账务处理完成后，将支付业务发往接收清算行，并将处理回执发往汇票处理中心。汇票处理中心清算账户头寸不足支付的，作清算排队处理。

3. 接收清算行（接收行）的处理。

收款清算行为签发行的，收到"城市商业银行汇票全额兑付通知报文"或"客户发起汇兑业务报文"（业务种类为城市商业银行汇票多余资金划回）后进行账务处理。

收款清算行为代理兑付行的，收到"客户发起汇兑业务报文"（业务种类为城市商业银行汇票资金清算）后进行账务处理。

三、银行汇票未用退回的处理

（一）未用退回申请的处理。

发起行（发起清算行）收到未用退回申请，向大额支付系统发起"城市商业银行汇票申请退回业务报文"，由大额支付系统转发汇票处理中心。

汇票处理中心收到报文，逐笔确认、配对成功、账务处理完毕后，进行资金划拨。对已兑付的汇票，向签发行发出拒绝退回通知。

（二）汇票未用退回资金清算的处理。

汇票处理中心根据汇票出票金额生成"客户发起汇兑业务报文"（业务种类为城市商业银行汇票资金未用退回），发送大额支付系统。大额支付系统收到银行汇票未用退回报文确认无误后，进行账务处理，会计分录为：

借：××存款——汇票处理中心户

　贷：大额支付往来——人民银行 ACS 户

借：大额支付往来——人民银行 ACS 户

　贷：××存款——××行户（签发行）

账务处理完成后，大额支付系统将"客户发起汇兑业务报文"（业务种类为城市商业银行汇票资金未用退回）发送接收清算行（接收行）。汇票处理中心清算账户头寸不足支付的，作清算排队处理。

收款清算行收到"客户发起汇兑业务报文"（业务种类为城市商业银行汇票资金未用退回）确认无误后，进行账务处理。

四、银行汇票逾期主动退回的处理

汇票处理中心定期对汇票移存登记信息进行检索，对期满一个月后未解付的汇票，经查询确需退回的进行账务处理，同时生成"客户发起汇兑业务报文"（业务种类为城市商业银行汇票资金未用退回）发送大额支付系统。具体处理手续比照银行汇票未用退回资金清算的处理。

五、银行汇票挂失的处理

按照《支付结算办法》（银发〔1997〕393 号文印发）规定，填明"现金"字样和代理付款人的银行汇票丧失，持票人可以向签发行或者代理兑付行申请挂失，办理公示催告，票据权利人届时凭法院裁定书向签发行申请退款，签发行按汇票未用退回处理。代理兑付行不能办理挂失银行汇票的解付。

柒　清算排队

一、清算排队优先级次

大额支付系统在日间收到支付业务后，自动检查付款清算行清算账户的头寸。不足支付的，对借记同一清算账户的业务按优先级次进行排队，同一优先

级次的按照时间先后顺序进行排队,并通知相关参与者。排队等待清算的优先级次如下:

(一)人民银行营业部门发起的错账冲正;

(二)特急贷记支付(救灾、战备款)业务;

(三)人民银行营业部门发起的同城清算系统轧差净额;

(四)小额支付系统、网上支付跨行清算系统轧差净额;

(五)人民银行营业部门发起的转账业务;

(六)紧急贷记支付业务;

(七)普通贷记支付业务和即时转账业务。

二、清算排队查询

付款清算行可以向大额支付系统发起"清算排队查询申请报文"查询其所有排队等待清算信息,大额支付系统收到付款清算行查询申请后,将该直接参与者排队待清算业务笔数、总金额,及有关明细信息返回查询行。

三、清算队列调整

付款清算行可以对借记自身清算账户的贷记支付业务和即时转账业务,通过"清算排队管理申请报文",在同一优先级次进行排队顺序调整,即将队列中的某一支付业务调至队首或者队尾。

四、清算排队撤销

直接参与者可以对自身处于清算排队的大额贷记业务和即时转账业务,通过"业务撤销申请报文"进行撤销处理。人民银行营业部门发起的错账冲正业务和同城清算系统轧差净额业务不可撤销。

捌　支付业务的撤销和退回

一、支付业务撤销的处理

(一)发起清算行申请撤销支付业务,向大额支付系统发送"业务撤销申请报文"。

(二)大额支付系统收到"业务撤销申请报文"后,对原支付业务信息进行检查,分别情况处理:

1. 已清算资金的,对撤销申请作拒绝处理,并向发起(清算)行返回已拒绝的"业务撤销应答报文"。

2. 正在排队等待清算的,从队列中撤销该支付业务,并将已处理的"业务撤销应答报文"返回发起(清算)行。

直接参与者（第三方身份）可对清算排队的即时转账业务进行撤销处理，处理手续同上。

二、退回申请及应答的处理

（一）发起清算行申请退回支付业务，向大额支付系统发送"业务退回申请报文"，并登记"退回申请及应答登记簿"。

（二）大额支付系统收到退回申请报文，登记"退回申请及应答登记簿"，将"业务退回申请报文"转发接收清算行。

（三）接收清算行收到退回申请信息后，登记"退回申请及应答登记簿"，同时检查原支付信息是否已贷记收款人账户，分别情况处理。

1. 尚未贷记收款人账户的，向发起清算行发送同意退回的应答信息，并根据原支付信息使用"客户发起汇兑业务报文"或"金融机构发起汇兑业务报文"，业务类型为"退汇"，并准确填写原支付业务相关信息，办理退汇。

2. 已贷记收款人账户的，接收清算行向发起清算行发送拒绝退回的应答信息。

接收清算行应在收到退回申请的下一工作日 12:00 前发出同意退回或拒绝退回的应答信息，应答信息发出后，自动配对登记"退回申请及应答登记簿"。

（四）大额支付系统收到接收清算行发送的同意或拒绝退回应答信息，自动配对登记"退回申请及应答登记簿"，并转发至发起清算行。

（五）发起清算行收到退回应答信息，自动配对登记"退回申请及应答登记簿"，并进行相应处理。

玖　查询查复

一、办理大额支付系统业务的查询查复必须做到"有疑必查，有查必复，复必详尽，切实处理"。

二、查询行对本行接收或发出的支付业务有疑问，以及受理客户的查询事项，需要对业务要素进行查询的，应按查询查复规定的格式、标准经大额支付系统向查复行发送查询信息。

三、查复行收到查询信息后进行确认，并应在下一法定工作日 12：00 前，按规定的格式、标准向查询行发送查复信息。

四、查询行收到查复信息后，对所查询问题已得到明确答复的，按照有关规定处理或通知客户。

五、对更正支付业务要素的查询，如更改收款人账号等，必须严格以客户提交的原始汇划凭证的记载内容为依据进行查复。严禁银行和个人擅自更改原始汇划凭证内容，发出查复信息。

六、查询行和查复行必须按规定的格式和要求建立查询查复登记簿。发出（收到）查询信息时，查询（查复）行自动登记查询查复登记簿；发出（收到）查复信息时，查复（查询）行自动配对登记查询查复登记簿。

七、大额支付系统查询、查复登记簿的电子信息至少联机保留 7 个工作日，超过联机保存期限的，必须磁介质保存，归档保管，以备存查。

拾　清算窗口时间的处理

一、清算窗口开启

大额支付系统在业务截止后，自动进入清算窗口时间，用于处理弥补清算账户头寸不足的支付业务，人民币跨境支付系统资金调拨业务以及人民银行规定的其他业务。

进入清算窗口时，大额支付系统自动向缺款行及人民银行营业部门发送"筹措资金通知报文"。

二、清算窗口时间的业务处理

清算窗口时间内，大额支付系统仅受理贷记缺款行清算账户的支付业务、人民币跨境支付系统参与者的资金调拨业务，以及人民银行规定的其他业务。

清算窗口时间内，直接参与者可调整排队业务顺序，或撤销排队业务。

对清算窗口预关闭前已筹措的资金，大额支付系统按如下顺序进行资金清算处理：

（一）人民银行营业部门发起的错账冲正；

（二）特急贷记支付（救灾、战备款）业务；

（三）人民银行营业部门发起的同城清算系统轧差净额；

（四）小额支付系统、网上支付跨行清算系统轧差净额；

（五）人民银行营业部门发起的转账业务；

（六）紧急贷记支付业务；

（七）普通贷记支付业务和即时转账业务。

三、清算窗口关闭

在清算窗口预定关闭时间，大额支付系统检查清算排队情况，主动退回仍在排队的贷记支付业务、即时转账业务和单边业务，但错账冲正、同城清算系统轧差净额、小额支付系统和网上支付跨行清算系统轧差净额不可退回，必须当日清算。若不存在当日必须清算的排队业务，大额支付系统立即关闭清算窗口，进入日终处理。

在清算窗口预定关闭时间，如仍存在当日必须清算的排队业务，由人民银行启动相关风险处置程序。全部处置完毕后关闭清算窗口，进入日终处理。

拾壹　日终和年终的处理

一、日终处理

（一）试算平衡。

日终，清算窗口关闭后，大额支付系统将各清算账户、大额支付往来、小额支付往来、支付清算资金往来和汇总平衡科目账户当日累计发生额和余额进行试算平衡。试算平衡后，立即下载账务信息和核对支付信息。

（二）业务核对。

大额支付系统日终后，向直接参与者下发"大额业务汇总核对报文"，由直接参与者进行支付业务核对。直接参与者核对不符的，直接参与者根据大额支付系统数据进行调整。

（三）账务信息下载及核对。

1. ACS 和 TCBS 的账务信息下载。

（1）试算平衡后，大额支付系统将各清算账户、大额支付往来、小额支付往来的上日余额、当日借方发生额、当日贷方发生额和当日余额及当日账务明细信息下载给人民银行营业部门和国库部门。

（2）人民银行营业部门和国库部门收到账务信息后，分别纳入 ACS 和 TCBS 进行试算平衡。试算不平衡的，以下载的支付系统账务明细为准进行账务调整。

2. 直接参与者的账务信息下载。

大额支付系统将清算账户日报表下发各直接参与者，日报表涵盖涉及该参与者清算账户的所有业务。

二、年终处理

（一）账务结转。

1. 大额支付往来科目的结转。

年度最后一个工作日，大额支付系统完成日终试算平衡，并将日终账务信息下载后，以人民银行营业部门和国库部门为单位，将大额支付往来科目余额结转到支付清算资金往来科目。如大额支付往来科目为借方余额的，会计分录为：

借：支付清算资金往来——ACS（TCBS）户

贷：大额支付往来——ACS（TCBS）户

如大额支付往来科目为贷方余额的，会计分录相反。

人民银行营业部门和国库部门接收大额支付系统日终下载的账务信息，进行自身试算平衡后，办理年度账务结转，将"大额支付往来科目"余额结转"支付清算资金往来"科目。

2. 汇总平衡科目的结转。

年终总的试算平衡结束后，大额支付系统以人民银行营业部门和国库部门为单位，将汇总平衡科目借方或贷方余额结转为下年度的期初余额。

3. 清算账户的结转。

年终总的试算平衡结束后，大额支付系统分别将每一个清算账户的借方或贷方余额结转为下年度的期初余额。

（二）支付清算资金往来科目余额的核对。

大额支付系统账务结转后，将支付清算资金往来账户余额下载至人民银行营业部门和国库部门。

人民银行营业部门和国库部门收到下载的支付清算资金往来账户余额，与自身结转存档的支付清算资金往来科目的余额进行核对。核对不符的，以下载的大额支付系统余额为准进行账务调整。

拾贰　支付系统业务计费的处理

一、收费对象

凡通过大额支付系统办理支付业务的直接参与者（人民银行营业部门和国库部门除外）均需按规定的计费标准、实际发生的业务笔数，向大额支付系统运行者缴付汇划费用。

二、统计和计算

计费系统根据规定设置各类业务的收费标准。费用收取以"月"为单位计算并自动扣收。当清算账户销户时，按上一收费时点到销户指令生效日的倒数第二个工作日为止，计算收费金额，于销户指令生效日的上一工作日进入日间时扣收。

支付业务收费由计费系统统计和计算后通知大额支付系统自动扣收并支付

到指定账户。

三、支付业务收费的账务处理

计费系统计费完成后，于预定时间自动根据计费结果，通知大额支付系统从相应的清算账户上自动扣收到收费专户。会计分录为：

借：××存款——××行户

　贷：大额支付往来——人民银行 ACS 户

借：大额支付往来——人民银行 ACS 户

　贷：××存款——收费专户

账务处理完成后，计费系统自动将扣费信息发送到各直接参与者。

直接参与者可通过支付统计分析系统查询支付业务计费明细信息。

拾叁　支付业务差错及异常情况的处理

一、数字签名错误的处理

发起（清算）行通过大额支付系统发起的所有业务报文均须加载数字签名，大额支付系统和接收（清算）行接收业务报文时，应核验数字签名。

大额支付系统对收到的支付业务核数字签名失败的，拒绝该业务，并通知发起（清算）行，由发起（清算）行重新进行数字签名后发送。

接收（清算）行对收到的大额支付业务核数字签名失败的，应检查行内系统数字证书是否正确。数字证书不正确（超期或失效）的，接收（清算）行应向大额支付系统发送"数字证书下载申请报文"，修正本地的数字证书，并重新进行来账核签。如仍核签失败的，应根据大额支付系统日终账务核对情况进行后续相应处理。

二、行号错误的处理

行号错误是指发起行行号与发起清算行行号、接收行行号与接收清算行行号之间的逻辑对应关系错误。

大额支付系统对收到的业务进行行号检查，发现行号错误的，拒绝该业务并通知发起（清算）行，由发起（清算）行更正后重新发送。

三、接收人差错的处理

接收（清算）行收到无法入账的支付业务时，分别按下列情况进行处理：

（一）确认业务汇划有误的，应在 2 个法定工作日内通过退汇业务将资金退回发起行。

（二）对该笔支付业务有疑问的，应按要求向发起行查询，收到查复后，对于可以入账的，应立即进行账务处理；对于仍然无法入账的，应在 2 个法定工作日内通过退汇业务将资金退回发起行。

四、参与者未收到大额业务汇总核对报文的处理

参与者未收到大额业务汇总核对报文，应联系所在地人民银行分支机构清算中心手工补发。

五、被拒绝业务的处理

发起清算行发起的支付业务被大额支付系统拒绝的，查询被拒绝的支付交易明细，查找对应的原始凭证，重新发起业务。

日终查询异常往账清单，与原始凭证进行勾对，查找出对应的原始凭证，对未发送成功的，次日通过大额支付系统重新录入发送。

附件 3

小额支付系统业务处理办法

第一章　总　则

第一条　为规范小额支付系统的业务处理，保障小额支付系统安全、高效运行，加速资金周转，防范支付风险，依据《中华人民共和国中国人民银行法》及有关法律法规的规定，制定本办法。

第二条　小额支付系统处理借记业务和规定金额以下的贷记业务，批量发送支付指令，轧差净额清算资金。

第三条　本办法适用于小额支付系统的参与者和运行者。

中国人民银行授权清算总中心运行小额支付系统。

第四条　小额支付系统的参与者分为直接参与者和间接参与者。

直接参与者，是指直接接入小额支付系统办理业务的机构。

间接参与者，是指通过直接参与者接入小额支付系统办理业务的机构。

第五条　参与者发起的支付业务应符合中国人民银行规定的业务及技术标准，经小额支付系统受理后即具有支付效力，在轧差后具有最终性。

第六条　小额支付系统实行 7×24 小时运行，其资金清算在大额支付系统的工作时间处理。

中国人民银行可根据管理需要调整系统运行和资金清算时间。

第七条　中国人民银行对小额支付系统实行统一管理。

第二章　支付业务

第八条　小额支付系统处理下列支付业务：

（一）普通贷记业务；

（二）定期贷记业务；

（三）普通借记业务；

（四）定期借记业务；

（五）实时借记业务；

（六）集中代收付业务；

（七）中国人民银行规定的其他支付业务。

第九条　贷记业务由付款行发起，经付款清算行发送小额支付系统，小额支付系统轧差后，将业务信息经收款清算行转发收款行。

借记业务由收款行发起，经收款清算行发送小额支付系统，小额支付系统将业务信息经付款清算行转发付款行；付款行按规定时限发出回执信息，小额支付系统轧差后，将回执信息经收款清算行转发收款行。

付款清算行和收款清算行均为小额支付系统的直接参与者。

第十条　收款行收到已轧差的支付业务应当及时贷记收款人账户。

第十一条　支付业务信息在小额支付系统中以批量包为单位处理。

第十二条　中国人民银行可以根据业务管理和风险防范的需要，对小额支付系统办理的贷记支付业务金额上限进行设定和调整。

第十三条　中国人民银行统一确定普通借记业务和定期借记业务的借记回执信息返回基准时间。

第十四条　收款行发起普通借记业务、定期借记业务时，应当根据收款人的委托，记载借记回执信息的最长返回时间。收款人未指定返回时间的，收款行应当填写中国人民银行规定的返回基准时间。

借记回执信息最长返回时间不得超过 5 个法定工作日。借记回执信息最长返回时间内遇法定节假日和小额支付系统停运日顺延。

第十五条　付款行收到普通借记业务、定期借记业务时，审核无误后应当按协议或客户授权办理扣款。付款清算行应当在业务回执信息返回期满前发出回执。

付款清算行在收款行确定的最长返回时间内对整包借记业务扣款成功的，

应当立即返回借记业务回执信息。

第十六条　对于付款清算行到期未返回回执的借记业务，小额支付系统在到期日的次日将该笔业务予以撤销。

第十七条　参与者对有疑问的支付业务和其他需要查询的事项，应及时发出查询，查复行应在收到查询信息的下一个法定工作日 12：00 前予以查复。

第十八条　付款行对发起的普通贷记业务、定期贷记业务、普通借记业务回执和定期借记业务回执需要撤销的，可向小额支付系统发送撤销申请。申请撤销的业务未纳入轧差的，系统立即办理撤销；已纳入轧差的，不能撤销。

申请撤销只能整包撤销，不能撤销批量包中单笔支付业务。

第十九条　付款行收到实时借记业务后应立即完成行内业务处理，并通过小额支付系统向收款行返回回执信息。收款行在 60 秒内未收到回执信息的，可通过小额支付系统发起冲正指令，撤销未纳入轧差的业务。

实时借记业务未在当日返回回执信息或冲正的，小额支付系统在日切时对该业务作拒绝处理，并通知收款行、付款行。

第二十条　收款行对已发出的普通借记业务或定期借记业务需要付款行停止付款的，应通过小额支付系统申请止付。付款行收到止付通知后，应当在下一个法定工作日 12：00 前发出止付应答。付款行对未发出借记回执信息的，立即办理止付；对已经发出借记回执信息的，不予止付。

申请止付可以整包止付，也可以止付批量包中的单笔支付业务。申请止付为整包止付且付款行同意止付的，付款行不再向收款行返回借记业务回执。

第二十一条　付款行对已纳入轧差的普通贷记业务、定期贷记业务和已纳入轧差的借记业务回执需要退回的，应当通过小额支付系统发出退回申请。

收款行收到退回申请，应当在下一个法定工作日 12：00 前发出退回应答。收款行未贷记收款人账户的，立即办理退回；已贷记收款人账户的，不得办理退回，应当通知付款行由付款人与收款人自行协商解决。

付款行可以申请整包退回，也可以申请退回批量包中的单笔支付业务。

第二十二条　小额支付系统允许经中国人民银行批准的集中代收付中心接入，在特定范围内办理集中代收付业务。

第三章　净借记限额管理

第二十三条　小额支付系统以中国人民银行为中央对手，对直接参与者设置净借记限额实施风险控制。直接参与者及其间接参与者发起的业务只能在净借记限额内支付。

净借记限额是指小额支付系统为直接参与者设定的、对其所产生应付净额进行控制的最高额度。

第二十四条 净借记限额可通过圈存资金、提供质押品或授信额度获取。

圈存资金是指直接参与者在其清算账户中冻结的、用于小额轧差净额资金清算担保的资金。

质押品是指直接参与者按要求向中国人民银行提供的、用于轧差净额资金清算担保的央行票据和中国人民银行规定的其他债券。

授信额度是指中国人民银行及其分支机构依据直接参与者的资信情况核定的，授予直接参与者在一定时期内多次使用的信用额度。

第二十五条 在直接参与者无法按规定时间清偿小额支付系统借记净额时，中国人民银行可以处置质押品或释放圈存资金，用于应付净额的资金清算。

第二十六条 授信额度和质押品价值由中国人民银行在小额支付系统进行设置和调整。

第二十七条 圈存资金由直接参与者在小额支付系统工作日内自行设置和调整。

第二十八条 直接参与者应合理设置和调整净借记限额，保障小额支付系统支付业务及时处理。

第二十九条 直接参与者可以实时查询其净借记限额及其可用额度，设定净借记限额的可用额度预警值，并对净借记限额进行监控。

第四章 轧差和资金清算

第三十条 小额支付系统对净借记限额内的支付业务进行轧差处理。

第三十一条 贷记业务以业务包为轧差依据，借记业务以回执包中同意付款的业务为轧差依据。

第三十二条 小额支付系统对通过净借记限额检查的支付业务，按付款清算行和收款清算行实时轧差。

小额支付系统对未通过净借记限额检查的普通贷记、定期贷记、普通借记回执、定期借记回执业务作排队处理；未通过净借记限额检查的实时借记回执业务作拒绝处理。

第三十三条 小额支付系统对排队等待轧差的支付业务按金额由小到大排

列，金额相同的按时间先后顺序排列。

直接参与者可根据需要将指定的排队业务调整到队列首位。

第三十四条 中国人民银行统一设定轧差排队的最长时间。支付业务排队等待轧差处理的时间超过系统设定时间的，小额支付系统自动做撤销处理。

业务排队等待轧差处理最长时间遇法定节假日顺延。

第三十五条 轧差净额提交清算的场次和时间由中国人民银行设定并通知参与者。

第三十六条 小额支付系统轧差净额在每场清算时点发送大额支付系统进行资金清算。

法定节假日的轧差净额，待法定节假日后的第一个大额支付系统工作日提交清算。

第三十七条 当直接参与者在大额支付系统的清算账户被借记控制时，小额支付系统停止受理以该直接参与者为付款清算行的支付业务，对已轧差的小额支付业务正常提交资金清算。

当直接参与者在大额支付系统的清算账户被贷记控制时，小额支付系统停止受理以该直接参与者为收款清算行的支付业务，对已轧差的小额支付业务正常提交资金清算。

第五章 日切处理

第三十八条 小额支付系统在日切后进入次日业务处理，继续受理支付业务。

第三十九条 直接参与者在日切后与小额支付系统核对当日已完成资金清算的支付业务信息。核对不符的以小额支付系统为准进行调整。

第四十条 小额支付系统每日汇总当日已清算且清算日期与轧差日期不一致的轧差净额信息，发送中国人民银行营业部门调整直接参与者的应收或应付利息。

第六章 纪律与责任

第四十一条 小额支付系统的参与者和运行者应当遵守本办法以及其他相关规定，加强内部控制管理，建立健全应急处理机制，保证系统安全稳定运行和业务正常处理。

第四十二条 小额支付系统的参与者和运行者因工作差错延误小额支付业

务的处理，影响客户和其他参与者资金使用的，可按中国人民银行规定的金融机构人民币短期贷款基准利率计付赔偿金。当事双方另有约定的，从其约定。

第四十三条　小额支付系统的参与者和运行者的工作人员在办理业务时玩忽职守，或出现重大失误，造成资金损失的，应当受到惩戒；有涉嫌伪造、篡改小额支付系统业务盗用资金等犯罪行为的，移送司法机关依法追究刑事责任。

第四十四条　小额支付系统出现重大故障，造成业务无法正常处理，影响资金使用的，系统运行者应按超额准备金存款利率对延误的资金向有关参与者赔付利息。

第四十五条　因不可抗力造成小额支付系统无法正常运行的，有关当事人均有及时排除障碍和采取补救措施的义务，但不承担赔付责任。

第七章　附　　则

第四十六条　各参与者通过小额支付系统办理业务应当按规定缴纳费用。

第四十七条　小额支付系统支付信息的保存时间比照同类会计档案处理。

第四十八条　小额支付系统直接参与者授信额度、质押品管理和集中代付业务的管理办法由中国人民银行另行制定。

第四十九条　本办法由中国人民银行负责解释。

第五十条　本办法自发布之日起实施。

附件4

小额支付系统业务处理手续

壹　会计科目及账户

小额支付系统采取批量发送业务、净额清算资金方式，轧差净额通过大额支付系统完成资金清算。

大额支付系统专设"小额支付往来"科目，核算付款清算行和收款清算行通过小额支付系统办理的支付结算往来款项，余额轧差反映。在该科目下按人民银行的营业部门和国库部门分设账户。

年终，"小额支付往来"科目余额全额转入"支付清算资金往来"科目，余额为零。

贰　小额支付业务

一、普通贷记业务

普通贷记业务适用于付款人通过付款行主动向指定收款人汇划确定款项的情形。办理普通贷记业务可使用"客户发起普通贷记业务报文"或"金融机构发起普通贷记业务报文"（以下统称普通贷记业务报文）。其中，收款人和付款人均为银行业金融机构或人民银行的，使用"金融机构发起普通贷记业务报文"；收款人和付款人中有一方不为银行业金融机构或人民银行的，使用"客户发起普通贷记业务报文"。

"客户发起普通贷记业务报文"包括以下业务类型：普通汇兑、现金汇款、委托收款（划回）、托收承付（划回）、票据（支票、银行汇票、商业汇票）资金的汇划、国库汇款、公益性资金汇划、缴费、贷记退汇和其他。

"金融机构发起普通贷记业务报文"包括以下业务类型：国库资金贷记划拨、国库资金国债兑付贷记划拨、退汇等。

（一）付款（清算）行的处理。

付款（清算）行根据付款人提交的凭证（或信息），审核无误后按收款清算行向小额支付系统发送"普通贷记业务报文"。

（二）小额支付系统的处理。

小额支付系统收到付款清算行发来的"普通贷记业务报文"，检查净借记限额通过后，实时轧差并转发收款清算行，同时向付款清算行返回已轧差信息。

（三）收款（清算）行的处理。

收款（清算）行收到小额支付系统发来的"普通贷记业务报文"，对于收款人账号、户名均正确的业务，应立即完成相应账务处理；对于有疑问或发生差错的业务，应按要求进行确认后进行相应处理。

二、定期贷记业务

定期贷记业务适用于付款人以定期付款的方式，通过付款行主动向指定收款人汇划款项的情形，包括定期代付、汇划工资薪金、公益性资金等。

（一）付款（清算）行的处理。

付款（清算）行应在办理定期贷记业务前与付款人签订协议。付款（清算）行根据付款人提交的凭证（或信息），依据协议审核无误后作扣款处理。

扣款成功的，按相同的业务类型、收款清算行向小额支付系统发送"定期贷记业务报文"。

（二）小额支付系统的处理。

小额支付系统收到付款清算行发来的"定期贷记业务报文"，检查净借记限额通过后，实时轧差并转发收款清算行，同时向付款清算行返回已轧差信息。

（三）收款（清算）行的处理。

收款（清算）行收到小额支付系统发来的"定期贷记业务报文"，拆包并进行相关处理。

三、普通借记业务

普通借记业务适用于收款人通过收款行向指定付款人收取确定款项的情形，包括但不限于：委托收款业务、支票截留业务、国库资金借记划拨业务、国库资金国债兑付借记划拨等。

普通借记业务处理包括收款清算行发起业务阶段和付款清算行发出回执阶段。

（一）收款（清算）行发起借记业务阶段。

1. 收款（清算）行的处理。

收款（清算）行根据客户提交的凭证（或信息），确定每笔借记业务的回执期限 N 日（应在报文中记载 N，$0 \leqslant N \leqslant 5$），按相同的付款清算行和回执期限（N 日）组包，向小额支付系统发送"普通借记业务报文"，并登记普通借记业务登记簿。

2. 小额支付系统的处理。

小额支付系统收到"普通借记业务报文"，登记普通借记业务登记簿，并将业务报文转发付款清算行。

（二）付款（清算）行发出借记业务回执阶段。

1. 付款（清算）行的处理。

付款（清算）行收到小额支付系统发来的"普通借记业务报文"，登记普通借记业务登记簿，拆包后根据协议或付款人授权进行扣款处理。

原包业务全部扣款成功的，付款清算行立即返回"普通借记业务回执报文"；原包业务中部分业务扣款成功的，付款清算行应在回执期限内返回"普通借记业务回执报文"，包中附扣款成功和扣款失败的业务回执明细。

2. 小额支付系统的处理。

小额支付系统收到付款清算行发来的"普通借记业务回执报文",检查净借记限额通过后,实时轧差并转发收款清算行,同时向付款清算行返回已轧差信息。

小额支付系统在回执到期日的次日日切时仍未收到付款清算行"普通借记业务回执报文"的,将原"普通借记业务报文"标记为"逾期退回",并通知收款清算行。

3. 收款(清算)行的处理。

收款(清算)行收到小额支付系统发来的"普通借记业务回执报文",销记普通借记业务登记簿,拆包并根据每笔业务的回执状态进行相关处理。

收款清算行收到小额支付系统的"逾期退回"通知,销记普通借记业务登记簿,并进行相关处理。

四、定期借记业务

定期借记业务适用于收款人委托收款行定期向指定付款人收取款项的情形,包括收取水费、电费、煤气费等。

办理定期借记业务前,付款人需依据事先与收款人签订的协议,授权开户行收到指定收款人的收款指令时从其账户支付款项。

定期借记业务处理分为收款(清算)行发起业务阶段和付款(清算)行发出借记回执阶段。各阶段业务处理手续比照"三、普通借记业务的处理手续"处理。

五、实时借记业务

实时借记业务适用于收款人通过收款行向指定付款人实时收取款项的情形,包括银行本票、华东三省一市银行汇票的委托收款。

实时借记业务处理包括收款(清算)行发起业务阶段和付款(清算)行发出借记回执阶段。

收款(清算)行根据客户提交的凭证(或信息),逐笔向小额支付系统发送"实时借记业务报文"。

付款清算行扣款成功或失败的,实时返回"已付款"或"拒绝付款"的"实时借记业务回执报文"。小额支付系统对已付款的"实时借记业务回执报文",进行付款清算行的净借记限额检查。检查通过的,纳入轧差处理;检查未通过的,作拒绝处理并向付款清算行返回已拒绝信息。

收款(清算)行、小额支付系统、付款(清算)行的其他业务处理手续比照"三、普通借记业务处理手续"处理。

六、支票截留业务

支票截留业务适用于持票人（收款人）开户银行运用影像技术将实物支票转换为支票影像信息，并通过小额支付系统将支票影像信息传递至出票人（付款人）开户银行提示付款的情形。

支票截留业务处理包括收款（清算）行采集支票影像阶段、收款（清算）行发起支票截留业务阶段和付款（清算）行发出业务回执阶段。

（一）收款（清算）行采集支票影像阶段。

收款（清算）行对持票人提交的支票审核无误后，按照人民银行规定的技术标准采集支票影像信息。具备影像采集条件的，自行采集支票影像；不具备影像采集条件的，可委托其他参与者代为采集。

（二）收款（清算）行发起支票截留业务阶段。

收款（清算）行在行内系统中录入支票截留业务数据信息，并在报文附加域中加载支票影像，向小额支付系统发送"普通借记业务报文"（业务类型"支票截留业务"）。

（三）付款（清算）行发出业务回执阶段。

付款（清算）行收到"普通借记业务报文"，登记普通借记业务登记簿，拆包并进行相关处理。

付款（清算）行应对支票的印鉴、支付密码等要素进行核验，核验通过的，执行扣款并返回"普通借记业务回执报文"；核验未通过的，应按规定向收款行作退票处理，并返回"普通借记业务回执报文"。

付款（清算）行、小额支付系统、收款（清算）行其他处理手续比照"三、普通借记业务的处理手续"处理。

七、集中代收付业务

集中代收付业务的管理办法和处理手续另行发布。

叁 净借记限额管理

一、净借记限额的设置与调整

净借记限额可通过圈存资金、提供质押品或授信额度获取。

（一）授信额度或质押品价值的初始设置。

授信额度由人民银行通过支付系统设置。质押品价值由直接参与者通过中央国债登记结算公司业务系统向支付系统发送质押品价值设置指令。

（二）质押品价值的调整。

　　直接参与者通过中央国债登记结算公司业务系统向支付系统发送质押品价值调增（调减）指令。支付系统收到指令后，进行相关处理并将处理结果返回中央国债登记结算公司业务系统和该直接参与者。

　　（三）圈存资金的调增。

　　直接参与者向支付系统发送调增圈存资金的指令。支付系统收到调增指令后，检查圈存资金调增量是否超过该参与者的当前清算账户可用余额。未超过可用余额的，支付系统圈存相应资金并增加其净借记限额，同时返回处理成功的应答；超过可用余额的，支付系统返回处理失败的应答。

　　（四）圈存资金的调减。

　　直接参与者向支付系统发送调减圈存资金的指令。支付系统收到调减指令后进行检查，如调减量小于该参与者当前圈存资金和净借记限额可用额度，调减其圈存资金及净借记限额，并返回处理成功的应答；如调减量大于该参与者当前圈存资金或净借记限额可用额度，返回处理失败的应答。

　　二、净借记限额检查的处理

　　小额支付系统将已收到的普通贷记业务、定期贷记业务、普通借记业务回执、定期借记业务回执、实时借记业务回执和全国支票影像交换系统业务通用回执中的成功金额，以付款清算行为单位进行净借记限额检查：

　　小于或等于净借记限额可用额度的，小额支付系统将该业务实时纳入轧差并转发；大于净借记限额可用额度的，小额支付系统对普通贷记业务、定期贷记业务、普通借记业务回执、定期借记业务回执或全国支票影像交换系统业务通用回执作轧差排队处理，对实时借记业务回执作拒绝处理。

　　付款清算行净借记限额可用额度 = 付款清算行净借记限额 − 付款清算行已提交未清算业务净借记差额 − 付款清算行本场轧差场次的当前净借记差额 + 付款清算行本场轧差场次的当前净贷记差额

　　三、净借记限额的查询

　　直接参与者可根据业务管理需要向小额支付系统发出"净借记限额查询申请报文"，查询本参与者的净借记限额、可用额度和圈存资金等。

　　四、净借记限额的预警

　　直接参与者需要对本机构的净借记限额可用额度进行监控的，可向小额支付系统发送"净借记限额可用额度预警值设置报文"。当净借记限额可用额度低于预定余额警戒值时，小额支付系统自动向直接参与者发送预警通知；当净借记限额可用额度上升并高于预定余额警戒值时，自动向直接参与者发送预警解除通知。

肆　轧差和资金清算的处理

一、轧差净额的计算

小额支付系统对通过净借记限额检查的普通贷记业务、定期贷记业务、普通借记业务回执、定期借记业务回执、实时借记业务回执和全国支票影像交换系统业务通用回执业务，按付款清算行和收款清算行进行双边实时轧差。轧差公式为：

某清算行提交清算的贷方净额（＋）［或借方净额（－）］＝贷记来账金额＋他行返回借记回执成功交易金额－贷记往账金额－发出借记回执成功交易金额

二、轧差净额的提交

人民银行在小额支付系统设置轧差净额提交清算的场次与时间。

小额支付系统在规定时点对本场轧差净额试算平衡后，将轧差净额提交大额支付系统进行资金清算。

法定节假日期间，小额支付系统仅在每日日切时形成一场轧差净额，待法定节假日后的第一个大额支付系统运行工作日提交清算。

三、轧差净额清算的账务处理

（一）属于人民银行营业部门或国库部门轧差净额的处理。

1. 属于人民银行营业部门或国库部门贷方差额的，会计分录为：

借：小额支付往来——人民银行 ACS（TCBS）户

　贷：汇总平衡科目——人民银行 ACS（TCBS）户

2. 属于人民银行营业部门或国库部门借方差额的，会计分录为：

借：汇总平衡科目——人民银行 ACS（TCBS）户

　贷：小额支付往来——人民银行 ACS（TCBS）户

（二）属于其他直接参与者轧差净额的处理。

1. 对于贷方差额的，会计分录为：

借：小额支付往来——人民银行 ACS（TCBS）户

　贷：××存款——××行户

2. 对于借方差额的，会计分录为：

借：××存款——××行户

　贷：小额支付往来——人民银行 ACS（TCBS）户

完成轧差净额清算账务处理后，大额支付系统生成"小额/网银净额清算通知报文"发送至各参与者。

四、轧差排队业务的处理

（一）轧差排队业务的队列调整。

直接参与者需要对轧差排队业务进行队列调整的，可向小额支付系统发出队列调整指令，将本参与者的指定轧差排队业务调整至队首。小额支付系统收到调整指令确认无误后进行队列调整，并将处理结果返回直接参与者。

（二）轧差排队业务的撤销。

直接参与者可向小额支付系统发出撤销指令，撤销指定的轧差排队业务。小额支付系统收到撤销指令确认无误后，撤销指定业务并将处理结果返回该参与者。撤销成功的，小额支付系统、直接参与者将该业务状态修改为已撤销。

人民银行设定小额支付系统"排队业务最长排队时间"。小额支付系统根据该参数值，对轧差排队业务进行监控，当业务排队等待轧差时间超过设定的"排队业务最长排队时间"，支付系统对轧差排队业务作自动退回处理，并将自动退回信息返回直接参与者。支付系统、直接参与者修改业务状态为逾期退回。

五、轧差排队业务的解救

直接参与者可通过调增净借记限额的方式解救轧差排队业务，相关处理按照"叁　净借记限额管理"办理。

六、调息处理

小额支付系统每日汇总当日已清算且清算日期与轧差日期不一致的轧差净额信息，发送中国人民银行营业部门调整直接参与者的应收或应付利息。

伍　冲正、止付、退回业务的处理

一、冲正的处理

实时业务发起行对于在 60 秒内未收到回执信息的，可通过小额支付系统发起冲正。冲正的处理包括冲正申请阶段和冲正应答阶段。

（一）冲正申请阶段。

1. 发起行发起冲正申请的处理。

实时业务的发起行未收到回执信息的，可向小额支付系统发送"实时业务冲正申请报文"，登记冲正申请及应答登记簿。

2. 小额支付系统的处理。

小额支付系统收到冲正申请报文，登记冲正申请及应答登记簿，并检查原业务状态。状态为未轧差的，将原业务状态修改为已冲正，销记冲正申请及应答登记簿，向发起行返回冲正成功的"实时业务冲正应答报文"，向接收行发送"实时业务冲正通知报文"；状态为已轧差或已冲正的，返回冲正失败"实时业务冲正应答报文"，销记冲正申请及应答登记簿，并修改冲正申请状态。

（二）冲正应答阶段。

1. 发起行收到冲正应答的处理。

发起行收到冲正应答报文，销记冲正申请及应答登记簿，修改原冲正申请状态为已应答。冲正成功的，修改原业务状态为已冲正。

2. 接收行收到冲正通知的处理。

接收行收到冲正通知报文后，对未发出回执的，修改原业务状态为已冲正，对已进行账务处理的原实时借记业务进行冲正。

二、止付的处理

收款行对已发出的普通借记业务和定期借记业务需要付款行停止付款的，可以通过小额支付系统向付款行发起止付申请。止付的处理包括止付申请阶段和止付应答阶段。

（一）止付申请阶段。

1. 收款清算行的处理。

收款清算行在未收到普通借记业务和定期借记业务回执前，可对原业务进行整包或单笔止付。收款清算行向小额支付系统发送借记业务止付申请报文，登记止付申请及应答登记簿。

2. 小额支付系统的处理。

小额支付系统收到止付申请报文，登记止付申请及应答登记簿，并检查是否已收到被止付业务的回执。未收到回执的，将止付申请报文转发付款清算行；已收到回执的，向收款清算行返回拒绝止付的应答报文，并销记止付申请及应答登记簿。

（二）止付应答阶段。

1. 付款清算行的处理。

付款清算行收到止付申请报文后，登记止付申请及应答登记簿，并应在收到止付申请报文的下一法定工作日 12:00 前发出应答报文。未发出借记业务回执的，修改原借记业务状态为已止付，并向小额支付系统发送同意止付的止付应答报文；付款清算行已发出借记业务回执的，向小额支付系统发送拒绝止付的止付应答报文。

付款清算行对整包止付成功的，不再返回借记业务回执；对单笔止付成功的，仍需按照正常处理流程返回借记业务回执。

2. 小额支付系统的处理。

小额支付系统收到止付申请应答报文，销记止付申请及应答登记簿，修改原止付申请状态为已应答，并将止付申请应答报文发送收款清算行。对同意止付的，修改原借记业务状态为已止付。

3. 收款清算行的处理。

收款清算行收到止付应答报文后，修改原止付申请状态为已应答；对同意止付的，修改原借记业务状态为已止付。

三、退回的处理

付款行对已纳入轧差的普通贷记业务、定期贷记业务和借记业务回执需要退回的，可以通过小额支付系统向收款行申请退回。退回业务的处理包括退回申请阶段和退回应答阶段。

（一）退回申请阶段。

1. 付款清算行的处理。

付款（清算）行对付款有误的普通贷记业务、定期贷记业务和借记回执业务需要退回的，向小额支付系统发送单笔或整包退回申请报文，登记退回申请及应答登记簿。

2. 小额支付系统的处理。

小额支付系统收到退回申请报文，登记退回申请及应答登记簿，将退回申请报文转发收款清算行。

（二）退回应答阶段。

1. 收款清算行的处理。

收款清算行收到退回申请报文，登记退回申请及应答登记簿，并应在收到退回申请报文的下一法定工作日 12：00 前发出应答报文。收款清算行对原支付业务未贷记收款人账户的，返回同意退回的应答报文，销记退回申请及应答登记簿，并通过退汇业务报文将资金退回付款清算行。收款清算行对原支付业务已贷记收款人账户的，销记退回申请及应答登记簿，返回拒绝退回的应答报文。

2. 小额支付系统的处理。

小额支付系统收到退回申请应答报文，销记退回申请及应答登记簿，修改退回申请报文状态为已应答，并将退回应答报文转发付款清算行。

3. 付款清算行的处理。

付款清算行收到退回应答报文后，销记退回申请及应答登记簿，并修改原退回申请状态为已应答。对拒绝退回的，通知付款人与收款人自行协商解决。

四、撤销的处理

付款行对发起的普通贷记业务、定期贷记业务、普通借记业务回执和定期借记业务回执需要撤销的，可以通过小额支付系统申请撤销。

撤销只能整包撤销，不能撤销批量包中单笔支付业务。

撤销业务的处理包括撤销申请阶段和撤销应答阶段。

（一）撤销申请阶段。

付款（清算）行可对未轧差的普通贷记业务、定期贷记业务、普通借记业务回执、定期借记业务回执和全国支票影像交换系统业务通用回执业务进行撤销处理。付款（清算）行向小额支付系统发送业务撤销申请报文，登记撤销申请及应答登记簿。

（二）撤销应答阶段。

小额支付系统收到业务撤销申请报文，对原支付业务信息进行检查。原业务已轧差的，对撤销申请作拒绝处理，并向发起行发送已拒绝的业务撤销应答报文；原业务未轧差或轧差排队的，向发起行发送已撤销的业务撤销应答报文，并修改原业务状态为已撤销。

陆　查询查复的处理

一、办理小额支付系统业务的查询查复必须做到"有疑必查，有查必复，复必详尽，切实处理"。

二、查询行对本行接收或发出的支付业务有疑问，以及受理客户的查询事项，需要对业务要素进行查询的，应按查询查复规定的格式、标准经小额支付系统向查复行发送查询信息。

三、查复行收到查询信息后进行确认，并应在下一法定工作日 12：00 前，按规定的格式、标准向查询行发送查复信息。

四、查询行收到查复信息后，对所查询问题已得到明确答复的，按照有关规定处理或通知客户。

五、对更正支付业务要素的查询，如更改收款人账号等，必须严格以客户提交的原始汇划凭证的记载内容为依据进行查复。严禁银行和个人擅自更改原始汇划凭证内容，发出查复信息。

六、查询行和查复行必须按规定的格式和要求建立查询查复登记簿。发出（收到）查询信息时，查询（查复）行自动登记查询查复登记簿；发出（收到）查复信息时，查复（查询）行自动配对登记查询查复登记簿。

七、小额支付系统查询查复登记簿的电子信息至少联机保留 7 个工作日，超过联机保存期限的，必须磁介质保存，归档保管，以备存查。

柒　日切和年终的处理

一、日切处理

小额支付系统在日切时点，进行日切处理并将当日最后一场轧差净额提交清算。日切后，小额支付系统进入次日业务处理，继续受理业务。

小额支付系统日切后，进入日终批处理阶段，按顺序依次是实时业务逾期处理、批量业务逾期处理、已退出系统参与者的非终态业务处理、向参与者发送日终退回通知，最后向参与者下发对账报文。

（一）轧差净额报文的核对。

小额支付系统当日轧差净额全部清算完毕后，将当日轧差净额的场次、总笔数、总金额按规定格式向直接参与者发送"小额业务包汇总核对报文"。

（二）参与者业务核对。

直接参与者收到"小额业务包汇总核对报文"后与本参与者的小额支付系统支付业务和支付信息进行核对。核对不符的，向小额支付系统申请下载明细信息，并以下载的明细信息为准进行调整。同时，为便于业务数据的比对，直接参与者可向小额支付系统申请下载指定期间的小额支付系统历史业务明细信息。

二、年终处理

（一）小额支付往来科目的结转。

年度最后一个工作日，大额支付系统完成日终试算平衡后，分别以人民银行营业部门和国库部门为单位，将小额支付往来科目余额结转支付清算资金往来科目。

如小额支付往来科目为借方余额的，会计分录为：

借：支付清算资金往来——ACS（TCBS）户

　　贷：小额支付往来——ACS（TCBS）户

如小额支付往来科目为贷方余额的，会计分录为：

借：小额支付往来——ACS（TCBS）户

　　贷：支付清算资金往来——ACS（TCBS）户

（二）支付清算资金往来科目余额的核对。

大额支付系统完成账务结转后，将支付清算资金往来账户余额下载至人民银行营业部门和国库部门核对。核对不符的，以下载的支付系统数据为准进行账务调整。

捌　系统业务收费的处理

一、收费对象和范围

（一）收费对象。

凡通过小额支付系统办理支付业务的直接参与者（人民银行营业部门和国库部门除外）均需按规定的计费标准、实际发生的业务笔数，向支付系统运行者缴付汇划费用，并接收返还的费用。

（二）收费范围。

小额支付系统收费范围包括参与者通过小额支付系统发起与接收的已清算的支付类业务和已转发信息类业务。

（三）统计和计算。

小额支付系统根据规定设置各类业务的收费标准。费用收取以"月"为单位计算并自动扣收。当清算账户销户时，按上一收费时点到销户指令生效日的倒数第二个工作日为止，计算收费金额，于销户指令生效日的上一工作日进入日间时扣收。

小额支付系统业务收费的扣收通过大额支付系统完成。

二、账务处理

大额支付系统收到小额支付系统支付业务的扣费指令后，自动完成账务处理，并将清算通知发送计费管理系统和付款清算行。

（一）对银行业金融机构收费的，会计分录为：

借：××存款——××行户

　　贷：大额支付往来——人民银行 ACS 户

借：大额支付往来——人民银行 ACS 户

　　贷：支付系统收费专户

（二）对银行业金融机构返还费用的，会计分录为：

借：支付系统收费专户

贷：大额支付往来——人民银行 ACS 户

借：大额支付往来——人民银行 ACS 户

贷：××存款——××行户

三、收费清单查询

收费处理完成后，小额支付系统将所有参与者收费清单提交支付业务统计分析系统，各参与者可以从支付业务统计分析系统查询收费清单。

玖　业务差错和异常处理

一、数字签名错误的处理

发起（清算）行通过小额支付系统发起的所有业务报文均须数字签名，小额支付系统和接收（清算）行接收业务报文时，对数字签名进行核验。

小额支付系统对收到的支付业务核数字签名失败的，拒绝该业务，并通知发起（清算）行，由发起（清算）行重新进行数字签名后发送。

接收（清算）行对收到的小额支付系统业务核数字签名失败的，应检查行内系统数字证书是否正确。数字证书不正确（超期或失效）的，接收（清算）行应向小额支付系统发送"数字证书下载申请报文"，修正本地的数字证书，并重新进行来账核签。如仍核签失败的，应根据小额支付系统日终账务核对情况进行后续相应处理。

二、行号错误的处理

行号错误是指发起行行号与发起清算行行号、接收行行号与接收清算行行号之间的逻辑对应关系错误。

小额支付系统对收到的业务进行行号检查，发现行号错误的，拒绝该业务并通知发起（清算）行，由发起（清算）行更正后重新发送。

三、接收人差错的处理

接收（清算）行收到无法入账的支付业务时，分别按下列情况进行处理：

（一）确认业务汇划有误的，应在 2 个法定工作日内通过退汇业务将资金退回发起行。

（二）对该笔支付业务有疑问的，应按要求向发起行查询，收到查复后，对于可以入账的，应立即进行账务处理；对于仍然无法入账的，应在 2 个法定工作日内通过退汇业务将资金退回发起行。

四、未收到小额支付系统日切通知的处理

直接参与者未收到小额支付系统日切通知的，应联系所在地人民银行分支

机构清算中心手工补发,并在收到补发的日切通知后,按规定程序进行日切处理。

拾　系统停运和启运的处理

一、小额支付系统停运日期的设置

人民银行设置小额支付系统的停运状态。设置小额支付系统为停运状态时,整个小额支付系统停止运行;设置接入点为停运状态时,小额支付系统停止通过该接入点接入的所有参与者(以下简称接入点辖属参与者)的小额支付业务,其他接入点的业务不受影响。

小额支付系统设置停运,应当至少提前一个系统工作日通过停启运通知报文将生效日期和预计启运时间下发至所有直接参与者。

小额支付系统接入点设置停运,应当至少提前一个系统工作日通过停启运通知报文将生效日期、预计启运时间、变更节点号和辖属参与者行号下发至所有直接参与者。

二、小额支付系统停运和启运的处理

(一)小额支付系统停运的处理。

停运前一日日切后,小额支付系统向所有直接参与者下发系统状态变更通知报文,小额支付系统退回所有已受理但尚未轧差的业务,拒绝受理新业务,进行日切处理程序,停运小额支付系统。

(二)小额支付系统启运的处理。

小额支付系统设置启运,应当至少提前一个系统工作日通过停启运通知报文下发至所有直接参与者。

启运日,小额支付系统下发系统状态变更通知报文至所有直接参与者,自动调整小额支付系统工作日期,正常办理业务。

三、接入点停运和启运的处理

(一)接入点停运的处理。

1. 停运接入点辖属直接参与者的处理。

小额支付系统停运前一日日切后,停运接入点辖属参与者不得发起往账业务,继续接收已轧差的业务和有关通知类信息业务,完成与小额支付系统当日业务核对。

2. 小额支付系统的处理。

停运前一日日切后,小额支付系统向直接参与者广播系统状态变更通知报

文，小额支付系统拒绝受理新业务，进行日切处理程序，停运该接入点。

3. 其他接入点辖属各参与者的处理。

小额支付系统停运前一日日切后，其他接入点辖属各参与者根据停运通知，拒绝受理发往停运接入点辖属参与者的往账业务。

（二）接入点启运处理。

启运日前，小额支付系统下发停启运通知报文通知所有直接参与者。启运日，小额支付系统下发系统状态变更通知报文至所有直接参与者。停运接入点辖属所有直接参与者自动调整小额支付系统工作日期，正常办理业务。

附件 5

中国人民银行支付系统运行管理办法

第一章 总 则

第一条 为规范中国人民银行支付系统（以下简称支付系统）运行管理，确保支付系统安全、高效运行，依据《中华人民共和国中国人民银行法》及有关法律法规的规定，制定本办法。

第二条 本办法适用于支付系统的运行者和参与者。

本办法所称支付系统是指中国人民银行授权清算总中心运行的大额支付系统、小额支付系统、网上支付跨行清算系统、全国支票影像交换系统、境内外币支付系统。

本办法所称支付系统参与者包括直接参与者和间接参与者。直接参与者是指直接接入支付系统办理业务的机构，间接参与者是指通过直接参与者接入支付系统办理业务的机构。

第三条 支付系统运行管理范围包括：国家处理中心、城市处理中心和直接参与者前置系统。

第四条 中国人民银行清算总中心（以下简称清算总中心）承担以下职责：

（一）负责支付系统国家处理中心的运行、维护和管理；

（二）对中国人民银行上海总部，各分行、营业管理部、省会（首府）城市中心支行和深圳市中心支行（以下统称中国人民银行分支机构）清算中心提供运行指导和技术支持；

（三）对直接参与者提供运行指导和技术支持。

第五条　中国人民银行分支机构负责支付系统城市处理中心的运维管理。

清算中心承担城市处理中心运行、维护和管理的主要工作，组织协调相关部门做好网络、场地环境保障，并对本辖区内的参与者提供运行指导和技术支持。

网络运行维护部门负责与城市处理中心相关网络的运行、维护和管理。

场地环境保障部门负责与城市处理中心相关场地环境的运行、维护和管理。

第六条　直接参与者负责前置系统的运行、维护和管理。

第二章　岗位设置

第七条　清算总中心、清算中心和直接参与者应当合理设置支付系统运行管理岗位，并配备充足人员，确保支付系统安全稳定运行。

第八条　清算总中心、清算中心应设置以下岗位：

（一）业务类岗位，包括业务主管、业务操作等。负责监控业务运行状态，设置业务参数，查询、统计支付业务信息；处理异常支付业务；提供业务咨询解答等。

（二）技术类岗位，包括运维管理、运维操作等。负责计算机和网络系统等软硬件的运行维护，监控系统运行状态；提供技术支持等。

（三）安全类岗位，包括信息安全主管等。负责支付系统信息安全管理，指导参与者支付系统信息安全工作。

第九条　清算总中心、清算中心和直接参与者对支付系统运行岗位人员管理应遵守以下要求：

（一）加强岗位培训，各岗位人员上岗前应具备相应岗位技能。

（二）建立有效的岗位制衡机制，业务类、技术类、安全类岗位不得相互兼任。

（三）岗位人员变动应及时办理交接手续。

第十条　清算总中心、清算中心和参与者之间应建立高效的运行联络机制。

参与者应将支付系统运行负责人、业务管理和运行维护联络人报清算总中心或清算中心备案。

第三章 运行维护

第十一条 清算总中心、清算中心和直接参与者在日常运行中应遵守以下要求：

（一）制定运行操作规程并严格执行。

（二）定期进行日常检查、系统维护和应急演练，监控系统运行和业务处理情况，发现异常及时处置并报告。

（三）在进行系统维护时，应对支付系统的数据、程序、作业、配置以及连接等采取妥善保护措施；对多系统共用设备进行维护时，应避免不同业务系统之间的交叉影响。

（四）定期对运维制度、运行环境、系统备份、日常维护、安全管理等进行自查。

第十二条 清算总中心、清算中心应根据中国人民银行规定或授权进行下列操作：

（一）监控支付系统清算规则执行情况和流动性风险。

（二）设置支付系统业务参数。

（三）设置系统运行时序。

（四）设置参与者系统运行状态、业务权限等。

（五）其他相关操作。

第十三条 中国人民银行可根据管理需要对支付系统实施暂时停运或开启维护窗口，停启运及维护窗口时间应提前公布。

第十四条 直接参与者实施下列支付系统运行维护工作，应当报中国人民银行或者其分支机构同意后实施：

（一）变更支付系统的接入节点或接入方式。

（二）变更接入支付系统的物理环境。

（三）变更接入支付系统的接口软件。

第十五条 直接参与者应严格遵守支付系统运行时间，未经批准，不得自行中断与支付系统的连接。

直接参与者应于每年 1 月 31 日前将本年度涉及支付系统的运行维护和应急演练计划报清算总中心或清算中心备案。

直接参与者因系统运行维护或开展与支付系统相关应急演练需要临时退出小额支付系统、网上支付跨行清算系统和全国支票影像交换系统，且不能安排在支付系统维护窗口实施的，应当提前 10 个工作日报中国人民银行总行或者其分支机构备案。

第四章　信息安全

第十六条　清算总中心、清算中心和直接参与者应按照国家标准和中国人民银行有关管理规定对支付系统采取必要的信息安全防护措施，配置系统的信息安全防护功能。

清算总中心、清算中心和直接参与者不得将支付系统直接接入互联网；支付系统与其他系统连接时，应依照中国人民银行有关规定，采取必要的隔离措施，制定严格的访问控制策略。

第十七条　清算总中心、清算中心和直接参与者的支付系统信息安全管理应遵守下列要求：

（一）制定信息安全管理制度。

（二）用户权限设定应遵循最小授权原则。

（三）严格管理支付系统相关密钥和口令，口令应具有一定复杂度，至少每季度更换一次。

（四）支付系统专用移动存储设备或介质应严格使用范围，并进行病毒检测。

（五）保证支付系统计算机、网络系统的参数、配置和业务信息等敏感信息的安全，任何单位和个人未经批准不得擅自泄露或随意修改相关信息。

第五章　应急管理

第十八条　清算总中心、中国人民银行分支机构和直接参与者应建立支付系统应急处置机制，制定应急处置预案，定期组织应急演练。

第十九条　发生突发事件时，清算总中心、中国人民银行分支机构和直接参与者应按规定报告并做好处置工作。

第二十条　直接参与者系统故障导致自身业务发生中断，应向中国人民银行总行或其分支机构申请暂停业务办理，待故障排除后，恢复业务办理。

直接参与者系统故障并影响支付系统或其他直接参与者业务运行的，中国人民银行总行或其分支机构应根据故障情况暂停该直接参与者业务办理，待故障排除后，恢复业务办理。

第六章　附　　则

第二十一条　中国人民银行分支机构及各直接参与者可根据本办法制定实施细则。

第二十二条　本办法由中国人民银行负责解释。

第二十三条　本办法自发布之日起施行。

附件 6

中国人民银行支付系统数字证书管理办法

第一条　为规范中国人民银行支付系统（以下简称支付系统）数字证书管理，保障数据传输安全，依据《中华人民共和国中国人民银行法》、《中华人民共和国电子签名法》及有关法律法规的规定，制定本办法。

第二条　为实现支付系统业务数据传输和交换过程中的真实性、完整性和不可抵赖性，保障系统交易安全，支付系统与其参与者之间采用基于公钥基础设施（Public Key Infrastructure，以下简称 PKI）的电子签名机制，使用第三方认证机构发放的数字证书提供安全认证服务。

第三条　本办法适用于管理和使用支付系统数字证书的中国人民银行及其分支机构和支付系统参与者。

本办法所称支付系统数字证书包括大额支付系统、小额支付系统、网上支付跨行清算系统、全国支票影像交换系统、境内外币支付系统、支付管理信息系统和支付信息统计分析系统等系统使用的数字证书。

第四条　中国人民银行及其分支机构是数字证书的主管单位，负责数字证书相关操作和管理。

第五条　数字证书分两级管理，一级管理在中国人民银行，设有注册中心（Registration Authority，以下简称 RA），二级管理在中国人民银行上海总部、各分行、营业管理部、省会（首府）城市中心支行和深圳市中心支行，设有地方注册中心（Local Registration Authority，以下简称 LRA），RA 和 LRA 负责支付系统数字证书管理，受理业务的时间与国家法定工作日一致。

第六条　中国人民银行清算总中心负责 RA 的管理，中国人民银行分支机构清算中心负责 LRA 的管理，RA 和 LRA 分别设置管理员、录入操作员、审核操作员岗位，管理员、录入操作员、审核操作员岗位相互不能兼任；支付系统参与者设置证书管理员岗位。

（一）RA 管理员职责：

1. 发放、管理 RA 录入操作员、RA 审核操作员和 LRA 管理员的证书；

2. 管理 RA 录入操作员和 RA 审核操作员的操作权限；

3. 管理 LRA 机构。

（二）RA 录入操作员职责：

录入支付系统参与者证书操作申请。

（三）RA 审核操作员职责：

审核支付系统参与者的证书操作申请，发放和管理支付系统参与者证书。

（四）LRA 管理员职责：

1. 发放、管理 LRA 录入操作员和 LRA 审核操作员的证书；

2. 管理 LRA 录入操作员和 LRA 审核操作员的操作权限。

（五）LRA 录入操作员职责：

录入辖区内支付系统参与者的证书操作申请。

（六）LRA 审核操作员职责：

审核支付系统参与者的证书操作申请，发放和管理辖区内支付系统参与者证书。

（七）支付系统参与者证书管理员职责：

1. 向中国人民银行或其分支机构提交本机构的证书操作申请；

2. 负责本机构支付系统数字证书自助补发、换发等操作，负责证书下载、安装；

3. 保管数字证书文件。

第七条　中国人民银行及其分支机构应做好证书操作管理，妥善保管证书操作的申请文档。

第八条　中国人民银行及其分支机构在受理证书操作申请时，应仔细查验申请机构或用户的有效证件，做好身份鉴别。

第九条　支付系统电子签名所用的数字证书只限于支付系统使用。

第十条　中国人民银行及其分支机构和支付系统参与者应做好数字证书维护，保证证书可用，证书到期前及时换发，避免由于证书失效导致业务中断或延迟。

第十一条　中国人民银行及其分支机构和支付系统参与者应采取以下措施

保障数字证书安全：

（一）妥善保护支付系统数字证书文件和相应存储介质（以下称 USB – Key），不得转借他人。

（二）文件证书私钥保护密码位数应不少于 8 位，应含有数字、大小写字母和特殊字符，并定期更换证书密码，不得泄露。

（三）USB – Key 应设置保护密码，不得泄露并定期更换。

（四）如发现数字证书文件和 USB – Key 丢失、损坏或被非法复制，以及证书私钥保护密码丢失或泄露，应当及时向证书的主管单位报告并按证书管理流程进行补发或冻结。

第十二条　中国人民银行及其分支机构和支付系统参与者应根据实际需要申请证书，对于不再使用的证书及时办理撤销，避免不必要的浪费，中国人民银行清算总中心和中国人民银行分支机构清算中心应定期检查、核实所发放证书的使用情况，加强监督管理。

第十三条　中国人民银行清算总中心应根据本办法制定实施细则。

第十四条　本办法由中国人民银行负责解释。

第十五条　本办法自发布之日起施行。《全国支票影像交换系统数字证书管理办法（试行）》（银办发〔2006〕265 号文印发）、《网上支付跨行清算系统数字证书管理办法（试行）》（银办发〔2010〕159 号文印发）、《支付管理信息系统数字证书管理办法（试行）》（银办发〔2007〕73 号文印发）同时废止。

附：1. 支付系统数字证书申请表

2. 支付系统数字证书管理表

附1

支付系统数字证书申请表

申请日期			年　　月　　日	
系统名称			□大小额支付系统、网上支付跨行清算系统　□境内外币支付系统　□全国支票影像交换系统　□支付管理信息系统　□支付信息统计分析系统	
参与者/用户信息	（参与者填写）	机构名称		
		机构代码		
		机构英文简称		
		证书数量		
	（中国人民银行及其分支机构填写）	姓名（签名）		
		证件类型	□身份证　□军官证　□港澳通行证　□护照　□其他，请注明：	
		证件号码	□□□□　□□□□　□□□□　□□□□　□□	
	主管领导（签字）			（单位盖章）
	地址			
	邮政编码			
联系人信息	姓名（签名）			
	证件类型		□身份证　□军官证　□港澳通行证　□护照　□其他，请注明：	
	证件号码		□□□□　□□□□　□□□□　□□□□　□□	
	电子邮件			
	电话			
支付结算处意见/支付结算司	中国人民银行或其分支机构（名称）：			（单位盖章）
	审批人（签字或盖章）：日期：审批意见：□通过　□拒绝　拒绝原因：			
清算总中心/清算中心意见	中国人民银行或其分支机构（名称）：			
	RA/LRA管理员（签字或盖章）：　　　　　　日期：			
	分管领导（签字或盖章）：　　　　　　日期：			
备注				

注：1. 每张表只能为一个系统申请证书。

2. 中国人民银行用户及由中国人民银行负责监督管理的直接参与者将申请表提交至中国人民银行支付结算司；中国人民银行分支机构用户及其他参与者将申请表提交至所在地中国人民银行分支机构支付结算处。

3. 如果机构无英文简称，则填写其拼音简称。

附 2

支付系统数字证书管理表

申请日期			年　月　日			
系统名称			□大小额支付系统、网上支付跨行清算系统　□境内外币支付系统　□全国支票影像交换系统　□支付管理信息系统　□支付信息统计分析系统			
证书管理原因说明						
证书管理操作			□撤销　□换发（延长有效期）　□补发　□冻结　□解冻			
参与者/用户信息	（参与者填写）	机构名称				
		机构代码				
		机构英文简称				
		证书数量				
	（中国人民银行及其分支机构填写）	姓名（签名）				
		证件类型	□身份证　□军官证　□港澳通行证　□护照　□其他，请注明：			
		证件号码	□□□□　□□□□　□□□□　□□□□　□□			
	主管领导（签字）				（单位盖章）	
	地址					
	邮政编码					
联系人信息	姓名（签名）					
	证件类型		□身份证　□军官证　□港澳通行证　□护照　□其他，请注明：			
	证件号码		□□□□　□□□□　□□□□　□□□□　□□			
	电子邮件					
	电话					
支付结算处意见/支付结算司	中国人民银行或其分支机构（名称）：					
	审批人（签字或盖章）：日期：审批意见：□通过　□拒绝　拒绝原因：				（单位盖章）	
清算总中心/清算中心意见	中国人民银行或其分支机构（名称）：					
	RA/LRA 管理员（签字或盖章）：　　　　日期：					
	分管领导（签字或盖章）：　　　　日期：					
备注						

注：1. 每张表只能为一个系统管理证书。

　　2. 中国人民银行用户及由中国人民银行负责监督管理的直接参与者将管理表提交至中国人民银行支付结算司；中国人民银行分支机构用户及其他参与者将管理表提交至所在地中国人民银行分支机构支付结算处。

　　3. 如果机构无英文简称，则填写其拼音简称。

六、金融业信息化方面的规范性文件

中国人民银行关于印发
《金融业机构信息管理规定》的通知

2016 年 3 月 4 日 银发〔2016〕66 号

中国人民银行上海总部，各分行、营业管理部，各省会（首府）城市中心支行；国家开发银行，各政策性银行、国有商业银行、股份制商业银行，中国邮政储蓄银行，各金融资产管理公司：

为加强金融业机构信息管理工作，进一步推动金融业机构信息应用体系建设，中国人民银行根据近年来工作实际，对《金融业机构信息管理规定》进行了修订，现印发给你们，自印发之日起执行。原《金融业机构信息管理规定》（银发〔2010〕175 号文印发）同时废止。

请中国人民银行上海总部，各分行、营业管理部、省会（首府）城市中心支行将本通知转发至辖区内有关金融业机构。

附件：金融业机构信息管理规定

附件

金融业机构信息管理规定

第一章 总 则

第一条 为规范和加强金融业机构信息管理工作，确保金融业机构信息的真实、准确和完整，促进金融业机构信息管理系统互联互通，提升共享效率，制定本规定。

第二条 本规定所称金融业机构信息，是指在金融业机构信息管理系统中登记的金融业机构及中国人民银行认定的相关机构信息。

本规定所称金融业机构信息管理系统，是指中国人民银行依据《金融机构编码规范》（JR/T 0124—2014）开发，对金融业机构信息进行管理，并对外提供查询服务的应用系统。

第三条　本规定适用于以下金融业机构信息新增、变更和撤销：

（一）中华人民共和国的货币当局、监管当局及其境内外派出机构。

（二）境内银行、证券、保险类等金融机构的法人机构及其境内外具有经营许可的分支机构。

（三）交易结算类金融机构及其境内外分支机构。

（四）境内设立的金融控股公司。

（五）境外金融机构在中华人民共和国境内设立的具有经营许可的非法人分支机构。

（六）中国人民银行认定的其他金融机构。

以上所称"境内"均指中华人民共和国境内（不含港、澳、台地区）的地区。

第二章　金融业机构信息的管理与使用

第四条　中国人民银行遵循"统一管理，分级维护，实时发布"的原则对金融业机构信息进行管理、维护和发布。

中国人民银行总行、上海总部、分行、营业管理部、省会（首府）城市中心支行、副省级城市中心支行和地市中心支行负责金融业机构信息的编制、备案、维护和发布。

中国人民银行总行统一管理金融业机构信息，负责金融业机构信息管理系统的建设、运行和维护，负责中国人民银行总行、国家外汇管理局、监管当局信息的编制、备案、维护和发布，负责全国性金融机构法人机构和代报机构分类名录的编制、备案、维护和发布，负责中国金融机构境外分支机构信息的编制、备案、维护和发布。

中国人民银行上海总部、分行、营业管理部、省会（首府）城市中心支行、副省级城市中心支行负责辖区内中国人民银行、国家外汇管理局和监管当局分支机构信息的编制、备案、维护和发布。

中国人民银行地市中心支行以上分支机构负责辖区内区域性法人金融机构、金融机构分支机构和事业部信息的编制、备案、维护和发布。

第五条　金融业机构信息的主管部门为中国人民银行总行科技司、地市中心支行以上分支机构科技部门。

第六条　中国人民银行与参与机构共享金融业机构信息。

第七条　中国人民银行总行、地市中心支行以上分支机构指定专人负责金融业机构信息的管理工作。

第八条　中国人民银行总行、地市中心支行以上分支机构应当加强金融业机构信息管理工作，确保辖区内金融业机构信息的完整性和有效性，保证金融业机构信息在全国范围内统一有效，并据此向金融机构颁发金融机构代码证。

第九条　中国人民银行地市中心支行以上分支机构在报上一级机构批准后可以向有关机关、单位或者个人提供金融业机构信息服务，并应当遵守国家有关信息管理和保密制度的规定。

第十条　中国人民银行总行、地市中心支行以上分支机构应当对辖区内金融业机构信息有效性等进行年度验证，确保金融业机构信息的唯一性和相关信息的准确性、时效性。

第十一条　金融机构各级机构指定专人负责金融业机构信息的管理工作，及时更新维护各自机构信息，配合中国人民银行做好金融业机构信息管理工作，建立健全金融业机构信息管理制度。

第十二条　金融机构新增、变更或撤销，应在有关管理部门批准后 7 个工作日内准确、完整地向中国人民银行报送相关材料，并确保申请信息的真实性、准确性及有效性。

第十三条　中国人民银行总行、地市中心支行以上分支机构和金融机构应在本系统内全面应用金融机构编码，中国人民银行地市中心支行以上分支机构应积极推动辖区内金融机构在各领域应用与共享金融机构编码。

第十四条　禁止伪造、变造、冒用金融业机构信息。

第十五条　禁止私自公布、泄露或者以其他方式非法使用金融业机构信息。

第三章　金融业机构信息的新增

第十六条　新设法人金融机构或代报机构的，应申请新增法人金融机构或代报机构信息。按要求填写新增法人金融机构或代报机构信息申请书（附2），并提交下列材料：

（一）监管当局核准的许可证原件及复印件，或有关部门批准其成立的批文原件及复印件。

（二）营业执照正本或副本原件及复印件（货币当局和监管当局不用提

供）。

（三）法定代表人或负责人身份证件及复印件。

（四）经办人身份证件及复印件。

（五）新设法人金融机构还需提交前十大出资人出资情况表（附 3）（货币当局和监管当局不用提供）。

第十七条　中国人民银行收到新增法人金融机构或代报机构信息申请资料，核对材料原件和复印件。核对无误后退回原件，并在 7 个工作日内完成申请资料的业务核实。

符合规定的，中国人民银行总行、地市中心支行以上分支机构或金融机构将金融机构信息完整录入金融业机构信息管理系统，由中国人民银行根据《金融机构编码规范》赋码。打印新增法人金融机构或代报机构信息通知书（附 4），加盖中国人民银行金融机构代码证专用章，一份连同申请材料留存，另一份返回申请提交机构。

不符合规定的，中国人民银行在新增法人金融机构或代报机构信息通知书中注明原因，签署不予新增意见，加盖中国人民银行金融机构代码证专用章，一份连同申请材料留存，另一份返回申请提交机构。

第十八条　金融机构申请新增境内分支机构信息的，应按要求填写新增境内金融机构分支机构信息申请书（附 5），并提交下列材料：

（一）监管当局核准的许可证原件及复印件，或有关部门批准其成立的批文原件及复印件。

（二）营业执照正本或副本原件及复印件（货币当局和监管当局不用提供）。

（三）法定代表人或负责人身份证件及复印件。

（四）经办人身份证件及复印件。

第十九条　中国人民银行收到新增境内金融机构分支机构信息申请材料，核对材料原件和复印件。核对无误后退回原件，并在 7 个工作日内完成申请材料的业务核实。

符合规定的，中国人民银行总行、地市中心支行以上分支机构或金融机构将金融机构信息完整录入金融业机构信息管理系统，由金融业机构信息管理系统根据《金融机构编码规范》自动赋码。打印新增境内金融机构分支机构信息通知书（附 6），加盖中国人民银行金融机构代码证专用章，一份连同申请材料留存，另一份返回申请提交机构。

不符合规定的，中国人民银行在新增境内金融机构分支机构信息通知书注明原因，签署不予新增意见，加盖中国人民银行金融机构代码证专用章，一份连同申请材料留存，另一份返回申请提交机构。

第二十条 金融机构申请新增境外金融机构分支机构信息的，金融机构总部应按要求向中国人民银行总行提交新增境外金融机构分支机构信息申请书（附7），并提交有关部门批准其成立的批文原件及复印件。

第二十一条 中国人民银行总行收到新增境外金融机构分支机构信息申请材料，核对证明材料原件和复印件。核对无误后退回证明材料原件，并在7个工作日内完成申请材料的业务核实。

符合规定的，中国人民银行或金融机构将金融机构信息完整录入金融业机构信息管理系统，由金融业机构信息管理系统根据《金融机构编码规范》赋码。打印新增境外金融机构分支机构信息通知书（附8），加盖中国人民银行金融机构代码证专用章，一份连同申请材料留存，另一份返回申请提交机构。

不符合规定的，中国人民银行总行在新增境外金融机构分支机构信息通知书中注明原因，签署不予新增意见，加盖中国人民银行金融机构代码证专用章，一份连同相关材料留存，另一份返回申请提交机构。

第二十二条 因辖区内行政区划需新增地区代码信息的，中国人民银行省会（首府）城市中心支行以上分支机构应及时通过金融业机构信息管理系统向中国人民银行总行提出新增地区代码申请，中国人民银行总行收到申请并核实后，在金融业机构信息管理系统中新增地区代码。

第四章 金融业机构信息的变更

第二十三条 金融机构信息发生变更的，应于信息发生变更后7个工作日内，将变更情况向中国人民银行备案。金融机构境外分支机构信息发生变更的，由金融机构总部向中国人民银行总行备案。

第二十四条 金融机构变更金融机构全称、地址、法定代表人或负责人、十大出资人信息的，应填写金融业机构信息变更备案书（附9），并提交下列材料：

（一）金融机构代码证原件或打印件（仅具有金融机构代码证的机构提供）。

（二）经办人身份证件复印件。

（三）监管当局核准的许可证复印件或有关部门的批文复印件并加盖单位公章（仅当全称、地址变更时提供）。

（四）法定代表人或负责人身份证复印件（仅当法定代表人或负责人变更时提供）。

（五）前十大出资人出资情况表（仅当前十大出资人信息变更时提供）。

第二十五条　金融机构变更除本规定第二十四条所列信息以外机构信息的，应填写金融业机构信息变更备案书（附 9）。

第二十六条　金融机构停业清算，自清算组成立之日起 7 个工作日内，应填写金融业机构信息变更备案书，并提供监管当局批复文件；或通过金融业机构信息管理系统填写变更申请，并提供监管当局批复文件的扫描件。

第二十七条　中国人民银行收到金融机构信息变更备案材料，核对申请信息和材料复印件，核对无误后在 7 个工作日内将新金融机构信息录入金融业机构信息管理系统，打印金融业机构信息变更通知书（附 10），加盖中国人民银行金融机构代码证专用章，一份连同备案材料留存，另一份返回备案提交机构。

不符合规定的，中国人民银行在金融业机构信息变更通知书注明原因，签署不予变更意见，加盖中国人民银行金融机构代码证专用章，一份连同备案材料留存，另一份返回备案提交机构。

第二十八条　因辖区内行政区划需变更地区代码信息的，中国人民银行省会（首府）城市中心支行以上分支机构应及时通过金融业机构信息管理系统向总行提出变更地区代码申请，中国人民银行总行收到申请并核实后，在金融业机构信息管理系统中变更地区代码信息。

第二十九条　金融机构编码变更后，原编码信息继续保留于金融业机构信息管理系统，不得对其他金融机构赋予与原金融机构编码重复的编码。

第五章　金融业机构信息的撤销

第三十条　金融机构境内分支机构信息撤销的，应于机构撤销公示之日起 7 个工作日内，由其上级机构向撤销机构原备案的中国人民银行分支机构备案。金融机构境外分支机构撤销的，由金融机构总部向中国人民银行总行备案。法人金融机构或代报机构撤销的，由法人金融机构或代报机构向原备案的中国人民银行总行或分支机构备案。

第三十一条　金融机构信息撤销的，其上级机构应填写金融业机构信息撤销备案书（附 11），并提供监管当局批复文件。

中国人民银行收到金融机构信息撤销备案材料，核对纸质申请材料信息，在 7 个工作日内将信息录入金融业机构信息管理系统。填写金融业机构信息撤销通知书（附 12），加盖中国人民银行金融机构代码证专用章，一份连同备案材料留存，另一份返回备案提交机构。

第三十二条 因辖区内行政区划需撤销地区代码信息的，中国人民银行省会（首府）城市中心支行以上分支机构应及时通过金融业机构信息管理系统向总行提出撤销地区代码申请，中国人民银行总行收到申请并核实后，在金融业机构信息管理系统中变更地区代码信息。

第三十三条 金融机构编码撤销后，原编码信息继续保留于金融业机构信息管理系统，不得对其他金融机构赋予与原金融机构编码重复的编码，并及时通知中国人民银行有关部门在其他应用系统中调整该编码。

第六章 附 则

第三十四条 对违反本规定造成损失或产生不良影响的机构或个人给予通报批评。情节严重的，依据相关法律法规及制度，追究其机构负责人及责任人责任。涉嫌构成犯罪的，移交司法机关，依法追究刑事责任。

第三十五条 与中国人民银行联网的金融机构，可通过金融业机构信息系统提交新增、变更、撤销申请，并同步报送扫描件，中国人民银行负责核实，金融机构自行查询核实结果打印通知书。新增申请需按照第三章相关要求提交材料。

第三十六条 中国人民银行认定的其他非金融机构参照本规定执行。

第三十七条 本规定由中国人民银行负责解释、修订。

第三十八条 本规定自发布之日起施行。

附：1. 金融业机构信息
2. 新增法人金融机构或代报机构信息申请书
3. 法人金融机构前十大出资人出资情况表
4. 新增法人金融机构或代报机构信息通知书
5. 新增境内金融机构分支机构信息申请书
6. 新增境内金融机构分支机构信息通知书
7. 新增境外金融机构分支机构信息申请书
8. 新增境外金融机构分支机构信息通知书
9. 金融业机构信息变更备案书
10. 金融业机构信息变更通知书
11. 金融业机构信息撤销备案书
12. 金融业机构信息撤销通知书
13. 金融业机构信息编制规则

附 1

金融业机构信息

一、金融机构基础信息

序号	名称
1	金融机构编码
2	金融机构全称
3	金融机构分类编码
4	金融机构级别
5	直属上级机构编码
6	直属中国人民银行机构编码
7	机构状态
8	机构成立日期
9	机构撤销日期
10	机构电话号码
11	法定代表人或负责人

二、金融机构地区信息

序号	名称
1	机构所在国家或地区编码
2	机构所在省、自治区、直辖市名称
3	机构所在省、自治区、直辖市编码
4	机构所在地区、地级市、自治州、盟名称
5	机构所在地区、地级市、自治州、盟编码
6	机构所在县、县级市、区、旗名称
7	机构所在县、县级市、区、旗编码
8	是否是省会、首府地区
9	地址
10	邮政编码

三、金融机构法人信息

序号	名称
1	法人或代报机构全称
2	法人所在地
3	代报机构所在地
4	金融机构一级分类
5	金融机构二级分类
6	金融机构三级分类
7	出资人经济成分类别
8	上市状况
9	法人状态
10	法定代表人

四、金融机构编码变更信息

序号	名称
1	变更序号
2	变更日期
3	变更前金融机构编码
4	变更后金融机构编码
5	编码变更原因

附 2

新增法人金融机构或代报机构信息申请书

申请机构名称：

序号	项目名称	内容
1	法人金融机构或代报机构全称	
2	机构所在省、自治区、直辖市	
3	机构所在地区、地级市、自治州、盟	
4	机构所在县、县级市、区、旗	
5	上市状况	□0－境内上市　□1－香港上市　□2－其他境外上市　□3－未上市
6	机构邮政编码（选填项）	□□□□□□
7	组织机构代码（或社会信用代码）	
8	营业执照注册号（或社会信用代码）	
9	监管当局核准许可证编码	
10	地址	
11	法定代表人或负责人姓名	
12	机构电话号码	
13	机构电子邮件（选填项）	
14	直属中国人民银行机构名称	
15	机构成立日期	

本机构申请新增境内金融机构信息，并承诺所提供的资料真实、有效。

申请机构（盖章）

经办人（签章）

经办人电话号码：

年　　月　　日

注意事项：

1. 按《金融业机构信息管理规定》第三章相关要求填写。

2. 地址来源于金融许可证、相关批文或营业执照，证件中地址不一致时，以实际地址为准。

3. 电话号码为办公电话，格式为区号—电话号码。

附 3

法人金融机构前十大出资人出资情况表

金融机构名称（盖章）： 金融机构编码（新设不填）：

序号	出资人	出资金额（元）	出资比例	经济成分	备注
1					
2					
3					
4					
5					
6					
7					
8					
9					
10					

注意事项：

"经济成分"按国家统计局《关于统计上对公有和非公有控股经济的分类办法》要求填报。

附 4

新增法人金融机构或代报机构信息通知书

_____

你单位关于_____进行新增法人金融机构（代报机构）信息申请材料收悉。经审查，反馈如下：

序号	项目名称	内容
1	法人金融机构或代报机构全称	
2	金融机构一级分类编码及名称	
3	金融机构二级分类编码及名称	
4	金融机构三级分类编码	
5	机构所在省、自治区、直辖市	
6	机构所在省、自治区、直辖市编码	□□□□□□
7	机构所在地区、地级市、自治州、盟	
8	机构所在地区、地级市、自治州、盟编码	□□□□□□
9	机构所在县、县级市、区、旗	
10	机构所在县、县级市、区、旗编码	□□□□□□
11	机构所在地是否隶属省会、首府	□0 - 否　□1 - 是
12	上市状况	
13	机构邮政编码（选填项）	□□□□□□
14	地址	
15	机构电话号码	
16	机构电子邮件（选填项）	
17	法定代表人或负责人姓名	
18	直属中国人民银行机构名称	
19	直属中国人民银行机构编码	□□□□□□□□□□□□
20	机构经济成分类别	
21	金融机构编码	□□□□□□□□□□□□□

中国人民银行核实意见：

　　（盖章）

　　　　　　　　　　　　　　　　经办人（签章）
　　　　　　　　　　　　　　　　经办人电话号码：
　　　　　　　　　　　　　　　　　　年　　月　　日

注意事项：

本通知书一式二份，一份留存，一份返回申请提交机构。

附 5

新增境内金融机构分支机构信息申请书

申请机构名称：

序号	项目名称	内容
1	金融机构全称	
2	金融机构级别	□2－分支机构　□3－事业部
3	直属上级机构名称	
4	直属上级机构编码	
5	组织机构代码（或社会信用代码）	
6	营业执照注册号（或社会信用代码）	
7	金融许可证机构编码	
8	机构所在省、自治区、直辖市	
9	机构所在地区、地级市、自治州、盟	
10	机构所在县、县级市、区、旗	
11	机构邮政编码（选填项）	
12	地址	
13	机构电话号码	
14	机构负责人姓名	
15	机构电子邮件（选填项）	
16	直属中国人民银行机构名称	
本机构申请新增境内金融机构信息，并承诺所提供的资料真实、有效。 申请机构（盖章） 　　　　　　经办人（签章） 　　　　　　经办人电话号码： 　　　　　　　　年　月　日		经核实，该机构出具的申请新增境内金融机构信息的资料真实、有效。 直属上级机构（盖章） 　　　　　　经办人（签章） 　　　　　　经办人电话号码： 　　　　　　　　年　月　日

注意事项：

1. 按《金融业机构信息管理规定》第三章相关要求填写。

2. 电话号码为办公电话，格式为区号—电话号码。

附 6

新增境内金融机构分支机构信息通知书

你单位关于＿＿＿＿＿＿＿＿进行新增境内金融机构分支机构信息申请材料收悉。经审查，反馈如下：

序号	项目名称	内容
1	金融机构全称	
2	金融机构一级分类编码及名称	
3	金融机构二级分类编码及名称	
4	金融机构三级分类编码及名称	
5	金融机构级别	
6	直属上级机构编码	□□□□□□□□□□□□
7	直属上级机构名称	
8	机构所在省、自治区、直辖市	
9	机构所在省、自治区、直辖市编码	□□□□□□
10	机构所在地区、地级市、自治州、盟	
11	机构所在地区、地级市、自治州、盟编码	□□□□□□
12	机构所在县、县级市、区、旗	
13	机构所在县、县级市、区、旗编码	□□□□□□
14	机构所在地是否隶属省会、首府	□0 - 否　□1 - 是
15	机构邮政编码（选填项）	□□□□□□
16	地址	
17	机构电话号码	
18	机构负责人姓名	
19	直属中国人民银行机构编码	□□□□□□□□□□□□
20	直属中国人民银行机构名称	
21	机构电子邮件（选填项）	
22	金融机构编码	□□□□□□□□□□□□□

中国人民银行核实意见：

　　（盖章）

经办人（签章）

经办人电话号码：

年　　月　　日

注意事项：

本通知书一式二份，一份留存，一份返回申请提交机构。

附 7

新增境外金融机构分支机构信息申请书

申请机构名称：

序号	项目名称	内容
1	金融机构全称	
2	金融机构级别	□2－分支机构　□3－事业部
3	直属上级机构编码	□□□□□□□□□□□□
4	机构所在国家	
5	机构邮政编码（选填项）	□□□□□□
6	地址	
7	机构电子邮件（选填项）	
8	机构电话号码	
9	机构负责人姓名	
本机构申请新增境外金融机构信息，并承诺所提供的资料真实、有效。 　　　申请机构（盖章） 　　　　　　经办人（签章） 　　　　　　经办人电话号码： 　　　　　　　　年　　月　　日		经核实，该机构出具的申请新增境外金融机构信息的资料真实、有效。 　　　直属上级机构（盖章） 　　　　　　经办人（签章） 　　　　　　经办人电话号码： 　　　　　　　　年　　月　　日

注意事项：

1. 按《金融业机构信息管理规定》附13 相关要求填写。

2. 地址来源于金融许可证、相关批文或营业执照，证件中地址不一致时，以实际地址为准。

3. 电话号码为办公电话，格式为（国别号）区号—电话号码。

附 8

新增境外金融机构分支机构信息通知书

你单位关于_____进行新增境外金融机构分支机构信息申请材料收悉。经审查，反馈如下：

序号	项目名称	内容
1	金融机构全称	
2	金融机构一级分类编码及名称	
3	金融机构二级分类编码及名称	
4	金融机构三级分类编码及名称	
5	金融机构级别	
6	直属上级机构名称	
7	机构所在国家	
8	机构所在国家编码	□□
9	机构邮政编码（选填项）	□□□□□□
10	地址	
11	机构电话号码	
12	机构负责人姓名	
13	机构电子邮件（选填项）	
14	直属中国人民银行机构名称	
15	金融机构编码	□□□□□□□□□□□□□□

中国人民银行核实意见：

　　（盖章）

　　　　　　　　　　　　　　　经办人（签章）

　　　　　　　　　　　　　　　经办人电话号码：

　　　　　　　　　　　　　　　　　年　　月　　日

注意事项：

本通知书一式二份，一份留存，一份返回申请提交机构。

附 9

金融业机构信息变更备案书

申请机构名称：　　　　　　　　　　　　　　申请机构的原金融机构编码：

序号	变更项目名称	变更前内容	变更后内容	变更原因
1				
2				
3				
4				
5				
6				
7				
8				
9				
10				
11				
12				
13				

本机构承诺所提供的变更金融机构信息备案资料真实、有效。 　　申请机构（盖章） 　　　　经办人（签章） 　　　　经办人电话号码： 　　　　　　年　　月　　日	经核实，该机构出具的变更金融机构信息备案资料真实、有效。 　　直属上级机构（盖章） 　　　　经办人（签章） 　　　　经办人电话号码： 　　　　　　年　　月　　日

注意事项：

经办人电话为办公电话，格式为区号—电话号码。

附 10

金融业机构信息变更通知书

你单位关于＿＿＿＿＿＿＿＿＿进行变更金融机构信息备案材料收悉。经审查，反馈如下：

序号	变更项目名称	变更前内容	变更后内容
1			
2			
3			
4			
5			
6			
7			
8			
9			
10			
原金融机构编码			
新金融机构编码			
中国人民银行意见： （盖章） 经办人（签章） 经办人电话号码： 　　　年　　月　　日			

注意事项：

本通知书一式二份，一份留存，一份返回申请提交机构。

附 11

金融业机构信息撤销备案书

申请机构名称：

项目名称	内容	
金融机构全称		
金融机构编码		
直属上级机构编码		
机构撤销日期		
管辖的下一级机构编码	1	
	2	
	3	
	4	
	5	
	6	
	7	
撤销原因：		
本机构承诺所提供的撤销金融机构信息备案资料真实、有效。 　　申请机构（盖章） 　　　　经办人（签章） 　　　　经办人电话号码： 　　　　　　年　月　日	经核实，该机构出具的变更金融机构信息备案资料真实、有效。 　　直属上级机构（盖章） 　　　　经办人（签章） 　　　　经办人电话号码： 　　　　　　年　月　日	

注意事项：

1. 当申请机构为法人金融机构或中国人民银行时，可不要求直属上级机构签字盖章。

2. 经办人电话为办公电话，格式为区号—电话号码。

附 12

金融业机构信息撤销通知书

你单位关于_____进行撤销金融机构信息备案材料收悉。经审查，反馈如下：

项目名称	内容	
金融机构全称		
金融机构编码		
直属上级机构编码		
管辖的下一级机构编码	1	
	2	
	3	
	4	
	5	
	6	
	7	
中国人民银行意见： （盖章）		

经办人（签章）

经办人电话号码：

年　　月　　日

注意事项：

本通知书一式二份，一份留存，一份返回申请提交机构。

附 13

金融业机构信息编制规则

一、金融业机构信息包括：金融机构基础信息、金融机构地区信息、金融机构法人信息、金融机构编码变更信息（附1）。

二、金融业机构信息管理系统的信息维护应坚持以实际情况为准、以有关部门颁发的重要证照为参考的原则。

三、金融机构基础信息指被赋码机构的信息，包括十一项内容。部分内容解释如下：

（一）金融机构编码指中国人民银行根据《金融机构编码规范》为各金融机构编制的唯一标识码。

（二）金融机构全称指其金融许可或相关文件认定的名称全称。

（三）金融机构分类编码指金融机构编码的第一位至第六位编码。

（四）金融机构级别指金融机构在其法人内部所处地位。

1. "0"代表总部，指金融机构的总行、总公司、委员会等法人机构。

2. "1"代表代报机构，指境外金融机构从其在中国境内设立的、获得金融许可的非法人分支机构中指定的，代表境外总公司履行中国境内义务和职权的机构。

3. "2"代表分支机构，指金融机构设立的、获得金融许可的非事业部分支机构。

4. "3"代表事业部，指金融机构设立的以某类金融业务为主体，在治理机制、经营决策、财务核算、业务反映、风险管理、激励约束等方面具有一定独立性并持有监管当局颁发的金融许可的部门。

（五）直属上级机构编码指被赋码机构直属的上级机构的金融机构编码。金融机构总部、代报机构的直属上级机构编码为十四个"9"。中国人民银行、国家外汇管理局和监管当局的金融业机构信息不含此项。

（六）直属中国人民银行机构编码指金融机构所在地中国人民银行分支机构的金融机构编码。当地如无中国人民银行分支机构的，为代管其业务的中国人民银行分支机构的金融机构编码。境外金融机构的直属中国人民银行机构编码统一为中国人民银行总行的金融机构编码。

（七）机构状态指金融机构即时经营状态。

1. "0"代表正常，指金融机构处于正常经营状态。

2. "1" 代表清算，指金融机构处于停业清算状态。

3. "2" 代表撤销，指金融机构已经撤销。

（八）机构成立日期指金融机构实际开立日期。

（九）机构撤销日期指金融机构实际撤销日期。

（十）机构电话号码指金融机构的办公电话。

（十一）法定代表人或负责人指金融机构实际的法定代表人或负责人。

四、金融机构地区信息指被赋码机构的详细地区信息，包括十项内容。部分内容解释如下：

（一）机构所在国家或地区编码，采用《GB/T 2659—2000 世界各国和地区名称代码（eqv ISO 3166 – 1：1997)》中被赋码机构所在国家或地区的两位拉丁字母代码。

（二）机构所在省、自治区、直辖市名称和编码指被赋码机构所在地隶属的省、自治区、直辖市的名称，编码采用《GB/T 2260—2007 中华人民共和国行政区划代码》中被赋码机构所在省、自治区、直辖市的六位数字代码。

（三）机构所在地区、地级市、自治州、盟名称和编码指被赋码机构所在地隶属的地区、地级市、自治州、盟的名称，编码采用《GB/T 2260—2007 中华人民共和国行政区划代码》中被赋码机构所在地区、地级市、自治州、盟的六位数字代码。

（四）机构所在县、县级市、区、旗名称和编码，指被赋码机构所在的县、县级市、区、旗名称，编码采用《GB/T 2260—2007 中华人民共和国行政区划代码》中被赋码机构所在县、县级市、区、旗的六位数字代码。

（五）是否直属省会、首府地区，指被赋码机构所在县、县级市、区、旗是否直属省会、自治区首府。

1. "0" 代表否。

2. "1" 代表是。

五、金融机构法人信息指被赋码机构所属法人的信息，包括十项内容。部分内容解释如下：

（一）法人或代报机构名称指被赋码机构其金融许可或相关文件认定的法人全称。代报机构的此项信息填写其金融许可或相关文件认定的全称。

（二）法人所在地指金融机构法人注册地，境内法人采用《GB/T 2260—2007 中华人民共和国行政区划代码》县、县级市、区、旗的 6 位数字代码。

代报机构采用其境外法人所在国家或地区的《GB/T 2659—2000　世界各国和地区名称代码（eqv ISO 3166–1：1997）》二位拉丁字母代码。

（三）代报机构所在地指境外金融机构指定的境内代报机构所在地，采用《GB/T 2260—2007　中华人民共和国行政区划代码》县、县级市、区、旗的六位数字代码。

（四）金融机构分类指按《金融机构编码规范》为金融机构所赋的一级、二级、三级分类。

（五）出资人经济成分类别。经济成分类别按国家统计局《关于统计上对公有和非公有控股经济的分类办法》划分。仅境内法人机构反映出资人经济成分类别信息，并由法人机构所在地中国人民银行依据相关规定认定。

1．"0"代表国有相对控股。

2．"1"代表国有绝对控股。

3．"2"代表集体相对控股。

4．"3"代表集体绝对控股。

5．"4"代表私人相对控股。

6．"5"代表私人绝对控股。

7．"6"代表港澳台相对控股。

8．"7"代表港澳台绝对控股。

9．"8"代表外商相对控股。

10．"9"代表外商绝对控股。

（六）上市状况，指金融机构是否在证券交易所发行股票并挂牌交易。仅境内法人机构反映此信息。

1．"0"代表境内上市。

2．"1"代表香港上市。

3．"2"代表其他境外上市。

4．"3"代表未上市。

（七）法人状态指境内金融机构法人或代报机构的境外法人即时的经营状况。

1．"0"代表正常，指金融机构法人处于正常经营状态。

2．"1"代表清算，指金融机构法人处于停业清算状态。

3．"2"代表撤销，指金融机构法人已经撤销。

六、金融机构编码变更信息反映金融机构因信息变更引起金融机构编码改变的情况，包括五项内容。

编码变更原因分为："1"代表金融机构一级分类变更，"2"代表金融机构二级分类变更，"3"代表金融机构三级分类变更，"4"代表金融机构所在地跨省（区、市）变更，"5"代表其他原因变更。

七、货币金银方面的规范性文件

黄金及黄金制品进出口准许证事宜

2016 年 4 月 26 日　中国人民银行　海关总署公告〔2016〕第 9 号

根据《黄金及黄金制品进出口管理办法》（中国人民银行　海关总署令〔2015 年〕第 1 号发布），为进一步简化审批手续，促进贸易便利化，中国人民银行、海关总署决定开展《中国人民银行黄金及黄金制品进出口准许证》（以下简称《准许证》）"非一批一证"（正、背面样式见附件）管理试点工作，现将有关事宜公告如下：

一、黄金及黄金制品进出口业务频繁的法人可以按照《黄金及黄金制品进出口管理办法》的条件和审批流程，申请"非一批一证"《准许证》。

二、实行"非一批一证"的《准许证》可以在有效期内、不超过规定数量和批次报关使用。具体做法是，海关在《准许证》正本背面"海关验放签注栏"内逐笔签注核减进（出）口的数量，报关批次最多不超过 12 次。

三、"非一批一证"《准许证》自签发之日起 6 个月内有效，逾期自行失效。

四、在"非一批一证"《准许证》允许进（出）口的数量、批次未使用完之前，海关留存每次已签注的"非一批一证"《准许证》复印件。"非一批一证"《准许证》允许进（出）口的数量、批次核扣完毕，由海关收存。

五、"非一批一证"《准许证》未使用过或未使用完毕的，被许可人应在《准许证》有效期满后 10 个工作日内将证件交回核发机构。

六、实行"非一批一证"《准许证》管理试点海关为北京、上海、广州、南京、青岛、深圳海关。其他海关，仍按照现行规定办理。

七、实行"非一批一证"《准许证》管理试点后，中国人民银行及其分支机构将对核发的《准许证》使用情况加强监督管理。"非一批一证"《准许证》的被许可人，应在"非一批一证"《准许证》有效期满后 10 个工作日内将黄金及黄金制品进出口情况（包括批次、验放日期、实际进出口量等）报送中国人民银行及其分支机构。

八、本公告自 2016 年 6 月 1 日起施行。

附件：中国人民银行黄金及黄金制品进出口准许证（非一批一证）

附件

中国人民银行
黄金及黄金制品进出口准许证
（非一批一证）

编号：

进（出）口商					
收（发）货人					
进出口用途					
进口国（地区）		—	出口国（地区）		—
进境口岸		—	出境口岸		—
合同号		—	增值税发票号		—
商品编码	商品名称	件数	毛重（克）	成色（%）	纯重（克）
		—			
		—			
		—			
		—			
合计数量	—			—	
商品总值（美元）	—				
有效期限自××××年××月××日至××××年××月××日。					
经办人			签发单位签章		
签发人			签发日期		

中国人民银行
黄金及黄金制品进出口准许证
（非一批一证）

海关验放签注栏 编号：

批次	验放日期	报关单号	进/出口数量（克）	剩余额度（克）	海关口岸	签章
1						
2						
3						
4						
5						
6						
7						
8						
9						
10						
11						
12						

黄金及黄金制品进出口事宜

2016 年 12 月 29 日　中国人民银行　海关总署公告〔2016〕第 32 号

根据《黄金及黄金制品进出口管理办法》（中国人民银行　海关总署令〔2015〕第 1 号发布）的规定，中国人民银行、海关总署调整了《黄金及黄金制品进出口管理商品目录》。现就有关事项公告如下：

一、进出口"其他金化合物（海关商品编号 2843300090）"、"镶嵌钻石的黄金制首饰及其零件（海关商品编号 7113191100）"的，免予办理《中国人民银行黄金及黄金制品进出口准许证》。

二、调整后的《黄金及黄金制品进出口管理商品目录》自 2017 年 1 月 1 日起施行，中国人民银行　海关总署公告〔2015〕第 44 号所附目录停止施行。

附件：黄金及黄金制品进出口管理商品目录

附件

黄金及黄金制品进出口管理商品目录

序号	海关商品编号	商品名称及备注
1	2843300010	氰化金、氰化金钾（含金 40%）等［包括氰化亚金（Ⅰ）钾（含金 68.3%）、氰化亚金（Ⅲ）钾（含金 57%）］
2	7108110000	非货币用金粉
3	7108120000	非货币用未锻造金（包括镀铂的金）
4	7108130000	非货币用半制成金（包括镀铂的金）
5	7108200000	货币用未锻造金（包括镀铂的金）
6	7113191990	其他黄金制首饰及其零件（不论是否包、镀其他贵金属）
7	7114190020	其他贵金属制器及零件（工艺金章、摆件等，不论是否包、镀贵金属）
8	7118900010	金质铸币（金质贵金属纪念币）
9	9111100010	黄金表壳（按重量计含金量 80% 及以上）
10	9113100010	黄金表带（按重量计含金量 80% 及以上）

中国人民银行关于印发《中国人民银行反假人民币奖励办法》的通知

2016 年 1 月 25 日　银发〔2016〕21 号

中国人民银行上海总部，各分行、营业管理部，各省会（首府）城市中心支行，深圳市中心支行；各国有商业银行、股份制商业银行，中国邮政储蓄银行：

为进一步加强反假货币工作，有效提升反假货币奖励的积极作用，更加有力地打击假币违法犯罪活动，中国人民银行对《中国人民银行反假货币奖励办法》（银发〔2005〕266 号文印发）进行了修订完善。现将修订后的《中国人民银行反假人民币奖励办法》（附件）印发给你们，请遵照执行。

请中国人民银行上海总部，各分行、营业管理部，各省会（首府）城市中心支行，深圳市中心支行将本通知转发至辖区内地方性法人银行业金融机构。

附件：中国人民银行反假人民币奖励办法

附件

中国人民银行反假人民币奖励办法

第一章　总　　则

第一条　为奖励在反假人民币工作中贡献突出的单位和个人，调动有关单位打击假币违法犯罪活动积极性，制定本办法。

第二条　本办法所称人民币是指中国人民银行依法发行的货币，包括纸币和硬币。

第三条　本办法所称假币是指伪造、变造的人民币。

伪造的人民币是指仿照人民币的图案、形状、色彩等特征制造的假币。

变造的人民币是指对人民币真币采用剪贴、挖补、揭层、涂改、移位、重印等方法加工处理，改变真币形态、价值的假币。

第四条　中国人民银行及其分支机构负责反假人民币奖励费用的审批、管理工作。

反假人民币奖励费用按照"定向奖励，专款专用，分级审核，直接拨付"原则进行发放与管理。

第五条　中国人民银行及其分支机构对公安机关、海关、国家安全部门、工商行政管理部门破获伪造人民币，出售、购买、运输、持有、使用假币案件，可依照本办法的规定给予奖励。

第二章　奖励标准

第六条　对捣毁伪造人民币印制窝点，现场查获印刷假币的机器设备、制造假币版样、模具、油墨、纸张（包括印有安全线的纸张）、坯饼等原材料，并抓获主要涉案人员的，奖励 5 万元。在此基础上，现场查获假币的，按以下标准奖励。

（一）查获假纸币面额总计 100 万元以下或假硬币 10 万枚以下的，奖励金额为假币面额总计数的 8%。

（二）查获假纸币面额总计 100 万元至 1000 万元或假硬币 10 万枚至 50 万枚的，奖励金额为 8 万元至 20 万元，区间内按比例计算，计算公式如下：

（查获假纸币的面额总计 -100）$\times$（$20-8$）$/$（$1000-100$）$+8$

（查获假硬币的面额总计 -10）$\times$（$20-8$）$/$（$50-10$）$+8$

（三）查获假纸币面额总计 1000 万元以上或假硬币 50 万枚以上的，奖励金额为 20 万元。

第七条　对查获出售、购买、运输、持有、使用假币并抓获主要涉案人员的，按两档累进方式进行奖励，标准如下：

（一）查获假币面额总计少于 100 万元的，奖励金额为假币面额总计数的 10%；

（二）查获假币面额总计等于和大于 100 万元的，在奖励金额为 10 万元基数上，加上假币面额总计超过 100 万元部分的 1% 计算；

（三）奖励金额最高限额为 18 万元。

第八条　对捣毁假币再加工、变造币、打印或复印窝点，现场查获伪造假币的设备、假币版样、油墨、纸张，并抓获主要涉案人员的，奖励 2 万元。在此基础上，现场查获假币的，按本办法第七条奖励标准给予奖励。

第九条 查获的假币半成品按其面额的全额计算收缴量。假币半成品指纸张或坏饼的单面印有所伪造的货币底纹和主景图案，但尚未制作完成的假币。

第十条 对破获假币案件提供相关线索或直接参与假币案件侦破的有功人员的奖金数额，由被奖单位根据实际自行确定。

第十一条 银行业金融机构工作人员在柜面发现假币的，由本单位比照本办法给予适当奖励。

第三章　申请、审批与拨付

第十二条 反假人民币奖励实行一案一批。任何单位不得将两起或两起以上假币案件没收的假币数量合并上报，或将一起案件查获的假币分次上报。

第十三条 对破案单位和个人的奖励，应当在该案件破获且假币实物解缴中国人民银行当地分支机构后，由破案单位向中国人民银行当地分支机构申请奖励，并报送以下材料，所有材料须逐页加盖申请单位公章。

（一）中国人民银行当地分支机构出具的《假币收入凭证》或《假人民币没收凭证》复印件；

（二）"立案决定书"、《批准逮捕决定书》和"起诉意见书"复印件各一份；

（三）《反假人民币奖励申请表》原件（格式见附件1）。

第十四条 单项奖励费用在30000元以下的，由中国人民银行地市中心支行审批；30000元至150000元的，由中国人民银行上海总部，各分行、营业管理部，各省会（首府）城市中心支行，深圳市中心支行审批；150000元以上的，由中国人民银行总行审批。

第十五条 对跨省（区、市）假币案件的奖励由中国人民银行总行审批。

对省（区、市）内跨地区假币案件的奖励由中国人民银行上海总部，各分行、营业管理部，各省会（首府）城市中心支行，深圳市中心支行审批。

第十六条 中国人民银行分支机构货币金银部门根据申请单位报送的申请奖励费用材料，填写《反假人民币奖励审批表》（格式见附件2），经本单位会计部门审查，按审批权限，报本单位负责人或上级行审批。

需上级行审批的奖励费用，应以本单位名义报上级行审批。

第十七条 中国人民银行及其分支机构应按照本办法规定的奖励标准，认真及时审核奖励费用。

第十八条 中国人民银行分支机构货币金银部门应在审批完成之日起15

个工作日内，将奖励费用的审批结果以《反假人民币奖励金发放通知单》（格式详见附件3）形式告知申请单位。

第十九条　中国人民银行分支机构会计财务部门应在收到《反假人民币奖励金发放通知单》回单联后，及时、足额拨付奖励费用。

第二十条　奖励费用的拨付，应在"行政事业类支出"科目的"反假货币经费"账户中据实列支。

第四章　附　　则

第二十一条　本办法由中国人民银行负责解释。

第二十二条　本办法自印发之日起执行。《中国人民银行反假货币奖励办法》（银发〔2005〕266 号文印发）同时废止。

　　附：1. 反假人民币奖励申请表
　　　　2. 反假人民币奖励审批表
　　　　3. 反假人民币奖励金发放通知单

附1

反假人民币奖励申请表

申请单位			
申请日期			
案件简况			
假币收入凭证编号			
经办人姓名		身份证号码	
申请单位意见（加盖本单位公章） 　　　　　　　　　　　　　　　　　　负责人签字： 　　　　　　　　　　　　　　　　　　日期：			

附2

反假人民币奖励审批表

年　　号

填报单位：　　　　　　　　　　　　　　　　　　年　月　日

奖励单位：	奖励金额（元）
被奖励单位：	

案件 简况	
奖励原因	
填报单位意见	

审批单位货币金银部门意见	审批单位会计财务部门意见

审批单位主管负责人意见

审批后奖励金额（大写）：

审核：　　　　填表：

附 3

反假人民币奖励金发放通知单（示例）

（第一联　留存联）

×××公安局：

你单位提交的反假人民币奖励申请收悉。你单位破获×××案件，查获假人民币×××元，已于×年×月×日上缴我单位（假币没收收据或假币收入凭证编号为××××）。按照《中国人民银行反假货币奖励办法》（银发〔20××〕××号文印发）第×条第×项规定，给予你单位奖励金人民币×××元（大写）。

反假人民币奖励金发放范围包括你单位及其他为该案件作出贡献的本地或异地公安机关，以及为侦破该假币案件提供相关线索或直接参与案件侦破的有功人员。请你单位按照各相关单位及个人对该案件的贡献程度，合理确定具体分配金额，并确保足额发放。请你单位自收到本通知单之日起 5 个工作日内，将回单联加盖公章后返回我单位。

中国人民银行××分行（营业管理部、中心支行）

年　　月　　日

本通知单一式两联，第一联申请单位留存；第二联为回单，申请单位加盖公章后，返回我单位作为领取反假人民币奖励金凭证。

反假人民币奖励金发放通知单（示例）

（第二联　回单联）

×××公安局：

你单位提交的反假人民币奖励申请收悉。你单位破获×××案件，查获假人民币×××元，已于×年×月×日上缴我单位（假币没收收据或假币收入凭证编号为××××）。按照《中国人民银行反假货币奖励办法》（银发〔20××〕××号文印发）第×条第×项规定，给予你单位奖励金人民币×××元（大写）。

反假人民币奖励金发放范围包括你单位及其他为该案件作出贡献的本地或异地公安机关，以及为侦破该假币案件提供相关线索或直接参与案件侦破的有功人员。请你单位按照各相关单位及个人对该案件的贡献程度，合理确定具体分配金额，并确保足额发放。请你单位自收到本通知单之日起 5 个工作日内，将回单联加盖公章后返回我单位。

中国人民银行××分行（营业管理部、中心支行）

年　　月　　日

本通知单一式两联，第一联申请单位留存；第二联为回单，申请单位加盖公章后，返回我单位作为领取反假人民币奖励金凭证。

中国人民银行关于印发《银行业
金融机构反假货币工作指引》的通知

2016 年 2 月 4 日　银发〔2016〕29 号

中国人民银行上海总部，各分行、营业管理部，各省会（首府）城市中心支行，深圳市中心支行；各国有商业银行、股份制商业银行，中国邮政储蓄银行：

　　为规范银行业金融机构反假货币工作，促进反假货币工作有序开展，中国人民银行按照《中华人民共和国人民币管理条例》等相关法律规定，制定了《银行业金融机构反假货币工作指引》（见附件），现印发给你们，请遵照执行。

　　请中国人民银行上海总部，各分行、营业管理部，各省会（首府）城市中心支行，深圳市中心支行将本通知转发至辖区内地方性法人银行业金融机构。

　　附件：银行业金融机构反假货币工作指引

附件

银行业金融机构反假货币工作指引

第一章　　总　　则

　　第一条　为明确银行业金融机构反假货币工作职责，规范银行业金融机构反假货币工作，加强对银行业金融机构反假货币工作的指导，促进银行业金融机构反假货币工作有序开展，依据《中华人民共和国中国人民银行法》、《中华人民共和国人民币管理条例》、《中国人民银行假币收缴、鉴定管理办法》（中国人民银行令〔2003〕第 4 号发布），制定本指引。

第二条 在中华人民共和国境内设立的办理货币存取款和兑换业务的银行业金融机构适用本指引。

第三条 本指引所称货币是指中国人民银行依法发行的人民币，包括纸币和硬币。

本指引所称假币是指伪造和变造的货币。

第四条 银行业金融机构应承担的反假货币工作职责：

（一）贯彻执行国家反假货币相关的法律法规及规章制度；

（二）堵截、收缴流入银行业金融机构的假币；

（三）做好货币现钞处理设备日常管理和升级，防止假币误收误付；

（四）开展反假货币宣传活动，增强社会公众防假识假的能力；

（五）确保现金从业人员学习并具备反假货币知识与技能；

（六）及时向公安机关提供假币案件线索，配合公安机关开展打击假币犯罪活动。

第五条 银行业金融机构应指定职能部门负责所属机构及网点反假货币工作的部署、指导与落实。

第二章 日常防范

第六条 银行业金融机构应遵循"分级负责、责任到人"的原则，建立完善现金业务操作流程。

第七条 银行业金融机构应对付出的货币进行全额清分，防止误收误付假币。

第八条 银行业金融机构应全程监控货币收付、货币清点整理、自助设备加钞、清机等业务。

监控资料应当清晰完整，监控资料存储时间应满足检查管理需要。

第九条 对收付过程中机具报警的钞票，应当进行人工最终鉴别。

第十条 银行业金融机构应完善反假货币服务设施，在营业网点配备以下资料和设备：

（一）本单位及当地货币投诉电话号码；

（二）符合质量标准的点验钞机；

（三）货币宣传资料。

第十一条 银行业金融机构应当及时受理、调查、处理涉假币投诉，并记录备案。

第三章　业务培训

第十二条　银行业金融机构应组织开展反假货币业务日常培训和集中培训，提高现金从业人员反假货币业务素质，满足反假货币工作需要。

第十三条　银行业金融机构应将柜面货币收付人员、清分复点人员和相应的货币管理人员纳入反假货币业务培训范围。

第十四条　银行业金融机构反假货币业务培训包括理论培训和假币识别技能培训。

理论培训包括货币的基础常识、防伪技术和防伪手段，假币的制作手法、制作特点和识别方法，反假货币相关法律法规和规章制度，反假货币工作机制和工作形势等。

假币识别技能培训包括识别假币和辨别伪造、变造特征。

第十五条　银行业金融机构应组织柜面货币收付人员、清分复点人员和相应的货币管理人员参加并通过反假货币业务考试；考试轮训周期为 3 年。

在新版货币发行时，银行业金融机构应按照中国人民银行要求组织培训和考核，做好新版货币发行配套工作。

第四章　收缴鉴定

第十六条　银行业金融机构应依法履行假币收缴义务，规范假币收缴和鉴定行为，维护货币持有人的合法权益。

第十七条　银行业金融机构收缴假币包括柜面收缴假币和清分收缴假币。

柜面收缴假币是指银行业金融机构在柜台办理现金业务时发现假币进行收缴的行为。

清分收缴假币是指银行业金融机构现金处理中心清分复点现金时发现假币进行收缴的行为。

第十八条　银行业金融机构柜面收缴假币应按照《中华人民共和国人民币管理条例》、《中国人民银行假币收缴、鉴定管理办法》有关规定办理。

第十九条　清分收缴假币应按照下列程序办理：

（一）2 名以上工作人员予以收缴；

（二）假币装入统一格式的专用袋加封，封口处加盖"假币"印章，并在专用袋上标明币种、券别、面额、张（枚）数、冠字号码、收缴人、复核人名章等；

（三）填制《假币收缴凭证》。

第二十条　银行业金融机构应建立《假币收缴代保管登记簿》，假币实物入库（柜、箱）专人管理，确保账实相符。

收缴的假币应录入反假货币信息系统。

第二十一条　银行业金融机构应对假币实物进行整理分类，按月向中国人民银行当地分支机构解缴假币。

第二十二条　银行业金融机构经中国人民银行分支机构授权，可办理货币真伪鉴定业务。

办理货币真伪鉴定业务的银行业金融机构应具备如下条件：

（一）具有2名以上、从事现金业务工作2年以上，并经中国人民银行分支机构培训考核合格的货币真伪鉴定专业人员；

（二）配备货币分析鉴别仪器；

（三）具有固定的货币鉴定场所。

第二十三条　银行业金融机构应按照《中国人民银行假币收缴、鉴定管理办法》，受理货币持有人的货币真伪鉴定申请。

第二十四条　银行业金融机构应按规定保存《假币收缴凭证》、《货币真伪鉴定书》等相关材料，保存期限5年。

第五章　假币监测

第二十五条　银行业金融机构应在中国人民银行和公安机关指导下建立假币监测反应工作机制，为侦破假币案件提供有力的信息支持。

第二十六条　银行业金融机构可选择辖区内专业市场集中、现金流量较大的区域所在地的营业网点设立假币监测反应站点。

第二十七条　假币监测反应站点负责采集已收缴假币、被收缴人身份、采集时间等信息（格式见附件1）。每月末将采集的信息报送中国人民银行当地分支机构。

第二十八条　银行业金融机构假币监测反应站点对柜面一次收缴假币数量达到5张以上的，应立即通报所在地公安机关监测点或经侦部门。

第二十九条　银行业金融机构应实时监测假币收缴情况，提炼有价值的假币线索，确保采集的假币信息真实、客观、准确。

第六章　冠字号码管理

第三十条　银行业金融机构应开展货币纸币冠字号码记录、存储、查询工作，建立健全涉假币纠纷举证机制方面的规定，履行本单位在冠字号码管理与使用等方面的职责，规范利用冠字号码查询解决涉假币纠纷的工作。

第三十一条　银行业金融机构应使用冠字号码记录设备记录中国人民银行规定券别的冠字号码。

第三十二条　本指引所指冠字号码记录设备是指银行业金融机构使用的具备冠字号码识别功能的点验钞机、自动化清分机具、取款机和存取款一体机等现金处理设备。

第三十三条　银行业金融机构应制定记录、存储冠字号码以及利用冠字号码查询解决涉假币纠纷等工作的管理规定和操作规范，建立冠字号码检索制度，制定防止冠字号码数据信息丢失预案。

第三十四条　银行业金融机构记录的冠字号码要素、格式和数据接口规范应符合中国人民银行的要求。

第三十五条　银行业金融机构应在每个营业日结束后将当日记录存储的冠字号码信息统一集中保管。保管时间至少 3 个月。

第三十六条　银行业金融机构应建立冠字号码查询信息系统，该系统应具备以下功能：

（一）导入现金处理设备输出的冠字号码记录原始文件；

（二）对记录的冠字号码数据进行精确查询和模糊查询；

（三）按照中国人民银行要求导出相应格式文件；

（四）留存查询日志。

第三十七条　银行业金融机构对于可以实现查询冠字号码信息的取款机、存取款一体机和柜台三个现金收付渠道，根据冠字号码记录与业务记录的匹配情况，在机身醒目位置张贴相应的统一标识。

第三十八条　银行业金融机构在受理冠字号码查询业务时，应核查金融消费者（以下称查询人）持有的有效证件、假币实物或假币收缴凭证及办理存取款证明材料，并且在规定的有效期限内申请查询。

查询人委托他人代理查询的，银行业金融机构还应核查代理查询人的有效合法证件。

第三十九条　对于符合条件的查询申请，银行业金融机构应在受理之日起 3 个工作日内办结，如有特殊情况需延长办理时间的，可延长至 10 个工作日，并提前告知查询人。

第四十条　银行业金融机构应告知查询人可在收到查询结果起 3 个工作日

内向其上级机构或中国人民银行当地分支机构申请再查询。

受理再查询业务的银行业金融机构应自受理之日起15个工作日内办结。如不能按时办结的，经有关负责人核批后可延长至30个工作日，并向查询人说明原因。再查询结果应采用查询结果通知书的形式告知查询人。

第四十一条 银行业金融机构应建立查询登记簿，记录每笔查询业务的经办人和复核人、查询号码、查询时间、查询结果等信息。

查询与再查询申请表及查询结果通知书应分类装订，保存2年。

第四十二条 银行业金融机构各网点应指定专人负责冠字号码查询信息系统的检索工作，掌握以各种方式记录、存储的冠字号码的检索方法。检索工作应实现精确检索和模糊检索两项功能。设立冠字号码检索业务登记簿，记录每笔检索业务办理情况。

第七章　反假货币宣传

第四十三条 银行业金融机构应履行反假货币宣传责任和义务，促进社会公众增强防假反假货币意识，提高识假辨假能力。

第四十四条 银行业金融机构应遵循合法合规、导向正确、突出创新、注重实效等原则，结合当地货币流通特点和反假货币形势，组织开展反假货币宣传。

第四十五条 银行业金融机构应向社会公众宣传反假货币法律法规、规章制度、货币防伪知识、假币识别方法与技巧等。

第四十六条 银行业金融机构应保障反假货币宣传投入，制订年度宣传计划，合理向各营业场所、宣传站点配置宣传资料、设备，满足反假货币宣传需要。

第四十七条 银行业金融机构应立足于营业场所，建立完善城市社区、农村乡镇宣传站点，通过营业场所、宣传站点以及进社区、进街道、进学校、进企业、进农村等各种渠道开展反假货币宣传。

第四十八条 银行业金融机构应主动开展日常宣传活动，并按照中国人民银行统一部署，组织开展集中宣传活动。宣传活动应因地制宜，注重创新，形式多样。

第四十九条 银行业金融机构不得在公开场合或通过公开渠道，发表与国家现行反假货币政策相悖的观点及有损货币形象的言论。

第八章　机具管理

第五十条　银行业金融机构应坚持识别准确、技术先进、工艺可靠、性能稳定的原则，建立现金处理机具管理制度，规范现金处理机具的选配、使用及相关管理，确保现金处理机具各项功能正常运行，满足反假货币工作需要。

第五十一条　本指引所称现金处理机具，是指银行业金融机构使用的，符合反假货币需求的点验钞机、现金清分处理设备和现金自助设备等。

第五十二条　银行业金融机构选配的现金处理机具应满足国家通用标准、行业标准或相关管理要求。

第五十三条　银行业金融机构在现金处理机具投入使用之前，应进行鉴伪功能检测。对已经投入使用的现金处理机具应建立机具维护登记簿（格式见附件2），每半年进行一次鉴伪功能抽样检测，抽检率不得低于现金处理机具总量的 10%。

对检测不符合相关标准或达不到反假货币工作要求的机具，银行业金融机构应要求供应商进行维护，经维护仍不达标或不能满足反假货币工作需要的，不得投入使用。

第五十四条　银行业金融机构在进行现金处理机具招标采购前，应参照国家标准、行业标准或相关管理要求，制定现金处理机具检测方案，组织检测，并将检测情况及结果通报中国人民银行总行或中国人民银行分支机构。

第五十五条　银行业金融机构现金处理机具的检测样本可向中国人民银行当地分支机构借用。在中国人民银行提供检测样本基础上，可增加检测样本范围。

第五十六条　银行业金融机构应根据货币防伪技术变更情况和反假货币工作实际，及时对现金处理机具进行技术升级。对于无法识别新版货币和假币的现金处理机具，应暂停使用，并立即对该机具及同类机具进行升级。经升级仍不能达到反假货币工作要求的机具不得使用，并将升级等相关情况报送中国人民银行当地分支机构。

第九章　信息管理

第五十七条　银行业金融机构应及时收集整理和反馈反假货币工作信息，实现信息共享。

第五十八条　反假货币工作信息是指在日常工作中通过数据、文本、声音、图像等载体或其组合发生的与反假货币相关的信息。反假货币信息分为一般信息和敏感信息。

一般信息包括收缴鉴定、冠字号码查询、宣传培训、机具管理、工作交流等。

敏感信息包括银行业金融机构一次性发现假币 20 张（枚）以上、假外币 10 张（枚）以上，对社会公众付出假币或发生假币流失事件，媒体发布的涉及本单位的假币信息等。

第五十九条　银行业金融机构应逐级上报反假货币工作信息，并及时报送中国人民银行当地分支机构。

第六十条　反假货币工作信息报送要求：

（一）一般信息：银行业金融机构应按照中国人民银行相关规定上报。

（二）敏感信息：银行业金融机构应按照固定格式（见附件3），并在事件发生后 1 个工作日内报送中国人民银行当地分支机构。

第六十一条　未经中国人民银行同意，银行业金融机构不得对外发布假币信息。

第十章　监督管理

第六十二条　银行业金融机构应建立健全分工合理、职责明确、报告关系清晰的反假货币监督管理机制，明确反假货币监督管理的职责、程序和制度，规范反假货币工作。

第六十三条　银行业金融机构每年应至少开展一次反假货币业务现场或非现场检查。

第六十四条　银行业金融机构每年对本单位及所属机构的反假货币业务开展情况进行监督考核。

第六十五条　银行业金融机构应建立反假货币工作奖励机制，对成绩突出的单位和个人给予奖励。

第六十六条　对于中国人民银行在反假货币监督管理中发现的违规问题，银行业金融机构应在规定时限内提交整改方案并限期采取整改措施。

第十一章　附　则

第六十七条　银行业金融机构外币反假工作可根据自身业务开展情况，参照本指引相关条款执行。

第六十八条　本指引由中国人民银行负责解释。

第六十九条　本指引自印发之日起施行。

附：1. 假币监测反应站点信息采集表

　　2. 现金处理机具维护登记簿

　　3. 敏感信息报送表

附1

假币监测反应站点信息采集表

假币监测反应站点网点名称：　　　　机构代码：　　　　　　　　　所在区县：

假币信息								被收缴人身份信息				
收缴时间	面额	版别	冠字号码	伪造方式	数量	面额合计	来源	持币人姓名	性别	身份证号	手机号码	银行卡（账）号

填报说明：

1. 必填项包括网点名称、机构代码、所在区县、收缴时间、面额、版别、冠字号码、数量和持币人姓名。"机构代码"为金融许可证上的编码。"来源"栏请填写后台清分或柜面收缴，如假币来源是后台清分，则不需要填写被收缴人信息。被收缴人为单位的，"性别"、"身份证号"、"手机号码"、"银行卡（账）号"栏不填。

2. 收缴时间格式为：2015 - 10 - 2。

3. 面额以"元"为单位，请填写数字，如，100、50、20 等，不能包含非数字符号。

4. 版别请填写数字，如，1999、2005 等，不能包含非数字符号。

5. 收缴量请填写大于等于1的整数，不能包含非数字符号。

6. 收缴面额合计请填写数字，如，100、200，不能包含非数字符号。

7. 性别请填男、女、未知。

8. 伪造方式请填伪造、变造。

附 2

现金处理机具维护登记簿

机具厂家：＿＿＿＿＿＿　　机具类型：＿＿＿＿＿＿　　机具型号：＿＿＿＿＿＿

使用单位：＿＿＿＿＿＿　　启用日期：＿＿＿＿＿＿

维护时间	维护内容			维护结果	维护人员	备注
	日常维护	功能检测	软件升级			

附 3

敏感信息报送表

填报单位			
秘密等级		紧急程度	
信息来源			
敏感事件发生时间及地点			
敏感事件情况			
已采取的措施			

八、经理国库方面的规范性文件

中国人民银行　财政部关于印发《凭证式国债到期资金约定转存业务工作指引》的通知

2016 年 7 月 25 日　银发〔2016〕206 号

中国人民银行上海总部，各分行、营业管理部，各省会（首府）城市中心支行，各副省级城市中心支行，各省、自治区、直辖市、计划单列市财政厅（局），2015—2017 年储蓄国债承销团成员：

为规范凭证式国债到期资金约定转存业务，切实保护储蓄国债投资者合法权益，促进凭证式国债业务健康有序发展，中国人民银行、财政部根据有关法律法规和国债管理制度，制定了《凭证式国债到期资金约定转存业务工作指引》，现印发给你们。请根据本指引要求，结合各机构和各地实际情况制定相关业务管理办法，规范开展凭证式国债到期资金约定转存业务。

附件：凭证式国债到期资金约定转存业务工作指引

附件

凭证式国债到期资金约定转存业务工作指引

第一章　总　　则

第一条　为规范储蓄国债承销团成员及其分支机构（以下简称承销机构）凭证式国债到期资金约定转存业务（以下简称约定转存业务），维护储蓄国债投资者（以下简称投资者）合法权益，促进凭证式国债业务健康有序发展，根据国家有关法律法规和国债管理制度，制定本指引。

第二条　本指引中的约定转存业务，是指投资者通过与承销机构签订相关协议，委托承销机构办理其凭证式国债到期兑付手续，并将相应的本息款转存为个人储蓄存款的一种业务方式。

第三条 约定转存业务应遵循以下基本原则：

（一）"投资者自愿"原则。承销机构应在投资者自愿的前提下，明确双方权利义务，为其办理约定转存业务。

（二）"机构自愿"原则。承销机构根据本指引自主选择开办约定转存业务。

（三）"以收款凭证为依据"原则。"中华人民共和国凭证式国债收款凭证"为投资者办理约定转存签约、解约及本息款提取业务的唯一有效凭证。

（四）"风险可控"原则。承销机构应充分评估约定转存业务开展过程中可能出现的各类风险，开发严密安全的业务系统，制定符合现行凭证式国债发行文件及人民币储蓄存款有关规定的管理制度和业务流程，规范业务办理，切实防范资金风险。

第二章　业务要求

第四条 承销机构应制定凭证式国债到期约定转存协议样本，明确承销机构与投资者双方的权利与义务。

第五条 约定转存的相关银行账户应为国债投资者所属个人银行账户。

第六条 已办理约定转存业务的相关个人银行账户如需办理销户，须先办理凭证式国债约定转存业务的解约或变更手续。

第七条 约定转存的储蓄存款品种应包括活期及其他期限的储蓄存款。

第八条 投资者享有的开立存款证明、质押贷款、凭证挂失等所有的权益，不因办理约定转存业务而改变。

第九条 从凭证式国债购买日（含）起至到期日前，承销机构应根据投资者需要，为投资者办理约定转存业务的签约、查询、变更和解约等手续。

第十条 承销机构应在凭证式国债收款凭证上明示签约及解约情况，并根据投资者需要开通凭证式国债到期兑付转存的短信提醒服务，及时履行告知义务。

第十一条 承销机构应根据协议，为投资者办理指定凭证式国债到期兑付，将其相应的本息款转存为该投资者名下约定期限品种的储蓄存款。

第十二条 承销机构在收回凭证式国债收款凭证前，不得为投资者办理国债本息款及转存储蓄存款后所产生利息的支取。

第十三条 自凭证式国债到期兑付转存之日起，投资者持有的凭证式国债收款凭证仅作为办理支取国债本息款和转存储蓄存款后所产生利息的依据，除可挂失外不再具备凭证式国债收款凭证的其他功能。

第三章　管理要求

第十四条　承销机构应强化内部控制，加强约定转存相关业务的管理，防范重复兑付、重复质押等风险。

第十五条　拟开办约定转存业务的承销团成员总部应在业务正式开办前向人民银行和财政部报备相关制度办法、协议文本样式、业务流程等资料，并接受人民银行和财政部的业务指导与监督检查。各级分支机构应在业务正式开办前向当地人民银行分支机构和财政部门报备相关资料，并接受当地人民银行分支机构和财政部门的业务指导与监督检查。

第十六条　已开办凭证式国债约定转存业务的承销机构应做好宣传解释工作，妥善处理并及时上报业务开展过程中出现的异常情况及问题，为进一步改进凭证式国债约定转存业务提供合理建议。

第四章　附　　则

第十七条　本工作指引由中国人民银行和财政部负责解释。

第十八条　本工作指引自印发之日起实施。

九、征信管理方面的规范性文件

设立外商投资征信机构

2016 年 1 月 20 日　中国人民银行　商务部公告〔2016〕第 1 号

经国务院批准，现就设立外商投资征信机构有关事宜公告如下：

设立经营个人征信业务的外商投资征信机构，应当符合《征信业管理条例》（中华人民共和国国务院令第 631 号）第六条和《征信机构管理办法》（中国人民银行令〔2013〕第 1 号发布）的规定。申请人在取得中国人民银行的前置许可后，凭个人征信业务经营许可证向商务部申请办理审批手续，予以批准的，发给外商投资企业批准证书。申请人凭个人征信业务经营许可证和外商投资企业批准证书，向工商行政管理部门办理注册登记手续。

经营企业征信业务的外商投资征信机构由省级商务主管部门负责批准企业设立。予以批准的，申请人凭外商投资企业批准证书办理工商注册登记手续，并在所在地中国人民银行省会（首府）城市中心支行以上分支机构办理备案，纳入中国人民银行的监管范围。

在经国务院批准的自由贸易试验区内，外商投资征信机构的设立和变更适用《自由贸易试验区外商投资备案管理办法（试行）》（商务部公告 2015 年第 12 号公布），申请人凭外商投资企业备案证明替代外商投资企业批准证书办理相关手续。

外商投资征信机构应当按照《征信业管理条例》和《征信机构管理办法》的规定依法开展征信业务，接受主管部门的监管。

本公告自公布之日起施行。

中国人民银行关于印发《企业征信机构
备案管理办法》的通知

2016 年 9 月 20 日　银发〔2016〕253 号

中国人民银行上海总部，各分行、营业管理部、省会（首府）城市中心支行、副省级城市中心支行：

为加强对企业征信机构的监督管理，促进企业征信行业规范健康发展，根据《中华人民共和国中国人民银行法》、《征信业管理条例》、《征信机构管理办法》（中国人民银行令〔2013〕第 1 号发布）等法律法规，中国人民银行制定了《企业征信机构备案管理办法》（见附件），现印发给你们，请遵照执行。

请中国人民银行各分支机构将本通知转发至辖区内企业征信机构。执行中遇到新情况、新问题，请及时告知中国人民银行征信管理局。

附件：企业征信机构备案管理办法

附件

企业征信机构备案管理办法

第一章　总　　则

第一条　为规范企业征信机构备案管理，促进企业征信市场健康发展，根据《中华人民共和国中国人民银行法》、《征信业管理条例》、《征信机构管理办法》（中国人民银行令〔2013〕第 1 号发布）等法律法规规章，制定本办法。

第二条　本办法所称企业征信机构，是指符合《征信业管理条例》第五条规定，主要采集企业和事业单位等组织的信用信息，并进行整理、保存、加工和向信息使用者提供的机构。

第三条　人民银行制定企业征信机构备案管理规则，人民银行省会（首府）城市中心支行以上分支机构（以下统称人民银行省级分支行）具体负责辖区内企业征信机构备案工作。

第四条　人民银行省级分支行为企业征信机构办理备案，不视为对企业征信机构数据质量、业务水平、内控与风险管理能力、IT 技术实力、业务合规等方面的认可或者保证。

企业征信机构不得利用人民银行备案进行夸大宣传、虚假宣传，也不得用其作为融资增信手段。

第五条　企业征信机构在注册地的人民银行省级分支行办理备案，并接受其监督管理。

企业征信机构在备案地以外区域开展企业征信业务，设立分支机构的，应当向分支机构所在地的人民银行省级分支行申请备案，其分支机构业务由所在地人民银行分支行负责管理；不设立分支机构的，其业务由备案地人民银行分支行负责管理。

第二章　备案的受理

第六条　设立企业征信机构应当符合《中华人民共和国公司法》规定的公司设立条件，自公司登记机关准予登记之日起 30 日内向注册地的人民银行省级分支行办理备案。

第七条　人民银行省级分支行收到机构备案申请后，应当对其业务性质、信息内容进行判断，依法应当认定为企业征信机构的，对其备案申请予以受理；依法不应当认定为企业征信机构的，对其备案申请不予受理。

第八条　企业征信机构申请备案的，应当按照《征信机构管理办法》第十九条、《征信机构监管指引》（银发〔2015〕336 号文印发）第七条的规定提交申请材料。

第九条　企业征信机构提交的备案材料不齐全或者不符合要求的，人民银行省级分支行应当告知企业征信机构在 30 日内补充材料；逾期未补充的，不予受理备案申请。

第十条　人民银行省级分支行对企业征信机构提交的备案材料审查确认无误的，应当受理备案申请。

第十一条　人民银行省级分支行受理企业征信机构的备案申请后，应当对其高级管理人员掌握征信法规的情况进行评估，指导企业征信机构高级管理人员熟悉征信相关法规。

第三章　备案的审核

第十二条　人民银行省级分支行应当对申请备案机构提交的备案材料进行真实性审核，审核时可以采用实地考察、函询有关政府部门等方式。

第十三条　人民银行省级分支行受理企业征信机构备案申请的，应当在本单位网站对备案机构的名称、营业场所、业务范围、注册资本、主要股东及其出资额、高管人员、信用信息系统安全等级等情况进行公示。公示期限不得少于三个月。

第十四条　企业征信机构提交的备案材料真实、准确、完整，且业务具有可行性、公示期间无异议的，人民银行省级分支行应当办理备案。

公示期间存在异议的，人民银行省级分支行应当对异议情况进行核查。核查后认为异议不成立的，应当办理备案；异议成立的，应当拒绝办理备案。

第十五条　人民银行省级分支行完成企业征信机构备案后，应当在 5 个工作日内将备案情况报人民银行总行。

第十六条　人民银行及其省级分支行通过各自网站同步公告备案企业征信机构情况，并实施在线名单管理。

公告内容包括企业征信机构的名称、营业场所、业务范围、注册资本、主要股东及其出资额、高管人员、信用信息系统安全等级。

第十七条　企业征信机构备案事项发生变更的，应当在变更之日起 30 日内向原备案机构办理变更备案。控股股东或者实际控制人发生变更的，应当按新设机构的备案标准进行备案审核。

第十八条　企业征信机构设立分支机构的，应当报告注册地人民银行省级分支行，并向分支机构所在地的人民银行省级分支行提交以下材料：

（一）企业征信机构分支机构备案表；

（二）营业执照复印件；

（三）经营场所证明文件；

（四）组织机构及高管人员构成情况说明；

（五）分支机构内控制度、业务规则。

第十九条　企业征信机构有下列情形之一的，人民银行省级分支行不得为其办理备案：

（一）提供虚假备案申请材料的；

（二）被列入"信用中国"网站黑名单的。

第四章　备案的管理

第二十条　企业征信机构备案后，应当按照规定接入人民银行征信管理系统。

第二十一条　人民银行省级分支行办理企业征信机构备案后，应当在征信管理系统中及时、准确、完整地填报企业征信机构相关信息。

第二十二条　人民银行及省级分支行对企业征信机构备案实行动态管理。

人民银行省级分支行在日常监管或者开展现场检查中发现备案企业征信机构存在下列情形之一的，可以注销其备案：

（一）《征信机构监管指引》第十条规定的情形；

（二）企业征信机构备案后连续六个月未实质开展相关业务；

（三）被工商管理部门注销或者吊销营业执照。

人民银行省级分支行应当每两年对企业征信机构的备案情况审核一次，审核中发现企业征信机构存在上述情形之一的，可以注销其备案。

第二十三条　人民银行省级分支行注销企业征信机构备案的，应当在注销之日起 5 个工作日内将注销情况报人民银行总行，并将被注销的企业征信机构同步清退出备案名单。

第五章　附　　则

第二十四条　任何组织不得采用加盟、代理、挂靠等方式从事企业征信业务。

本办法实施前，存在加盟、代理、挂靠方式的企业征信机构，应当在本办法自实施之日起六个月内进行整改；逾期未完成整改的，注销其备案。

第二十五条　本办法实施后，由人民银行及其省级分支行同步对外公布备案征信机构名单。

人民银行省级分支行不再颁发纸质《企业征信机构备案证》，此前发放的纸质《企业征信机构备案证》自前款规定的企业征信机构名单公布之日起作废。

第二十六条　外商投资企业征信机构申请备案的，依照人民银行、商务部关于设立外商投资征信机构的公告和本办法办理。

外商投资机构境内再投资设立企业征信机构申请备案的，人民银行省级分支行可以通过函询当地商务部门的方式确定企业征信机构的外商投资性质。

第二十七条　自本办法实施之日起，人民银行省级分支行应当在六个月内对已备案的企业征信机构完成清理。对于不符合本办法规定的企业征信机构，要求其限期整改，逾期未完成整改的，或者依法不应当认定为企业征信机构的，注销其备案。

第二十八条　本办法自印发之日起实施，此前规定与本办法不一致的，以本办法为准。

十、反洗钱方面的规范性文件

中国人民银行关于印发《反洗钱数据报送工作数字证书管理规程》的通知

2016 年 6 月 2 日　银发〔2016〕163 号

中国人民银行上海总部，各分行、营业管理部，各省会（首府）城市中心支行，各副省级城市中心支行；国家开发银行，各政策性银行、国有商业银行、股份制商业银行，中国邮政储蓄银行：

为进一步加强反洗钱数据报送的数字证书管理，现将修订后的《反洗钱数据报送工作数字证书管理规程》印发给你们，请遵照执行。

原《大额交易和可疑交易报告互联网报送数字证书管理规程（试行）》（银发〔2012〕156 号文印发）同时废止。

请人民银行上海总部、各分行、营业管理部，各省会（首府）城市中心支行，各副省级城市中心支行将本规程转发至总部注册地在辖区内的证券公司、期货经纪公司、基金管理公司、保险公司、保险资产管理公司、信托公司、金融资产管理公司、财务公司、金融租赁公司、汽车金融公司、货币经纪公司和支付机构，认真做好辖区内报告机构的数字证书管理工作，指导各报告机构严格按照本规程做好数字证书的使用和保管工作。

附件：反洗钱数据报送工作数字证书管理规程

附件

反洗钱数据报送工作数字证书管理规程

第一章 　总 　则

第一条 　为规范大额交易和可疑交易报告数字证书的管理工作，保证数据传输过程安全，制定本规程。

第二条 　本规程主要规范数字证书的管理和使用，适用于中国反洗钱监测分析中心（以下简称反洗钱中心）和中国人民银行上海总部，各分行、营业管理部，各省会（首府）城市中心支行，各副省级城市中心支行（以下统称人民银行分支机构），以及通过数字证书向反洗钱中心报送大额交易和可疑交易报告的报告机构。

第三条 　数字证书是报告机构开展反洗钱数据报送工作的电子身份标识，存放介质是装载数字证书的基础要件，管理部门和使用部门均应严格管理、规范使用。

第四条 　数字证书的管理部门和使用部门应在证书到期前一个月内，做好数字证书的申领和换发工作。

第五条 　数字证书存放介质由反洗钱中心统一下发至人民银行分支机构。人民银行分支机构在库存空白介质不足时，应及时向反洗钱中心申领，以满足正常工作需要。申领流程为：填写《数字证书存放介质申领单》（详见附1）相关内容，交由反洗钱处负责人签字并加盖反洗钱处公章后，派员赴反洗钱中心领取空白介质。领取时还需提供管理员的身份证复印件，如代领，还需加附代领人的身份证复印件。

第六条 　反洗钱中心和人民银行分支机构应将数字证书存放介质置于安全环境中，并指定专人管理；对于因损坏或注销收回的存放介质，应依照中国人民银行有关规定进行消磁、物理粉碎等销毁处理；应建立数字证书和存放介质台账，做好对应关系管理以及存放介质发放、损毁、丢失的登记工作。

第七条 　数字证书领取后，证书使用人应妥善保管存放介质，并及时修改初始密码。密码应定期更换，避免泄露和遗忘。密码设定须具备一定复杂程度，以符合信息安全保密要求。

第二章 人民银行分支机构数字证书管理职责

第八条 人民银行分支机构按照法人监管原则，负责总部注册地在其辖区内的报告机构数字证书管理工作。

第九条 人民银行分支机构应指定一人为证书管理员，全面负责辖区内数字证书管理工作；指定两人分别为证书录入员和证书审核员，具体负责辖区内报告机构数字证书的制作、换发、补发等操作。

证书管理员、证书录入员和证书审核员必须是本单位在编正式员工。证书管理员可兼任证书录入员或证书审核员，但证书录入员与证书审核员不可为同一人。

第十条 人民银行分支机构证书管理员的数字证书制作、换发、补发等相关事宜由反洗钱中心负责，证书录入员和证书审核员的数字证书制作、换发、补发等相关事宜由该机构证书管理员负责。

第十一条 人民银行分支机构证书管理员办理数字证书的申领、换发、冻结、解冻、补发和注销时，需填写《人民银行分支机构数字证书操作申请表》（附2），并传真至反洗钱中心。反洗钱中心在收到传真后，制作数字证书，并负责在线下发和指导证书管理员将数字证书成功导入存放介质。

人民银行分支机构证书录入员和证书审核员数字证书的申领、换发、冻结、解冻、补发和注销，由本机构证书管理员负责办理。

第十二条 人民银行分支机构应做好证书管理员、证书录入员和证书审核员的管理工作，并于每个自然年度结束后的五个工作日内，将《人民银行分支机构数字证书情况统计表》（附3）电子版本发送至反洗钱中心。

第十三条 人民银行分支机构的证书相关管理人员应加强辖区内报告机构的数字证书管理，做好统计工作，并于每年自然年度结束后的五个工作日内，将《辖区内报告机构数字证书情况统计表》（附4）电子版本发送至反洗钱中心。

第三章 报告机构数字证书的申领与使用

第十四条 申请开展反洗钱数据报送工作的报告机构在收到开业批复或取得业务经营许可后的一个月内应到人民银行分支机构领取《报告机构数字证书操作申请表》（详见附5，以下简称《申请表》），并将填写完毕、签章确认后的《申请表》提交至人民银行分支机构。

人民银行分支机构审查同意后，为报告机构制作数字证书，将数字证书导入存放介质，并做好相关信息的登记备案工作。

第十五条　报告机构应在数字证书到期前一个月内，到人民银行分支机构领取《申请表》，并将填写完毕、签章确认后的《申请表》提交至人民银行分支机构。人民银行分支机构审查同意后，为报告机构换发数字证书。

第十六条　数字证书存放介质丢失后，报告机构应在发现的第一时间告知当地人民银行分支机构，并于五个工作日内到人民银行分支机构领取《申请表》，并将填写完毕、签章确认后的《申请表》提交至人民银行分支机构。人民银行分支机构审查同意后，为报告机构冻结数字证书。

找到丢失的存放介质并确保介质在丢失期间未被盗用的报告机构，应在数字证书冻结后的十个工作日内到人民银行分支机构领取《申请表》，并将填写完毕、签章确认后的《申请表》提交至人民银行分支机构。人民银行分支机构审查同意后，为报告机构解冻数字证书。

第十七条　发生下列情况之一时，报告机构应申请补发：

（一）数字证书文件损坏；

（二）存放介质损坏；

（三）存放介质丢失，并确认无法找回（数字证书冻结后十个工作日内未找回视为无法找回），或在丢失期间可能被盗用；

（四）数字证书密码遗忘导致无法正常使用。

报告机构应在发生上述情况的十个工作日内到人民银行分支机构领取《申请表》，并将填写完毕、签章确认后的《申请表》提交至人民银行分支机构。人民银行分支机构审查同意后，为报告机构补发数字证书，如有损坏的数字证书存放介质，应及时收回。

数字证书补发后，有效期与补发前相同。

第十八条　因停业整顿、机构撤销等原因无法履行大额交易和可疑交易报告义务的报告机构，报告机构应在发生上述情况的十个工作日内到人民银行分支机构领取《申请表》，并将填写完毕、签章确认后的《申请表》提交至人民银行分支机构。人民银行分支机构审查同意后，为报告机构注销数字证书，并收回存放介质。

若报告机构在机构撤销后的半年内不主动申请注销数字证书或无法联系的，由人民银行分支机构直接注销其数字证书。

第十九条　报告机构总部注册地址发生变更时，若变更前后的地址不属于同一人民银行分支机构管辖范围，应首先向变更前注册地所在地人民银行分支机构申请注销数字证书、交还存放介质，然后向变更后注册地所在地人民银行分支机构申领新的数字证书和存放介质。

第二十条　报告机构应指定专人为证书责任人，负责数字证书及存放介质的使用和保管。报告机构证书责任人变更时，应及时向总部所在地人民银行分支机构备案。

第二十一条　报告机构未能妥善使用和保管数字证书和存放介质，影响报送工作正常开展的，由人民银行分支机构对其责令整改，提出批评，并建议该机构对证书责任人及其他责任人员予以纪律处分。

第四章　附　　则

第二十二条　人民银行分支机构为报告机构制作并下发数字证书前，须先确认该机构已成为中国反洗钱监测系统用户。严禁向未成功申请系统用户的报告机构下发数字证书。

第二十三条　人民银行分支机构和使用数字证书开展数据报送的报告机构可依照本规程，制定机构内部的数字证书管理实施细则。

第二十四条　本规程适用于所有通过数字证书报送大额交易和可疑交易报告的报告机构，包括证券公司、期货经纪公司、基金管理公司、保险公司、保险资产管理公司、信托公司、金融资产管理公司、财务公司、金融租赁公司、汽车金融公司、货币经纪公司和支付机构。如因行业扩展或其他原因，其他报告机构需使用数字证书报送大额交易和可疑交易报告的，同样适用于本规程。

第二十五条　本规程由中国人民银行负责解释。

第二十六条　本规程自 2016 年 7 月 1 日起执行。

附：1. 数字证书存放介质申领单

　　2. 人民银行分支机构数字证书操作申请表

　　3. 人民银行分支机构数字证书情况统计表

　　4. 辖区内报告机构数字证书情况统计表

　　5. 报告机构数字证书操作申请表

附 1

数字证书存放介质申领单

<table>
<tr>
<td colspan="3">申请日期</td>
<td colspan="2">年　　月　　日</td>
</tr>
<tr>
<td colspan="3">申领数量</td>
<td colspan="2"></td>
</tr>
<tr>
<td colspan="3">相关说明</td>
<td colspan="2"></td>
</tr>
<tr>
<td rowspan="6">人民银行
分支机构</td>
<td colspan="4">单位名称：</td>
</tr>
<tr>
<td rowspan="3">管理员</td>
<td colspan="3">姓名：　　座机：　　手机：</td>
</tr>
<tr>
<td colspan="3">证件类型：1 身份证　2 其他（请注明）：</td>
</tr>
<tr>
<td colspan="3">证件号码：□□□□□□□□□□□□□□□□□□</td>
</tr>
<tr>
<td colspan="2">地址：（必须完整填写）</td>
<td colspan="2">反洗钱处负责人签字：</td>
</tr>
<tr>
<td colspan="2">邮政编码：</td>
<td colspan="2">公章：</td>
</tr>
<tr>
<td rowspan="4">中国
反洗钱
监测分析
中心</td>
<td colspan="2">分管处室负责人签字：</td>
<td colspan="2">日期：</td>
</tr>
<tr>
<td colspan="4">备注：</td>
</tr>
<tr>
<td colspan="2">经办人员签字：</td>
<td colspan="2">日期：</td>
</tr>
<tr>
<td colspan="4">备注：</td>
</tr>
</table>

附2

人民银行分支机构数字证书操作申请表

申请日期	年　　月　　日		
操作类型	1 申领　2 换发　3 冻结　4 解冻　5 补发　6 注销		
申请事由			
人民银行分支机构	单位名称		
	管理员	姓名：　　座机：　　手机：	
		证件类型：1 身份证　2 护照　3 港澳通行证　4 其他	
		证件号码：☐☐☐☐☐☐☐☐☐☐☐☐☐☐☐☐☐☐	
	地址（必须完整填写）：	反洗钱处负责人签字：	
	邮政编码：	公章：	
中国反洗钱监测分析中心	分管处室负责人签字：	日期：	
	备注：		
	经办人员签字：	日期：	
	备注：		

附 3

人民银行分支机构数字证书情况统计表

分支机构名称	用户角色	用户姓名	介质编号	证书序号	证书生效时间	证书截止时间	联系电话

附 4

辖区内报告机构数字证书情况统计表

分支机构 名称	机构类别	机构名称	机构代码	介质编号	证书序号	证书生效 时间	证书截止 时间

附 5

报告机构数字证书操作申请表

申请日期	年　　月　　日		
操作类型	1 申领　2 换发　3 冻结　4 解冻　5 补发　6 注销		
申请事由			
报告机构	名称		
	报告机构编码	☐☐☐☐☐☐☐☐☐☐☐☐	
	责任人	姓名：　　座机：　　手机：	
		证件类型：1 身份证　2 护照　3 港澳通行证　4 其他	
		证件号码：☐☐☐☐☐☐☐☐☐☐☐☐☐☐☐☐☐☐	
	地址（必须完整填写）： 邮政编码：	机构领导签字： 　　　　　　　（机构盖章）	
人民银行分支机构	反洗钱处负责人签字：　　　　　　　日期： 备注： 经办人员签字：　　　　　　　　　日期： 备注：		

中国人民银行办公厅关于"三证合一"登记制度改革有关反洗钱工作管理事项的通知

2016 年 4 月 22 日　银办发〔2016〕110 号

中国人民银行上海总部，各分行、营业管理部，各省会（首府）城市中心支行，各副省级城市中心支行；国家开发银行，各政策性银行，国有商业银行、股份制商业银行，中国邮政储蓄银行：

为配合推进"三证合一"登记制度改革，规范反洗钱工作要求，按照《国务院关于批转发展改革委等部门法人和社会组织统一社会信用代码制度建设总体方案的通知》（国发〔2015〕33 号）、《国务院办公厅关于加快推进"三证合一"登记制度改革的意见》（国办发〔2015〕50 号）文件精神，以及中国人民银行公告〔2015〕第 35 号，现就反洗钱工作有关事项通知如下：

一、客户有效身份证件和身份基本信息的核对、登记和留存是开展反洗钱工作的重要基础。金融机构为法人和其他组织办理业务或提供服务的，应当区分实行"三证合一"的企业和农民专业合作社（以下简称企业），未纳入"三证合一"的个体工商户和机关、事业单位、社会团体等其他组织单位，勤勉尽责，遵循"了解你的客户"原则，按照规定开展客户身份识别、身份资料保存等工作，确保客户身份资料真实、完整和有效。

二、企业持新版营业执照（含加载统一社会信用代码营业执照、改革过渡期内使用的"一照一号"、"一照三号"营业执照）办理业务的，金融机构应当按照规定核对其新版营业执照，留存新版营业执照的复印件或影印件；持电子营业执照的，已配备电子营业执照识别机具的金融机构应当予以办理，并留存电子营业执照影印件。核对新版营业执照时，可通过当地工商行政管理部门，或登录全国或地区企业信用信息公示系统查询以及实地查访等方式核实证照的真实性。

三、企业持新版营业执照办理业务的，金融机构应当完整登记身份基本信息，包括"一照一码"、"一照一号"或"一照三号"等信息。新版营业执照包含有效期的，应当登记有效期信息；未包含有效期的，应当以适当形式进行标识。业务关系存续期间，企业有效身份证件变更为新版营业执照的，金融机构应当采取措施建立以组织机构代码为基础的新旧证码的映射关系，确保新旧证照信息的关联性和客户交易信息的完整性。

四、金融机构应当在相关业务系统中设置有效身份证件有效期到期提示功能。发现企业有效身份证件，包括营业执照、组织机构代码证、税务登记证中任一证照过期的，应当提示其到当地工商行政管理部门换发新版营业执照。企业先前提交的有效身份证件已过有效期的，企业未在合理期限内更新且没有提出合理理由的，金融机构应当中止办理业务。

五、金融机构报送大额交易报告和可疑交易报告，如需填写统一社会信用代码，报告要素"客户身份证件/证明文件类型"可选择"其他"，注明证照类型，填写相应的证照号码。

六、"三证合一"登记制度改革过渡期内，企业原发营业执照、组织机构代码证、税务登记证仍在有效期内的，金融机构仍应当按照《金融机构客户身份识别和客户身份资料及交易记录保存管理办法》（中国人民银行　中国银行业监督管理委员会　中国证券监督管理委员会　中国保险监督管理委员会令〔2007〕第 2 号发布）等相关规定执行。改革过渡期结束后，企业原发营业执照、组织机构代码证、税务登记证停止使用，金融机构应当提示企业及时更换新版营业执照，未在合理期限内更换且没有提出合理理由的，金融机构应当中止办理业务。

七、金融机构应当采取切实措施，落实"三证合一"登记制度改革要求，修订相关业务操作规程，升级完善相关业务系统。积极宣传"三证合一"登记制度改革，引导企业按时更换新版营业执照。

八、非银行支付机构、银行卡清算机构、资金清算中心等从事支付清算业务，以及从事汇兑业务、基金销售业务的机构开展客户身份识别、身份资料保存等工作参照适用本通知的有关规定。

九、人民银行各分支机构应当根据"三证合一"登记制度改革要求，监督指导金融机构按照规定开展客户身份识别、身份资料保存等工作。执行中如遇重要情况，请及时报告人民银行反洗钱局。

请人民银行上海总部、各分行、营业管理部、各省会（首府）城市中心支行，各副省级城市中心支行将本通知转发至辖区内各城市商业银行、农村商业银行、农村合作银行、农村信用社、村镇银行、外资银行、证券公司、期货经纪公司、基金管理公司、保险公司、保险资产管理公司、信托公司、金融资产管理公司、财务公司、金融租赁公司、汽车金融公司、货币经纪公司等金融机构和非银行支付机构。

中国人民银行办公厅　保监会办公厅
关于投保人与被保险人、受益人关系
确认有关事项的通知

2016 年 12 月 30 日　银办发〔2016〕270 号

中国人民银行上海总部；各分行、营业管理部、省会（首府）城市中心支行、副省级城市中心支行；各保监局；各人身保险公司：

为规范人身保险合同投保人与被保险人、受益人关系确认标准，完善客户身份识别制度，防范洗钱和恐怖融资风险，现就投保人与被保险人、受益人关系确认的有关事项通知如下，请各人身保险公司遵照执行。

一、保险公司订立人身保险合同或赔偿、给付保险金时，应当按照《金融机构客户身份识别和客户身份资料及交易记录保存管理办法》（中国人民银行　中国银行业监督管理委员会　中国证券监督管理委员会　中国保险监督管理委员会令〔2007〕第 2 号发布）第十二条、第十四条的规定，确认投保人与被保险人、受益人的关系。

二、保险公司确认投保人与被保险人、受益人关系的方式包括：

（一）核对关系证明文件；

（二）走访、查验；

（三）获取投保人、被保险人与受益人书面声明；

（四）其他方式。

保险公司应选择以上至少一种方式来确认投保人与被保险人、受益人的关系，并保存相关工作记录或证明材料。

三、在风险可控前提下，对于洗钱和恐怖融资风险低且选择低风险产品的客户，保险公司可按照《金融机构洗钱和恐怖融资风险评估及客户分类管理指引》（银发〔2013〕2 号文印发）和《保险机构洗钱和恐怖融资风险评估及客户分类管理指引》（保监发〔2014〕110 号文印发）相关规定，采取简化的客户尽职调查及风险控制措施，在退保、理赔或给付环节再核实被保险人、受益人与投保人的关系。

在执行过程中如遇新情况、新问题，保险公司要及时报告。

十一、金融消费权益保护方面的规范性文件

中国人民银行关于印发《中国人民银行金融消费者权益保护实施办法》的通知

2016 年 12 月 14 日　银发〔2016〕314 号

中国人民银行上海总部，各分行、营业管理部，各省会（首府）城市中心支行，各副省级城市中心支行；各国有商业银行、股份制商业银行，中国邮政储蓄银行；中国银联：

为贯彻落实《国务院办公厅关于加强金融消费者权益保护工作的指导意见》（国办发〔2015〕81 号），进一步规范金融机构行为，切实保障金融消费者合法权益，中国人民银行制定了《中国人民银行金融消费者权益保护实施办法》，现印发给你们，请遵照执行。执行过程中遇到新情况、新问题，请及时告知中国人民银行金融消费权益保护局。

请中国人民银行上海总部，各分行、营业管理部，各省会（首府）城市中心支行，各副省级城市中心支行将本通知转发至辖区内有关金融机构、非银行支付机构和征信机构。

附件：中国人民银行金融消费者权益保护实施办法

附件

中国人民银行金融消费者权益保护实施办法

第一章　总　　则

第一条　为保护金融消费者合法权益，规范金融机构提供金融产品和服务的行为，维护公平、公正的市场环境，促进金融市场健康稳定运行，根据《中华人民共和国中国人民银行法》《中华人民共和国消费者权益保护法》《中华人民共和国商业银行法》《中华人民共和国网络安全法》《国务院办公厅关于加强金融消费者权益保护工作的指导意见》（国办发〔2015〕81 号）等，制定本办法。

第二条   在中华人民共和国境内依法设立的为金融消费者提供金融产品和服务的银行业金融机构，提供跨市场、跨行业交叉性金融产品和服务的其他金融机构以及非银行支付机构（本办法统称金融机构）适用本办法。

本办法所称金融消费者是指购买、使用金融机构提供的金融产品和服务的自然人。

第三条   中国人民银行及其分支机构坚持公平、公正原则，依法保护金融消费者的合法权益。

第四条   中国人民银行及其分支机构依法开展职责范围内的金融消费者权益保护工作。

第五条   中国人民银行及其分支机构应当与其他金融管理部门、地方政府有关部门建立金融消费者权益保护工作协调机制，加强信息共享和部门间沟通协作。

第二章   金融机构行为规范

第六条   金融机构应当完善规章制度，落实法律法规和相关监管规定中关于金融消费者权益保护的相关要求。

金融机构应当将金融消费者权益保护纳入公司治理、企业文化建设和经营发展战略，应当制定本机构金融消费者权益保护工作的总体战略和具体工作措施。

第七条   金融机构应当建立健全金融消费者权益保护工作机制，建立金融消费者权益保护工作专职部门或指定牵头部门，明确部门及人员职责，确保其能够独立开展工作。

第八条   金融机构应当建立健全金融消费者权益保护的各项内控制度，包括但不限于以下内容：

（一）个人金融信息保护机制；

（二）金融产品和服务信息披露机制；

（三）金融产品和服务信息查询机制；

（四）金融消费者风险等级评估机制；

（五）金融消费者投诉受理、处理机制；

（六）金融知识普及和金融消费者教育机制；

（七）金融消费者权益保护工作考核评价机制；

（八）金融消费者权益保护工作内部监督和责任追究机制；

（九）金融消费纠纷重大事件应急机制。

第九条　金融机构应当开展金融消费者权益保护员工教育和培训，提高员工的金融消费者权益保护意识和能力。

金融机构应当每年至少开展一次金融消费者权益保护专题教育和培训，培训对象应当全面覆盖中高级管理人员及基层业务人员。

第十条　金融机构应当建立健全涉及金融消费者权益保护工作的事前协调、事中管控和事后监督机制，确保在金融产品和服务的设计开发、营销推介及售后管理等各个业务环节有效落实金融消费者权益保护工作的相关规定和要求。

第十一条　金融机构应当根据金融产品和服务的特性评估其对金融消费者的适合度，合理划分金融产品和服务风险等级以及金融消费者风险承受等级，将合适的金融产品和服务提供给适当的金融消费者。金融机构不得向低风险承受等级的金融消费者推荐高风险金融产品。

第十二条　金融机构应当依法保障金融消费者在购买、使用金融产品和服务时的财产安全，不得非法挪用、占用金融消费者资金及其他金融资产。

第十三条　金融机构应当按照相关监管规定披露与金融消费者权益保护相关的经营信息、金融产品和服务信息以及其他信息。

金融机构推出金融科技创新产品前，应当开展外部安全评估，并及时向金融消费者准确披露金融产品的特点和风险。

第十四条　金融机构应当依据金融产品和服务的特性，向金融消费者披露下列重要内容：

（一）金融消费者对该金融产品和服务的权利和义务，订立、变更、中止和解除合同的方式及限制；

（二）金融机构对该金融产品和服务的权利、义务及法律责任；

（三）金融消费者应当负担的费用及违约金，包括金额的确定、支付时点和方式；

（四）金融产品和服务是否受存款保险或其他相关保障机制的保障；

（五）因金融产品和服务发生纠纷的处理及投诉途径；

（六）其他法律法规和监管规定就各类金融产品和服务所要求的应当定期或不定期披露或者报告的事项及其他应当说明的事项。

金融机构应当提示金融消费者不得利用金融产品和服务从事违法活动。

第十五条　金融机构对金融产品和服务进行信息披露时，应当使用有利于金融消费者接收、理解的方式。对涉及利率、费用、收益及风险等与金融消费者切身利益相关的重要信息，应当根据金融产品和服务的复杂程度及风险等级，对其中关键的专业术语进行解释说明，并以适当方式供金融消费者确认其已接收完整信息。

第十六条　金融机构应当尊重金融消费者购买金融产品和服务的真实意愿，不得擅自代理金融消费者办理业务，不得擅自修改金融消费者的业务指令。

第十七条　金融机构向金融消费者说明重要内容和披露风险时，应当依照相关法律法规、监管要求留存相关资料，留存时间不少于三年，法律、行政法规、规章另有规定的，从其规定。

留存的资料包括但不限于：

（一）金融消费者签字确认的产品和服务协议书；

（二）金融消费者签字确认的风险提示书；

（三）记录向金融消费者说明重要内容的录音、录像资料等。

第十八条　金融机构进行营销活动时应当遵循诚信原则，金融机构实际承担的义务不得低于在营销活动中通过广告、资料或者说明等形式对金融消费者所承诺的标准。

前款"广告、资料或说明"是指以营销为目的，利用各种传播媒体、宣传工具或方式，就金融机构业务及相关事务进行宣传或推广等。

第十九条　金融机构在进行营销活动时，不得有下列行为：

（一）虚假、欺诈、隐瞒或引人误解的宣传；

（二）损害其他同业信誉；

（三）冒用、使用与他人相同或者相近的注册商标、字号或宣传册页，有可能使金融消费者混淆；

（四）对业绩或者产品收益等夸大宣传；

（五）利用金融管理部门对金融产品和服务的审核或者备案程序，误导金融消费者认为金融管理部门已对该金融产品和服务提供保证；

（六）对未按要求经金融管理部门核准或者备案的金融产品和服务进行预先宣传或促销；

（七）非保本投资型金融产品营销内容使金融消费者误信能保证本金安全

或保证盈利；

（八）未通过足以引起金融消费者注意的文字、符号、字体等特别标识对限制金融消费者权利的事项进行说明；

（九）其他违反消费者权益保护相关法律法规和监管规定的行为。

第二十条 金融机构在提供金融产品和服务的过程中，不得通过附加限制性条件的方式要求金融消费者购买协议中未作明确要求的产品和服务。

第二十一条 金融机构向金融消费者追讨债务，不得采取违反法律法规、违背社会公德、损害社会公共利益和第三人合法权益的方式。

金融机构委托第三方追讨债务的，应当在书面协议中明确禁止受托人使用前款中的追讨方式，并对受托人的催收行为进行监督。

第二十二条 金融机构的格式合同条款及服务协议文本，不得存在误导、欺诈等侵犯金融消费者合法权益的内容；不得含有减轻、免除己方责任，加重金融消费者责任，限制或者排除金融消费者合法权利的格式条款，及借助技术手段强制交易等不合理条款。

金融机构应当对金融消费者投诉较为集中或者存在侵害金融消费者合法权益隐患的格式合同条款、服务协议文本进行及时清理。

第二十三条 金融机构应当做好计算机处理系统维护工作，建立灾难备份和数据恢复机制，确保系统平稳、顺畅运行。

第二十四条 出现侵犯金融消费者合法权益重大事件，可能引发区域性、系统性风险的，金融机构应当根据重大事项报告相关规定及时向中国人民银行及其分支机构报告。

第二十五条 金融机构应当制订年度金融知识普及与金融消费者教育工作计划，结合自身特点开展日常性金融知识普及与金融消费者教育活动。金融机构不得以营销个别金融产品和服务替代金融知识普及与金融消费者教育。

金融机构应当参与中国人民银行及其分支机构组织的金融知识普及活动。

第二十六条 金融机构应当重视金融消费者需求的多元性与差异性，积极支持欠发达地区和低收入群体等获得必要、及时的基本金融产品和服务。

第三章 个人金融信息保护

第二十七条 本办法所称个人金融信息，是指金融机构通过开展业务或其他渠道获取、加工和保存的个人信息，包括个人身份信息、财产信息、账户信息、信用信息、金融交易信息及其他反映特定个人某些情况的信息。

第二十八条　金融机构应当严格落实国家网络安全和信息技术安全有关规定，采取有效措施确保个人金融信息安全，至少每半年排查一次个人金融信息安全隐患。

收集个人金融信息时，应当遵循合法、合理、必要原则，按照法律法规要求和业务需要收集个人金融信息，不得收集与业务无关的信息或者采取不正当方式收集信息，不得非法存储个人金融信息；应当采取符合国家档案管理和电子数据管理规定的措施，妥善保管所收集的个人金融信息，防止信息遗失、毁损、泄露或者篡改。在发生或者可能发生个人金融信息遗失、毁损、泄露或篡改等情况时，应当立即采取补救措施，及时告知用户并向有关主管部门报告。

金融机构及其相关工作人员应当对业务过程中知悉的个人金融信息予以保密，不得非法复制、非法存储、非法使用、向他人出售或者以其他非法形式泄露个人金融信息。

第二十九条　金融机构应当建立个人金融信息数据库分级授权管理机制，根据个人金融信息的重要性、敏感度及业务开展需要，在不影响其履行反洗钱等法定义务的前提下，合理确定本机构员工调取信息的范围、权限及程序。

第三十条　金融机构通过格式条款取得个人金融信息书面使用授权或者同意的，应当在条款中明确该授权或者同意所适用的向他人提供个人金融信息的范围和具体情形，应当在协议的醒目位置使用通俗易懂的语言明确向金融消费者提示该授权或者同意的可能后果。

金融机构不得以概括授权的方式，索取与金融产品和服务无关的个人金融信息使用授权或者同意。

第三十一条　金融机构不得将金融消费者授权或者同意其将个人金融信息用于营销、对外提供等作为与金融消费者建立业务关系的先决条件，但该业务关系的性质决定需要预先做出相关授权或者同意的除外。

第三十二条　金融机构应当建立个人金融信息使用管理制度。因监管、审计、数据分析等原因需要使用个人金融信息数据的，应当严格内部授权审批程序，采取有效技术措施，确保信息在内部使用及对外提供等流转环节的安全，防范信息泄露风险。

第三十三条　在中国境内收集的个人金融信息的存储、处理和分析应当在中国境内进行。除法律法规及中国人民银行另有规定外，金融机构不得向境外提供境内个人金融信息。

境内金融机构为处理跨境业务且经当事人授权，向境外机构（含总公司、母公司或者分公司、子公司及其他为完成该业务所必需的关联机构）传输境内收集的相关个人金融信息的，应当符合法律、行政法规和相关监管部门的规定，并通过签订协议、现场核查等有效措施，要求境外机构为所获得的个人金融信息保密。

第三十四条　金融机构保护消费者个人金融信息安全的义务不因其与外包服务供应商合作而转移、减免。

金融机构应当充分审查、评估外包服务供应商保护个人金融信息的能力，在相关协议中明确外包服务供应商保护个人金融信息的职责和保密义务，并采取必要措施保证外包服务供应商履行上述职责和义务。

第四章　投诉受理与处理

第三十五条　中国人民银行及其分支机构受理法定职责范围内的，和跨市场、跨行业交叉性金融产品与服务的金融消费者投诉。

金融消费者与金融机构产生金融消费争议时，原则上应当先向金融机构投诉。金融机构对投诉不予受理或者在一定期限内不予处理，或者金融消费者认为金融机构处理结果不合理的，金融消费者可以向金融机构住所地、争议发生地或合同签订地中国人民银行分支机构进行投诉。

金融消费者投诉中包括举报金融机构存在违反法律、行政法规、规章和其他规范性文件等行为的，金融消费者可以按照举报程序直接向金融机构住所地的中国人民银行分支机构举报。

第三十六条　中国人民银行及其分支机构对下列投诉不予受理：

（一）不属于本办法第三十五条规定的投诉范围的；

（二）没有明确的投诉对象、投诉事由或者投诉请求的；

（三）投诉人非金融消费纠纷当事人本人，且又未经当事人授权的；

（四）投诉人拒绝提供个人有效身份信息的；

（五）双方达成和解协议并已经执行，没有新情况、新理由的；

（六）所投诉事项已由所在地中国人民银行分支机构或者其他机构调解并达成了调解协议已执行的；

（七）被投诉的机构已经提供了解决方案，且该方案对投诉者是公平合理的；

（八）投诉者的请求没有事实和法律依据，明显不合理的；

（九）司法机关、行政机关、仲裁机构或者有关部门已经受理、调查和处理的；

（十）不符合法律、行政法规、规章有关规定的。

中国人民银行及其分支机构对不予受理的投诉申请，应当明确告知不予受理的原由，并告知投诉人可以依法申请仲裁或者提起诉讼。

中国人民银行及其分支机构处理金融消费者投诉过程中发现投诉人已就同一事项向其他金融管理部门提出投诉申请并被受理的，可中止对该事项的处理，并明确告知投诉人中止办理的理由。

第三十七条　中国人民银行各级分支机构直接受理的投诉，属于本单位相关职能部门职责范围的，由相关职能部门负责调查、核实、处理和反馈；涉及多个职能部门的，由金融消费权益保护部门牵头，协调相关职能部门进行调查、核实、处理和反馈。

投诉事项涉及跨市场、跨行业交叉性金融产品和服务的，由中国人民银行及其分支机构协调相关部门进行调查、核实、处理和反馈。

第三十八条　对中国人民银行及其分支机构交办的金融消费者投诉，金融机构应当在规定时限内处理完毕，并通过金融消费权益保护信息管理系统反馈办理情况。

金融机构应当根据要求定期向中国人民银行及其分支机构报送投诉情况统计。统计应当客观真实，不得瞒报、漏报。

鼓励金融机构充分运用调解、仲裁等非诉讼方式解决与金融消费者之间金融消费纠纷。

第三十九条　中国人民银行及其分支机构处理金融消费者投诉，根据法律、行政法规、规章授权，可以采取下列措施进行调查：

（一）进入事件发生现场调查取证；

（二）询问当事人和与被调查事件有关的单位和个人；

（三）查阅、复制与被调查事件有关的资料。

第五章　监督与管理机制

第四十条　中国人民银行依法开展职责范围内的金融消费者权益保护工作；综合研究我国金融消费者权益保护工作的重大问题，会同有关方面拟定金融消费者权益保护政策法规草案；会同、协调有关方面开展涉及跨市场、跨行业交叉性金融产品和服务的金融消费者权益保护工作。

第四十一条　中国人民银行及其分支机构依法在职责范围内开展对金融机

构金融消费者权益保护工作的监督检查。

第四十二条　中国人民银行及其分支机构按照属地管理原则开展对金融机构履行金融消费者权益保护义务情况的评估工作。

评估工作以金融机构自评估为基础。金融机构应当按年度进行自评估，并于次年 1 月 15 日前向中国人民银行及其分支机构报送自评估报告。

中国人民银行及其分支机构根据日常监督管理、投诉处理以及金融机构自评估等情况进行非现场评估，必要时可以进行现场评估。

第四十三条　中国人民银行及其分支机构根据辖区具体情况开展金融消费者权益保护环境评估工作。

金融机构应当按照中国人民银行及其分支机构的要求提供与环境评估工作相关的资料。

第四十四条　中国人民银行及其分支机构建立金融消费者权益保护案例库制度，按照预防为先、教育为主的原则向金融机构和金融消费者进行风险提示。

金融产品和服务存在可能不利于金融消费者权益保护内容，涉及中国人民银行及其分支机构职责范围的，中国人民银行及其分支机构可以要求金融机构予以改正。

第四十五条　中国人民银行及其分支机构引导、督促金融机构开展金融知识普及宣传活动，提高金融消费者对金融产品和服务的认知能力、风险意识、法律意识以及依法维权的能力。

第四十六条　中国人民银行及其分支机构对于涉及金融消费者权益保护的重大突发事件，应当按照属地管理原则，配合地方政府做好相关应急处置工作。

第四十七条　金融机构有侵害金融消费者合法权益的违规行为的，中国人民银行及其分支机构可以采取以下措施：

（一）约谈其董（理）事会或者高级管理层；

（二）责令其限期整改；

（三）向其上级机构、行业监管部门、行业内部、社会通报相关信息；

（四）依照《中华人民共和国消费者权益保护法》以及相关法律、行政法规、规章进行处罚；

（五）中国人民银行职责范围内依法可以采取的其他措施。

第六章　附　　则

第四十八条　征信机构参照适用本办法。

第四十九条　本办法由中国人民银行负责解释。

第五十条　本办法自发布之日起施行。

后　记

　　为了向社会公众介绍中国人民银行2016年制定的规章和重要规范性文件，充分保障公民的知情权、参与权和监督权，中国人民银行条法司会同行内相关司局成立了本书编写组，对2016年中国人民银行发布的2件规章和39件重要规范性文件进行梳理，并对其中的21件进行了解读，旨在增强相关规章和规范性文件适用的准确性，为相关行业人士的工作、学习提供参考。

　　每一件规章和规范性文件的制定发布，都经历了立项、调研、起草、审查、公布等诸多环节。本书编写组成员均参与了文件制定出台的相关流程，结合亲身经历，从文件出台背景、主要内容、创新亮点、重要意义、注意事项和政策效果等方面为读者进行细致解读。

　　从筹划、撰写、汇编到成册历经数月，几经易稿。本书能及时与读者见面，得益于有关领导的指导和支持，有赖于编写组的通力协作和相关工作人员的辛勤工作。他们是：谢业华、季海楠、王晋、李文勇、武斌、张烨、许开颜、张念念、钱磊、郝耀东、程俊秀、李丛芮。中国金融出版社第一图书编辑部的编辑人员对书稿进行了细致的编辑和审校，在此表示感谢。

　　本书力求表达严谨、详尽准确，但因编者时间和水平有限，如有瑕疵，敬请读者批评指正。